高职高专经济管理类精品教材

第2版

人力资源管理

主　编　曲建国　白迎超
副主编　黄轶昳　董　文

◆ 体现工学结合的人才培养模式要求
◆ 以工作过程为导向设计教学内容
◆ 任务驱动式教学模式的全新体验

Human Resource Management

清华大学出版社
北　京

内 容 简 介

本书以工作过程为导向，以项目和工作任务为载体，进行工作过程系统化课程设计。将各个学习情境所涉及的内容细分成若干个具体的技能和任务，各个学习情境按照工作过程组成了完整的人力资源管理体系。在设计工作任务及其理论知识时，既贯彻上述先进的高职理念，又注重教材的理论性和完整性，以使学生在人力资源管理方面具备一定的可持续发展能力，实现了高职教材一直提倡、但又难以实现的理论“必需、够用”的要求。

本书按照人力资源管理的工作任务及工作过程分为八个学习情境，包括设计组织结构与分析岗位、制订人力资源规划、招聘员工、培训员工、激励并考核员工绩效、设计和管理员工薪酬、制订员工福利与职业安全卫生管理制度、处理劳动关系与有效的组织沟通。每个学习情境下设三大核心工作任务，每项任务中均包括知识目标、技能目标、任务引入、任务分析、知识链接、思考与讨论、实训题、案例分析八大模块，内容丰富，体例新颖。

本书可作为高职高专院校经济类和管理类专业的人力资源管理课程教材，也可作为高职高专院校工科类专业和企业在职人员的培训教材。

图书在版编目（CIP）数据

人力资源管理/曲建国，白迎超主编．—2版．—北京：清华大学出版社，2013（2025.2重印）
高职高专经济管理类精品教材

ISBN 978-7-302-30082-3

I. ①人… II. ①曲… ②白… III. ①人力资源管理-高等职业教育-教材 IV. ①F241

中国版本图书馆CIP数据核字（2013）第214258号

责任编辑：陈仕云
封面设计：康飞龙
版式设计：文森时代
责任校对：马军令
责任印制：沈　露
出版发行：清华大学出版社
　网　　址：https://www.tup.com.cn, https://www.wqxuetang.com
　地　　址：北京清华大学学研大厦A座　**邮　　编**：100084
　社 总 机：010-83470000　**邮　　购**：010-62786544
　投稿与读者服务：010-62776969，c-service@tup.tsinghua.edu.cn
　质量反馈：010-62772015，zhiliang@tup.tsinghua.edu.cn
　课件下载：https://www.tup.com.cn，010-62788951-223
印 装 者：三河市君旺印务有限公司
经　　销：全国新华书店
开　　本：185mm×230mm　**印　　张**：17.5　**字　　数**：330千字
版　　次：2009年3月第1版　2013年8月第2版　**印　　次**：2025年2月第8次印刷
定　　价：49.80元

产品编号：046960-02

第2版前言

本书第1版于2009年3月出版，3年多来，人力资源管理理论和高职教育理念在很多方面取得了新的进展，且在人力资源管理理论研究和高等职业教育教学方面愈发显示其独特的作用。鉴于此种情况，我们对第1版的结构及内容作了部分修改，以便更加符合最新高职教育理念和适合高职经济管理类学生的学习和研究。

在本次修订中，增加和删减了部分内容，并综合总结部分教师在教学过程中提出的建设性建议，对第1版中的部分学习情境的前后顺序进行了适当调整，以便在教学过程中能更好地采用“工作过程导向—工作过程系统化”、“任务驱动”及“项目教学”等先进的高职教学模式，最终实现“教、学、做”一体化。考虑到本书已被一些兄弟院校采纳作为有关专业教材，所以在内容深度方面基本维持原来水平，以适应学生学习之需。修订后的工作任务及工作过程如下图所示。

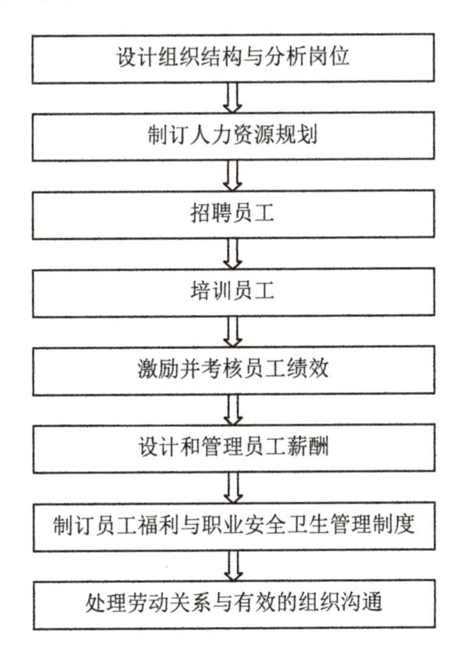

本书在修订中参考和引用了许多近期文献资料，因体例所限，未能在书中一一注明，仅在书后列出部分参考文献，以供读者查阅。第2版由曲建国、白迎超担任主编，黄铁映、董文担任副主编，第1版编写人员全都参与修订；曲建国教授负责第2版的主审工作，认真阅读和审核了全部书稿。本书在修订成书过程中还得到了清华大学出版社的领导和编辑的热情鼓励、大力支持和充分理解，在此表示衷心感谢。

本书虽经修订，但限于编者水平，错误和不足仍在所难免，敬请读者批评指正。

编　者

2013年6月

第1版前言

在高等职业教育中，人力资源管理的学习领域所对应的是面向企业的中低级人力资源管理岗位，如企业部门或车间的人力资源管理员、人力资源助理、招聘专员和培训专员等，其工作任务及工作过程如下图所示。

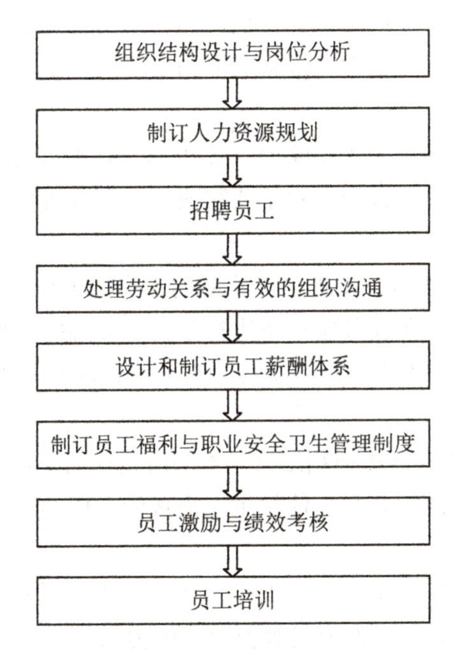

上述工作任务及其理论与方法就是本教材的主要内容。

本教材的总体设计思路和做法是：以工作过程为导向，以项目和工作任务为载体，进行工作过程系统化课程设计。书中将各个学习情境所涉及的内容细分成若干个具体的技能和任务对学生进行训练，各个学习情境按照工作过程组成了完整的企业人力资源管理体系。同时，在设计工作任务及其理论知识时，既贯彻先进的高职教育理念，又注重教材的理论性和完整性，以使学生在人力资源管理方面具备一定的可持续发展能力，满足了高职教材一直提倡、但又难以实现的理论“必需、够用”的要求。将事实证明教学效果良好的案例教学法与“工作过程导向—工作过程系统化课程”、“任务驱动”、“项目教学”等模式方法综合应用，是本教材的一大特点。本书的主要特点如下：

（1）体现了最新的高职教育理念。贯彻《关于全面提高高等职业教育教学质量的若干意见》（教高〔2006〕16号）等重要文件精神，按照“工学结合”人才培养模式的要求，采用“工作过程导向—工作过程系统化课程”设计方法，以工作过程为导向，以项目和工作任务为载体，进行工作过程系统化课程设计，真正体现了“工学结合”、“融教、学、做为一体”、“以学生为主体”的高职教育理念。

（2）以人力资源管理的工作过程为导向。本书不是按照学科体系的逻辑关系和先后顺序编写的，而是以实际的人力资源管理工作过程为导向进行学习领域的整体设计和学习情境设计的，每个学习情境也是按照一项具体的人力资源管理工作设计的。学生完成了本学习领域的学习和训练，就学会了企业人力资源管理工作过程中所要求的主要能力与技能。

（3）以人力资源管理工作项目为载体。本书以具体的人力资源管理工作项目为载体设计工作任务，项目和任务包含和反映了要完成项目和任务所需要的技能及其相关的人力资源管理理论与方法。

（4）任务驱动式学习模式。根据企业实际的工作情况与要求，将人力资源管理工作内容设计成工作任务。学生在任务驱动下进行学习，教师的主要任务是指导学生完成具体任务，讲解与任务有关的人力资源管理理论与方法，而不是“教书”，即强调学生学，而不是教师教。

（5）技能训练与职业资格培训相结合。本书所设计的工作任务需要的技能及其训练方法符合职业资格证书考试的要求，使学生无需接受专门的考证辅导就可以考取相应的职业资格证书。

（6）学校与企业共同开发。采用学校与企业共同开发教材的模式，使教材内容及所设计的项目和任务更加贴近企业人力资源管理工作实际。

（7）编者具有丰富的实践经验。在我国，大学（包括高职院校）教材的编者普遍具有较为深厚的理论知识。对于高职教材，较为理想的编者是集学科理论、教学经验和企业实际工作经验为一体的“双师型”人才。本书的主编、副主编全部具有8年以上企业工作经历及企业高、中、低层人力资源管理实际工作经验。其中，主编曲建国为具有8年国内知名本科院校任教经验和十多年企业工作经历的高职院校现任教师；副主编董文为现任的企业人力资源部经理。

本书由河源职业技术学院管理系主任曲建国担任主编，黄铁昳、苏晓锋、董文担任副主编，参加编写的人员还有梁瑞明、吴春尚、邓文博、白迎超、胡祖杰、方艳、曾健、唐继旺、张燕华等。

本书在编写过程中，得到了企业界人士的大力支持，在此一并表示感谢。

由于我们在高职教育课程改革方面的经验不足，加之可以参考的采用本书编写方法的人力资源管理方面的教材很少，因此，书中难免存在不足之处，敬请广大读者批评指正。

编　者

2008 年 12 月

本书由河南职业技术学院管理系主任曲建国担任主编，黄海蔚、张志[illegible]、李文印任副主编，参加编写的人员还有梁福明、吴春尚、郑文博、白连超、胡祖杰、方超、曾[illegible]、[illegible]张[illegible]等。

本书在编写过程中，[illegible]

[illegible]

目 录

设计组织结构与分析岗位

新吉公司的工作分析计划书

新吉公司是一家IT企业，2011年研发出一种新型网络信号接收卡，并投入批量生产。产品推出后，异常火爆，2012年实现销售收入5 000万元。2013年销售形势与2012年相比，大有上升之势。由于业务的发展，公司领导决定为行政部、市场部、企业发展部招聘一批员工。

为了使招聘工作更有针对性，使新员工更加符合现任岗位要求，人力资源管理部决定对上述三种岗位进行详细分析，并为此拟出一份工作分析计划书，如下所示。

新吉公司工作分析计划书

为了提高企业人力资源管理工作的有效性和可靠性，为了有效地在下季度实施企业招聘计划，同时为了能够圆满完成今年的薪酬政策、激励政策和培训政策的调整工作，使人力资源管理职务适应企业的发展趋势，特计划在2013年3月份对企业某些部门重新进行工作分析，具体计划如下。

一、进行工作分析的职务

1. 行政部行政文员
2. 市场部销售经理
3. 企业发展部公共关系经理

二、工作分析样本

出于职务经验、职务完整性及其他相关因素的考虑，计划选取各部门以下员工为工作分析样本：

1. 行政部行政文员张芳
2. 市场部销售经理王雨
3. 企业发展部公共关系经理程震

三、工作分析方法的选择

由于各样本的职务性质不同，特采用不同的工作分析方法。

1. 行政部行政文员：问卷调查法、观察法、参与法相结合。
2. 市场部销售经理：问卷调查法、面谈法相结合。
3. 企业发展部公共关系经理：问卷调查法、面谈法、职务表演法相结合。

四、工作分析的步骤及时间安排

3月10日：召集相关人员进行座谈，宣传并解释工作分析的目的、意义、作用及注意事项。

3月11日至3月12日：工作分析小组成员分别进行工作分析设计。

3月13日：小组成员对工作分析设计方案进行讨论和修改。

3月14日至3月15日：小组成员分别具体实施工作分析方案，收集职务信息。

3月16日：小组成员分别进行职务信息分析。

3月17日：小组成员分别编写职务描述和职务资格要求初稿。

3月18日：小组成员对信息分析和编写的文件初稿进行相互讨论。

3月19日：将职务描述和职务资格要求与相关部门经理进行讨论。

3月20日：召集相关人员进行座谈，对职务描述和职务资格要求进行最终定稿。

五、工作分析小组构成

组长：张大鹏（常务副总经理）

副组长：王建（人力资源部经理）

成员：赵校庆（人力资源部招聘专员）

刘需才（人力资源部薪酬专员）

（案例来源：http://www.biaoyu886.cn/071/onews.asp?id=1629）

任务一 设计组织结构

❖ 了解影响企业组织结构的主要因素和常见的组织结构类型；

❖ 熟悉企业组织结构设计的原则；

❖ 掌握企业组织结构设计的程序、方法和内容。

技能目标

❖ 能根据组织的职能设计企业组织结构。

任务引入

一整天的公司高层例会结束后，D 公司 S 总经理不禁陷入沉思。

例会由 S 总经理主持、几位副总经理参加。原本他只想商谈一下公司今后的发展方向问题，但会上的意见争执却出乎自己的预料。很明显，几位高层领导在对公司所面临的主要问题和下一步如何发展的认识上，存在着明显的分歧。

6 年来，D 公司由初创时的几个人、1 500 万元资产、单一开发房地产的公司，发展到今天的 1 300 余人、5.8 亿元资产、以房地产业为主，集娱乐、餐饮、咨询、汽车维护、百货零售等业务于一体的多元化实业公司，已经成为本市乃至周边地区较有竞争实力和知名度的企业。

自公司创业以来一直担任主帅的 S 总经理在成功的喜悦与憧憬中，更多了一层隐忧。在今天的高层例会上，他在发言时也是这么讲的："公司成立已经 6 年了，在过去的几年里，经过全体员工的努力奋斗与拼搏，公司取得了很大的发展。现在回过头来看，过去的路子基本上是正确的。当然也应该承认，公司现在面临着许多新问题：一是企业规模较大，组织管理中管理信息沟通不及时，各部门协调不力；二是市场变化快，我们过去先入为主的优势已经逐渐消失，且主业、副业市场竞争都渐趋激烈；三是我们原本的战略发展定位是多元化，在坚持主业的同时，积极向外扩张，寻找新的发展空间，应该如何坚持这一定位。"面对新的形势，就公司未来的走向和目前的主要问题，会上各位高层领导都谈了自己的想法。

管理科班出身、主管公司经营与发展的 L 副总经理在会上说："公司的成绩只能说明过去，面对新的局面必须有新的思路。公司成长到今天，人员膨胀，组织层级过多，部门数量增加，这就在组织管理上出现了阻隔。例如，总公司下设 5 个分公司，即综合娱乐中心（下有戏水、餐饮、健身、保龄球、滑冰等项目）、房地产开发公司、装修公司、汽车维修公司和物业管理公司。各部门都自成体系，公司管理层次过多，如总公司有 3 级，各分公司又各有 3 级以上管理层，最为突出的是娱乐中心的高、中、低管理层次竟达 7 级，且专业管理机构存在重复设置现象。总公司有人力资源开发部，而下属公司也相应设置人力资源开发部，职能重叠，管理混乱。管理效率和人员效率低下，这从根本上导致了管理成本加大，组织效率下降，这对任何一个公司来说都是大忌。从组织管理理论的角度看，一个企业发展到 1 000 人左右，就应以制度管理代替'人治'，我们公司可以说正是处于这一管理制度变革的关口。我们公司业务种类多、市场面广，跨行业的管理具有复杂性和业务多元化的特点，现有的直线职能制组织结构已不能适应公司的发展，所以进行组织变革是必然的，问题在于我们应该构建一种什么样的组织机构以适应企业发展需要。"

坐在 S 总经理旁边的另一位是公司创立三元老之一的、始终主管财务的大管家 C 副总经理。他考虑良久，非常有把握地说："公司之所以有今天，靠的就是最早创业的几个人，他们不怕苦、不怕累、不怕丢了饭碗，有的是闯劲、拼劲。一句话，公司的这种敬业、拼搏精神是公司的立足之本。目前，我们公司的发展出现了一点问题，遇到了一些困难，这应该说是正常的，也是难免的。要想走出困境，关键是要强化内部管理，特别是财务管理。现在公司的财务管理比较混乱，各个分部独立核算后，都有了自己的账户，总公司可控制的资金越来越少。如果要进一步发展，首先必须做到财务管理上的集权，该收的权力总公司一定要收上来，这样才有利于公司通盘考虑，共图发展。"

高层会议各领导的观点在公司的管理人员中间亦引起了争论，各部门和下属公司也产生了各自的打算：房地产开发部要求开展铝业装修，娱乐部想要租车间搞服装设计，物业管理部提出经营园林花卉。甚至有人提出公司应介入制造业，成立自己的机电制造中心。

任务 1：请讨论公司目前进行改革的时机是否成熟。

任务 2：请根据以上信息，为该公司设计一套合适的组织结构，并画出相应的组织结构图。

任务分析

公司目前的发展很显然遇到了管理瓶颈：公司规模不断发展壮大，公司业务也不断增加，已经呈现了多元化的特点，而公司目前的组织机构依然是创立时期的直线职能制结构，已经出现了管理层级过多、管理信息沟通不及时、财务管理混乱等情况，这都严重影响了企业的发展。因此，此时进行组织结构的变革正当其时。关键的问题在于：如何根据公司业务的发展特点和公司目前的管理状况，选择一种合适的组织结构类型，然

后构建公司的组织结构，并进行组织变革。

知识链接

一、组织结构设计的基本含义

1. 组织结构设计的有关概念

（1）组织。组织就是把管理要素按目标的要求结合成的一个整体。它是动态的组织活动过程和相对静态的社会实体的统一。具体地说，包含以下四个方面。

① 动态的组织活动过程。即把人、财、物和信息，在一定时间和空间范围内进行合理有效组合的过程。

② 相对静态的社会实体。即把动态组织活动过程中合理有效的配合关系相对固定下来所形成的组织结构模式。

③ 组织是实现既定目标的手段。

④ 组织既是一组工作关系的技术系统，又是一组人与人之间关系的社会系统，是两个系统的统一。

（2）组织结构设计。组织结构是表现组织各部分排列顺序、空间位置、聚集状态、联系方式以及各要素之间相互关系的一种模式，它是执行任务的组织体制。具体来说，组织结构设计包含以下四层意思。

① 组织结构设计是管理者在一定组织内建立最有效相互关系的一种有意识的过程。

② 组织结构设计既涉及组织的外部环境要素，又涉及组织的内部条件要素。

③ 组织结构设计的结果是形成组织结构。

④ 组织结构设计的内容包括工作岗位的事业化、部门的划分以及直线指挥系统与职能参谋系统的相互关系等方面的工作任务组合；建立职权，控制幅度和集权分权等人与人相互影响的机制；开发最有效的协调手段。

2. 组织结构设计的具体内容

（1）劳动分工。劳动分工是指将某项复杂的工作分解成许多简单的重复性活动（称为功能专业化），它是组织结构设计的首要内容。

（2）部门化。部门化是指将专业人员归类形成组织内相对独立的部门，它是对分割后的活动进行协调的方式。部门化主要有四种类型：功能部门化、产品或服务部门化、

用户部门化和地区部门化。

（3）授权。授权是指确定组织中各类人员需承担的完成任务的责任范围，并赋予其使用组织资源所必需的权力。授权发生于组织中两个相互连接的管理层次之间，责任和权力都是由上级授予的。

（4）管理幅度和管理层次。管理幅度是指一位管理人员所能有效地直接领导和控制的下级人员数。管理层次是指组织内纵向管理系统所划分的等级数。一般情况下，管理幅度和管理层次成反比关系。扩大管理幅度，有可能减少管理层次。反之，缩小管理幅度，就有可能增加管理层次。

管理幅度受许多因素的影响，有领导者方面的因素，如领导者的知识、能力和经验等；也有被领导者方面的因素，如被领导者的素质、业务熟练的程度和工作强度等；还有管理业务方面的因素，如工作任务的复杂程度、所承担任务的绩效要求、工作环境以及信息沟通方式等。因此，在决定管理幅度时，必须对上述各方面因素予以综合考虑。

确定管理层次应考虑下列因素。

① 训练。受过良好训练的员工，所需的监督较少，且可减少他与主管接触的次数。低层人员的工作分工较细，所需技能较易训练，因而低层主管监督人数可适当增加。

② 计划。良好的计划使工作人员知道自己的目标与任务，可减少组织层次。

③ 授权。适当的授权可减少主管的监督时间及精力消耗，使其管辖的人数增加，进而减少组织所需的层次。

④ 变动。企业变动较少，其政策较为固定，各阶层监督的人数可较多，层次可较少。

⑤ 目标。目标明确，可以减少主管人员指导工作及纠正偏差的时间，促成层次的简化。

⑥ 意见交流。意见的有效交流，可使上下距离缩短，减少组织层次。

⑦ 接触方式。主管同员工接触方式的改善，也可使层次减少。

早期的管理组织结构中，通常管理幅度较窄而管理层次较多。其优点是分工明确，便于实施严格控制，上下级关系容易协调；缺点是管理费用较高，信息沟通困难，不利于发挥下级人员的积极性。随着管理组织的不断革新和发展，采用管理幅度较宽、管理层次较少的结构（扁平结构）的企业越来越多。扁平结构的优点是管理费用较低，信息沟通方便，有利于发挥下级的积极性；缺点是不易实施严格控制，对下属人员的相互协调较为困难。

二、组织结构设计的原则与重点

1. 组织结构设计的基本原则

（1）战略导向原则。组织是实现组织战略目标的有机载体，组织的结构、体系、过程、文化等均是为完成组织战略目标服务的，达成战略目标是组织设计的最终目的。组织应完善组织结构，使每个人在实现组织目标的过程中作出更大的贡献。

（2）适度超前原则。组织结构设计应综合考虑组织的内、外部环境，组织的理念与文化价值观，组织的当前以及未来的发展战略等，以适应组织现实状况。同时，随着企业的成长与发展，组织结构应有一定的拓展空间。

（3）系统优化原则。现代组织是一个开放系统，组织中的人、财、物与外界环境频繁交流，联系紧密，这就需要开放型的组织系统，以提高对环境的适应能力和应变能力。因此，组织结构应与组织目标相适应。组织设计应简化流程，这样有利于信息畅通、决策迅速、部门协调，能够充分考虑交叉业务活动的统一协调和过程管理的整体性。

（4）有效管理幅度与合理管理层次的原则。管理层次与管理幅度的设置受到组织规模的制约，在组织规模一定的情况下，管理幅度越大，管理层次越少。管理层次的设计应在有效控制的前提下尽量减少，精简编制，促进信息流通，实现组织扁平化。

其中，管理幅度受主管直接有效地指挥、监督部属能力的限制。管理幅度的设计没有一定的标准，要具体问题具体分析，粗略地讲，高层管理幅度3～6人较为合适，中层管理幅度5～9人较为合适，低层管理幅度7～15人较为合适。

影响管理幅度设定的主要因素如下。

① 员工的素质。主管及其部属能力强、学历高、经验丰富的，可以加大管理幅度；反之，应小一些。

② 沟通的程度。组织目标、决策制度、命令可迅速而有效地传达，渠道畅通，管理幅度可加大；反之，应小一些。

③ 职务的内容。工作性质较为单一、较标准者，可扩大控制的层面。

④ 协调工作量。利用政府机构及专员作为沟通协调者，可以扩大控制的层面。

⑤ 追踪控制。设有良好、彻底、客观的追踪执行工具、机构、人员及程序者，可以扩大控制的层面。

⑥ 组织文化。具有追根究底的风气与良好的企业文化背景的公司也可以扩大控制的层面。

⑦ 地域相近性。所辖地域近，可扩大管理控制的层面，地域远则缩小管理控制的层面。

（5）责权利对等原则。责权利相互对等，是组织正常运行的基本要求。权责不对等对组织危害极大，有权无责容易出现瞎指挥的现象；有责无权会严重挫伤员工的积极性，也不利于人才的培养。因此，在结构设计时应着重强调职责和权力的设置，使公司能够做到职责明确、权力对等、分配公平。

（6）职能专业化原则。公司整体目标的实现需要完成多种职能工作，应充分考虑专业化分工与团队协作。特别是对于以事业发展、提高效率、监督控制为首要任务的业务活动，要以此原则为主，进行部门划分和权限分配。当然，公司的整体行为并不是孤立的，各职能部门应做到既分工明确，又协调一致。

（7）稳定性与适应性相结合的原则。首先，企业组织结构必须具有一定的稳定性，这样可使组织中每个人的工作相对稳定，相互之间的关系也相对稳定，这是企业能正常开展生产经营的必要条件。如果组织结构朝令夕改，必然造成职责不清的局面。其次，企业组织结构又必须具有一定的适应性。企业的外部环境和内部条件是在不断变化的，如果组织结构、组织职责不注意适应这种变化，企业就缺乏生命力、缺乏经营活力。因此，企业应该根据行业特点、生产规模、专业技术复杂程度、专业化水平、市场需求和服务对象的变化、经济体制的改革需求等进行相应的动态调整。企业应该强调并贯彻这一原则，应在保持稳定性的基础上进一步加强和提高组织结构的适应性。

2. 组织结构设计的重点

进行组织结构设计应把握以下重点。

（1）组织的目标。使组织内部各部门在公司整体经营目标下，充分发挥能力以达成各自的目标，从而促进公司整体目标的实现。

（2）组织的成长。考虑公司的业绩、经营状况与持续成长。

（3）组织的稳定。随着公司的成长，逐步调整组织结构是必要的，但经常的组织、权责、程序变更会动摇员工的信心，产生离心力，因此应该保证组织的相对稳定。

（4）组织的精简。组织机构精简、人员精干有助于资源的合理配置，实现工作的高效率。

（5）组织的弹性。主要指部门结构和职位具有一定的弹性，既能保持正常状况下的基本形式，又能适应内、外部各种环境条件的变化。

（6）组织的分工协作。只有各部门之间以及部门个人之间的工作能协调配合，才能实现本部门目标，同时保证整个组织目标的实现。

（7）指挥的统一性。工作中的多头指挥使下属无所适从，容易造成混乱的局面。

（8）权责的明确性。权力或职责不清将使工作发生重复或遗漏、推诿现象，这样将导致员工产生挫折感，造成工作消极的局面。

（9）流程的制度化、标准化与程序化。明确的制度与标准化作业以及工作的程序化可缩短摸索的时间，提高工作的效率。

三、组织结构设计的程序

企业组织结构的设计只有按照正确的程序进行，才能实现组织设计的高效化。组织结构设计的程序如下。

1. 业务流程的总体设计

业务流程设计是组织结构设计的开始，只有总体业务流程达到最优化，才能实现企业组织高效化。

业务流程是指企业生产经营活动在正常情况下，不断循环流动的程序或过程。企业的活动主要有物流、资金流和信息流，它们都是按照一定流程流动的。企业实现同一目标，可以有不同的流程。这就存在一个优选哪种流程的问题。因此，在设计企业组织结构时，首先要对流程进行分析对比、择优确定，即优化业务流程。优化的标准是：流程时间短，岗位少，人员少，流程费用少。

业务流程包括主导业务流程和保证业务流程。主导业务流程是产品或服务的形成过程，如生产流程；保证业务流程是保证主导业务流程顺利进行的各种专业流程，如物资供应流程、人力资源流程、设备工具流程等。首先要优化设计的是主导业务流程，使产品或服务形成的全过程周期最短、效益最高；其次，围绕主导业务流程，设计保证业务流程；最后，进行各种业务流程的整体优化。

2. 按照优化原则设计岗位

岗位是业务流程的节点，又是组织结构的基本单位。由岗位组成车间、科室，再由车间、科室组成各个子系统，进而由子系统组成企业的总体结构。岗位的划分要适度，不能太大也不能太小，既要考虑流程的需要，也要考虑方便管理。

3. 规定岗位的输入、输出和转换

岗位是工作的转换器，就是把输入的业务，经过加工转换为新的业务输出。通过输入和输出就能从时间、空间和数量上把各岗位纵横联系起来，形成一个整体。

4. 岗位人员的定质与定量

定质就是确定本岗位需要使用的人员的素质。由于人员的素质不同，工作效率就不同，因而定员人数也就不同。人员素质的要求主要根据岗位业务内容的要求来确定。要求太高，会造成人员的浪费；要求太低，保证不了正常的业务活动和一定的工作效率。

定量就是确定本岗位所需人员的数量。人员数量的确定要以岗位的工作业务量为依据，同时也要以人员素质为依据。人员素质与人员数量在一定条件下成反比。定量就是在工作业务量和人员素质平衡的基础上确定的。

5. 设计控制业务流程的组织结构

这是指按照流程的连续程度和工作量的大小，来确定岗位形成的各级组织结构。整个业务流程是个复杂的系统，结构是实现这个流程的组织保证，每个部门的职责是负责某一段流程并保证其畅通无阻。岗位是保证整个流程实施的基本环节，应该先有优化流程，后有岗位，然后再组织车间、科室，而不是倒过来。流程是客观规律的反映，因人设机构，是造成组织结构设置不合理的主要原因之一，必须进行改革。

以上五个步骤，既有区别又有联系，必须经过反复的综合平衡、不断地修正，才能获得最佳效果。

四、常见的企业组织结构类型

企业组织结构的主要类型有以下几种。

1. 直线制

直线制组织结构是企业发展初期一种最简单的组织结构，如图1-1所示。

（1）特点。领导的职能都由企业各级主管一人执行，上下级权责关系呈一条直线，下属单位只接受一个上级的指令。

（2）优点。结构简化，权力集中，命令统一，决策迅速，责任明确。

（3）缺点。没有职能机构和职能人员当领导的助手。在规模较大、管理比较复杂的企业中，主管人员难以具备足够的知识和精力来胜任全面的管理，因而不能适应日益复

杂的管理需要。

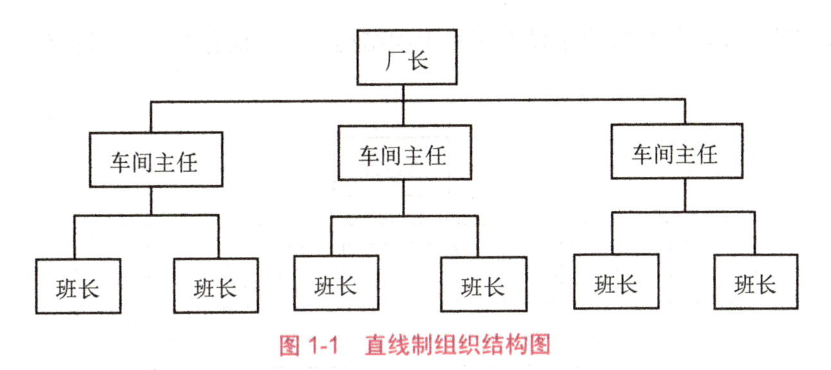

图 1-1　直线制组织结构图

这种组织结构形式适合产销单一、工艺简单的小型企业。

2．职能制

职能制组织结构与直线制组织结构恰恰相反，它的组织结构如图 1-2 所示。

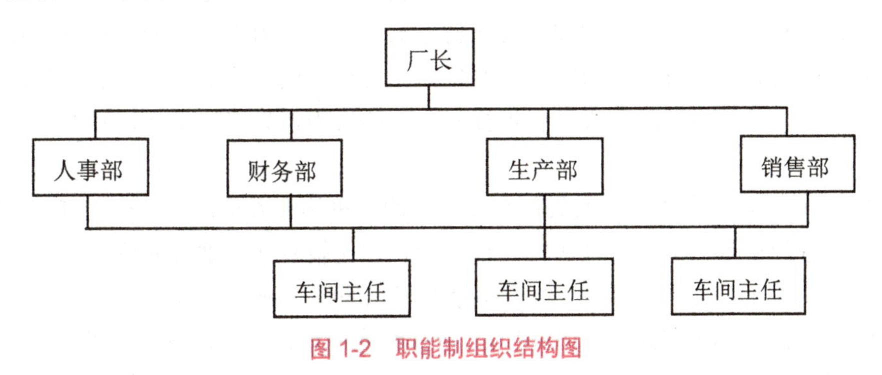

图 1-2　职能制组织结构图

（1）特点。企业内部各个管理层次都设职能机构，并由许多通晓各种业务的专业人员组成。各职能机构在自己的业务范围内有权向下级发布命令，下级都要服从各职能部门的指挥。

（2）优点。不同的管理职能部门行使不同的管理职权，管理分工细化，从而能大大提高管理的专业化程度，能够适应日益复杂的管理需要。

（3）缺点。政出多门，多头领导，管理混乱，协调困难，导致下属无所适从；上层领导与基层脱节，信息不畅。

3. 直线职能制

直线职能制组织结构吸收了以上两种组织结构的长处而弥补了它们的不足，如图1-3所示。

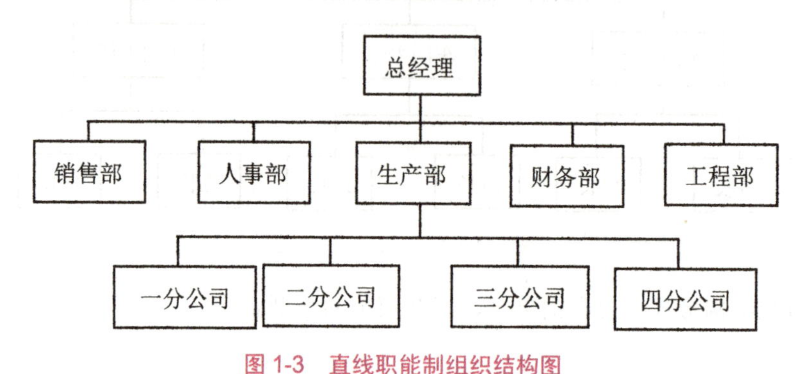

图1-3 直线职能制组织结构图

（1）特点。企业的全部机构和人员可以分为两类：一类是直线机构和人员；另一类是职能机构和人员。直线机构和人员在自己的职责范围内有一定的决策权，对下属有指挥和命令的权力，对自己部门的工作要负全面责任；而职能机构和人员，则是直线指挥人员的参谋，对直线部门下级没有指挥和命令的权力，只能提供建议和在业务上进行指导。

（2）优点。各级直线领导人员都有相应的职能机构和人员作为参谋和助手，因此能够对本部门进行有效的指挥，以适应现代企业管理比较复杂和细致的特点；而且每一级又都是由直线领导人员统一指挥，符合了企业组织的统一领导原则。

（3）缺点。职能机构和人员的权力、责任究竟应该占多大比例，管理者不易把握。

直线职能制在企业规模较小、产品品种简单、工艺较稳定又联系紧密的情况下，优点较突出；但对于大型企业，由于其产品或服务品种繁多、市场变幻莫测，就不适应了。

4. 事业部制

事业部制组织结构是目前国外大型企业通常采用的一种组织结构，它的组织结构如图1-4所示。

（1）特点。把企业的生产经营活动，按照产品或地区的不同，建立经营事业部。每个经营事业部都是一个利润中心，在总公司领导下，独立核算、自负盈亏。

（2）优点。有利于调动各事业部的积极性，事业部有一定经营自主权，可以较快地对市场做出反应，一定程度上增强了适应性和竞争力；同一产品或同一地区的产品开发、

制造、销售等一条龙业务属于同一主管管辖，便于综合协调，也有利于培养有整体领导能力的高级人才；公司最高管理层可以从日常事务中摆脱出来，集中精力研究重大战略问题。

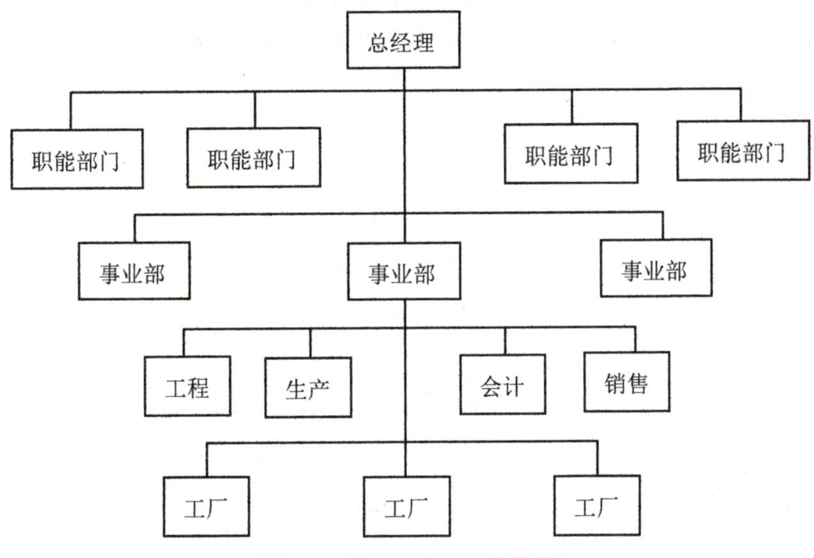

图 1-4　事业部制组织结构图

（3）缺点。各事业部容易产生本位主义和短期行为；资源的相互调剂会与既得利益发生矛盾；人员调动、技术及管理方法的交流会遇到阻力；企业和各事业部都设置职能机构，机构容易重叠，且费用增大。

事业部制适用于企业规模较大、产品种类较多、各种产品之间的工艺差别较大、市场变化较快及要求适应性强的大型联合企业。

5．模拟分散管理制

模拟分散管理制组织结构又叫模拟事业部制组织结构，是介于直线职能制与事业部制之间的一种组织结构。

（1）特点。它并不是真实地在企业中实行分散管理，而是进行模拟式独立经营、单独核算，以达到改善经营管理的目的。具体做法是：按照某种标准将企业分成许多“组织单位”，将这些单位视为相对独立的“事业部”，它们拥有较大的自主权和自己的管理机构，相互之间按照内部转移价格进行产品交换并计算利润，进行模拟性的独立核算，以促进经营管理的改善。

（2）优点。简化了核算单位，在一定程度上能够调动各组织单位的积极性。

（3）缺点。各模拟单位的任务较难明确，成绩不易考核。

模拟分散管理制一般适用于生产过程具有连续性的大型企业，如钢铁联合公司、化工公司等，这些企业由于规模过于庞大，不宜采用集权的直线职能制，而其本身生产过程的连续性又使经营活动的整体性很强，因此也不宜采用分权的事业部制。

6. 矩阵制

矩阵制组织结构如图1-5所示。

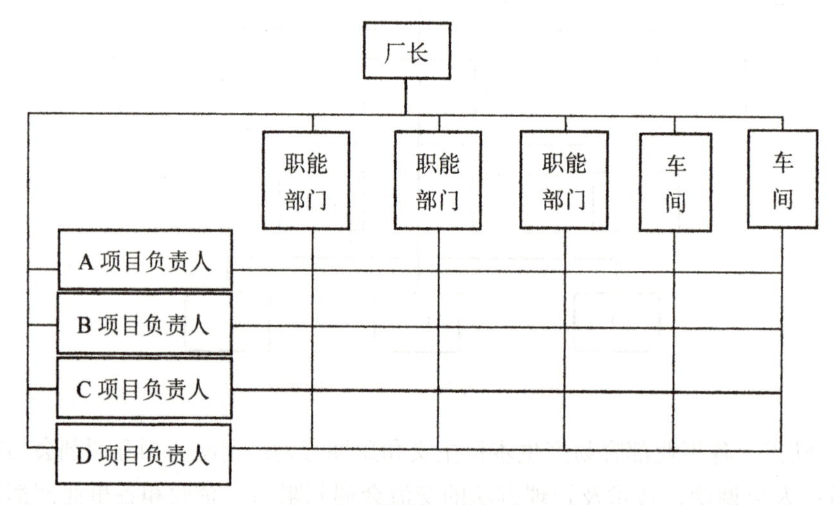

图1-5　矩阵制组织结构图

（1）特点。既有按照管理职能设置的纵向组织系统，又有按照规划目标（产品、工程项目）划分的横向组织系统，两者结合，形成一个矩阵。横向系统的项目组所需工作人员从各职能部门抽调，这些人既接受本职能部门的领导，又接受项目组的领导，一旦某一项目完成，该项目组就撤销，人员仍回到原职能部门。

（2）优点。加强了各职能部门间的横向联系，便于集中各类专门人才加速完成某一特定项目，有利于提高成员的积极性。在矩阵制组织结构内，每个人都有更多机会学习新的知识和技能，因此有利于个人发展。

（3）缺点。由于实行项目和职能部门双重领导，当两者意见不一致时令人无所适从；工作发生差错也不容易分清责任；人员是临时抽调的，稳定性较差；成员容易产生临时观念，影响正常工作。

它适用于设计、研制等创新型企业，如军工、航空航天工业的企业。

7. 多维立体制

多维立体制组织结构是在矩阵制组织结构的基础上发展起来的，它的组织结构如图 1-6 所示。

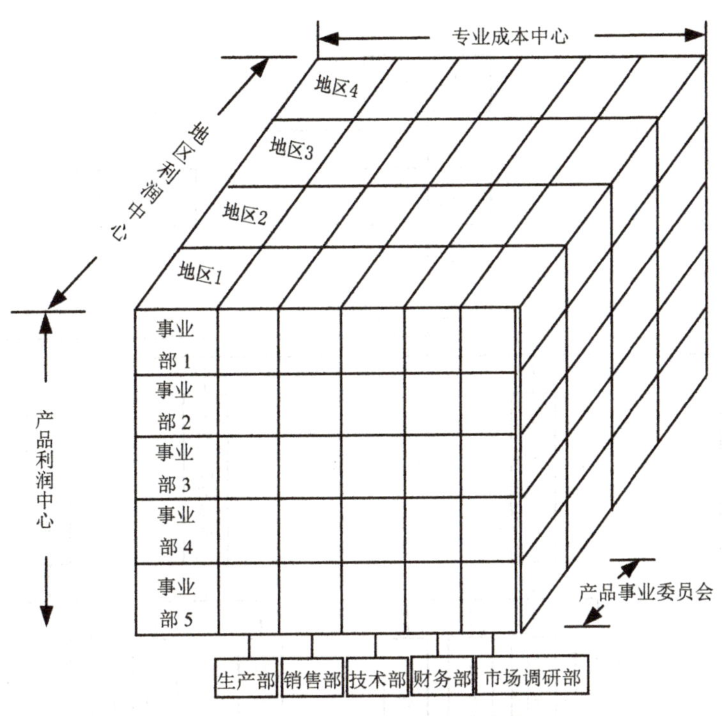

图 1-6　多维立体制组织结构图

多维立体制组织结构是系统理论在管理组织中的一种应用，主要包括以下结构

（1）按产品划分的事业部—— 产品事业利润中心。

（2）按职能划分的专业参谋机构—— 专业成本中心。

（3）按地区划分的管理机构—— 地区利润中心。

通过多维立体制组织结构，可以把产品事业部经理、地区经理和总公司参谋部门这三者较好地统一和协调成管理整体。该种组织结构形式适合规模巨大的跨国公司或跨地区公司。

五、组织结构图的制作

企业中所有的工作都确定后，有必要明确分工，形成职能部门，并描绘出组织结构图。该图要描述某企业中各项工作的关系，同时也是管理体制和管理模式的反映，如图1-7所示。

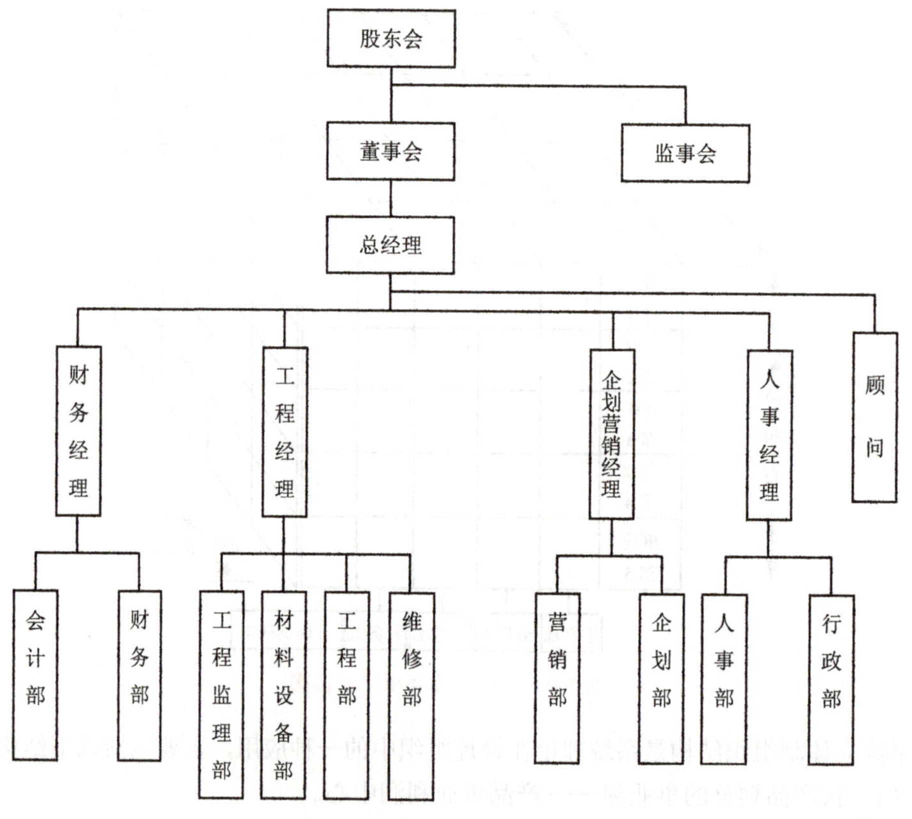

图1-7 某企业的组织结构图

制作组织结构图时应考虑以下几个问题。

（1）图表的主题。确定图表的范围，是一个系统、一个部门、一个地区还是整个公司的组织结构图。

（2）简洁明了。尽量使图表简洁清楚，强调主要机构。

（3）名称。用职务名称来描述工作水平和职能，如“主管”是不明确的，要尽可能

说明责任，如“行政主管”；含义较明确的，不必进一步阐明，如“总经理”或“秘书”。

（4）次序。不要先写组织中的人员名称，应该首先确定职能，然后再将负有相应责任的人名填上去。

（5）职务。在一个矩形框里描述组织各部门的职务。

（6）等级。用垂直线描述不同等级的相关工作，用水平线描述相似等级的工作。

（7）职权。用水平直线或垂直线表示直接权力，用点线表示间接权力。

在一个有活力的组织里，图表会非常复杂，因为可能会有双重的关系存在。例如，一个设计工程师也许既要向工程经理汇报，又要向负责审核和管理的首席工程师汇报，这种类型的组织叫做“矩阵组织”。现在越来越多的企业使用这种组织结构，尤其在工程施工和高科技行业里。

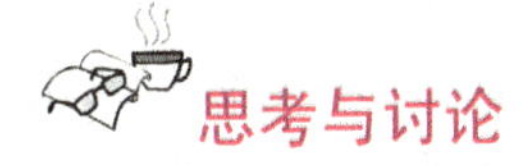

思考与讨论

1．在设计组织结构时，如何平衡管理幅度与管理层次？

2．谈谈你对我国传统组织结构改革方向的思考。

实训题

分别调查工业企业、商业企业和行政事业单位的组织结构，画出其组织结构图，并进行对比。

案例分析

简单化分权的陷阱

上海某化工生产企业（以下用“M企业”代称），是一个年产值3.4亿元的企业，下设5个“事业部”（实际上是以车间为主体的小业务部）。1996年以前，M企业有6个职能部门和7个车间，其中市场部是企业的龙头部门，全厂1 000多名职工全靠市场部的10多个人拿订单吃饭。随着市场竞争的加剧，市场部的订单不能满足生产的需要，于是个别车间依靠自己的力量，在市场上拉零活。渐渐地，统一的经营体制被打破，车间逐渐成为经营性主体。但因为订单主要是由各车间自己争取来的，总部在生产及质量管理

等方面逐渐失去实际控制。在这种变化的过程中，总部相关部门和车间之间经常发生管理冲突——本质上是集权与分权之间的冲突。1996 年 M 企业对业务部门进行了重组，并重新设计了组织结构：将 7 个车间重组为 5 个独立的产品部门，并分别称为事业部；取消了市场部、生产管理部、技术质量部，相应的工作和权力下放给各事业部，总部仅保留了原办公室、人事部和财务部，并增设综合管理部，负责一般性的协调和统计工作。事业部自主经营、自我发展，总部仅从其业务收入中提存 15%。

南京某安全和环保工程公司（以下用“Y 企业”代称），原有 10 个二级业务部门，在经营上采取“双重经营”的模式，即以公司层面的经营为主，以各业务部门的经营参与为辅。在双重经营模式下，公司和业务部门处于一种暂时的集/分权平衡状态。但是，随着业务部门在经营中的贡献逐渐增大，公司层面的经营逐渐失去地位，业务部门和公司层面的有关职能部门之间的管理冲突开始出现，到 2003 年，激化程度已相当严重。此时，恰逢国家进一步要求企业改制，而且 Y 企业又是国资退出的对象，于是 Y 企业没有继续演化为“业务部门类公司管理”的强分权模式，而是直接对业务部门进行改制，把业务部门分别改制为子公司。Y 企业的 10 个主要业务部门，经重组后，改为 7 个子公司。与此同时，总部赋予子公司独立经营权、生产自主权，总部的相应功能一次性弱化，相关部门进行了撤并。

分析：

1. 案例中的两个企业最初采用的是什么样的组织结构形式？
2. M 企业和 Y 企业为什么要进行组织结构调整，调整后的组织结构形式有哪些优势和不足？
3. 企业在进行组织结构设计时应注意哪些问题？

任务二 进行岗位分析

知识目标

❖ 了解岗位分析的内容；
❖ 熟悉岗位分析的程序；
❖ 掌握岗位分析的方法。

技能目标

❖ 能够运用岗位分析方法进行岗位分析。

任务引入

“小王，我真不知道你到底需要什么样的机械操作工？”高尔夫机械制造有限公司人力资源部经理老陈说道，“我已经送去了 4 个人给你面试，这 4 个人都基本上符合岗位说明书的要求，可是，你却将他们全部拒之门外。”

“符合岗位说明书的要求？”小王颇为惊讶地回答道，“我要找的是那种一录用，就能够直接上手做事的人；而你送给我的人，都不能够胜任实际操作工作，并不是我所要找的人。再者，我根本就没看见你所说的什么岗位说明书。”

闻听此言，老陈二话没说，为小王拿来岗位说明书。当他们将岗位说明书与现实所需岗位逐条加以对照时，才发现问题之所在：原来这些岗位说明书已经严重地脱离实际，也就是说，岗位说明书没有将实际工作中的变动写进去。例如，岗位说明书要求从业人员具备旧式钻探机的工作经验，但实际工作中采用的是应用最新技术的数控机床。因此，工人们要想更有效地使用新机器，必须具备更多的数学和计算机知识。

在听完小王描述机械操作工作所需的技能以及从业人员需要履行的职责后，老陈喜形于色地说道：“我想我们现在能够写出一份准确描述该项工作的岗位说明书了，用这份岗位说明书作为指导，一定能够找到你所需要的合适人选。我相信，只要我们的工作更加紧密地配合，上述那种不愉快的事情，绝不会再发生了。”

任务 1：分析老陈招聘到的人才不能胜任相关岗位的主要原因。

任务 2：提出解决这一问题的思路与方法。

任务分析

在上述案例中，虽然岗位说明书不能准确无误地界定出招聘岗位所要求的职责与技能，但是，人力资源部经理老陈没有岗位说明书的帮助，就很难确定出所需岗位应该具备何种专业技能。通过以上案例可以发现，进行具有普遍规律性的人力资源管理工作时应注意的问题，那就是岗位说明书所描述的岗位及其职责要随岗位工作内容的变化不断地进行修改。

知识链接

一、岗位分析

岗位分析，指对某项工作进行完整的描述或说明，以便为人力资源管理活动提供有关岗位方面的信息，从而进行一系列岗位信息的收集、分析和综合的人力资源管理的基础性活动。岗位分析主要从以下八个要素着手进行分析，即“7W1H”。

Who：谁从事此项工作，责任人是谁，对人员的学历及文化程度、专业知识与技能、经验以及职业化素质等资格的要求。

What：雇员要完成的工作任务当中，哪些是属于体力劳动的范畴，哪些又是属于脑力劳动的范畴。

Whom：为谁做，即顾客是谁。这里的顾客不仅指外部的客户，也可以是企业内部的员工，即包括与从事该工作有直接关系的人，如直接上级、下级、同事和客户等。

Why：为什么做，即工作对该岗位工作者的意义所在。

When：工作任务要求在什么时间完成。

Where：工作的地点、环境等。

What qualifications：从事这项工作的雇员应该具备的资质条件。

How：如何从事此项工作，即工作程序、规范以及为从事该工作所需要的权力。

二、岗位分析的方法

岗位分析的方法有很多种，此处重点介绍几种常用的岗位分析方法。

1. 问卷调查法

问卷调查法就是根据岗位分析的目的、内容等，事先设计一套岗位调查问卷，由被调查者填写，再将问卷加以汇总，从中找出有代表性的回答，形成对岗位分析的描述信息。问卷调查的关键是问卷设计。问卷有开放型和封闭型两种形式。开放型问卷是由被调查人根据问题自由回答。封闭型问卷是调查人事先设计好答案选项，由被调查人选择确认。

问卷调查法的具体实施步骤如下。

（1）问卷设计。设计问卷时要做到以下几点。

① 提问要准确。

② 问卷表格要精练。

③ 语言通俗易懂，问题不可晦涩难懂。

④ 问卷表前面要有指导语。

⑤ 能够激发被调查人兴趣的问题放在前面，问题排列要有逻辑。

（2）问卷发放。进行岗位分析问卷发放时，应该先集合各部门各级主管进行说明，说明内容有岗位分析目的、岗位分析问卷填答方法，同时应清楚告知员工此次活动的进行不会影响其权益。确定各主管皆明白如何进行后，由主管辅导下属进行岗位分析问卷的填答。

（3）填答说明与解释。虽然在岗位分析问卷填答前有过详细的说明，也进行了问题解答，但是还可能有许多问题产生，因此，在此期间必须注意各部门的填写状况，并予以协助。

（4）问卷回收及整理。对于回收的问卷，首先必须检查是否填写完整，并仔细查看是否有不清楚、重叠或冲突之处，若有，便由岗位分析员与人力资源主管进行讨论，以确认资料收集的正确性。

如果事先已请填写者将内容转换成电子档案，则岗位分析员只需对原档案进行修改即可，不需再花费大量时间将问卷内容转换成电子档案，只要资料确认无误，即可完成职务说明书的撰写。

2．访谈法

访谈法是访谈人员就某一岗位与访谈对象，按事先拟订好的访谈提纲进行交流和讨论。访谈对象包括该职位的任职者、对工作较为熟悉的直接主管人员、与该职位工作联系比较密切的工作人员以及任职者的下属。为了保证访谈效果，一般要事先设计访谈提纲，事先交给访谈者准备。访谈法分为个体访谈和群体访谈。

进行访谈时应注意以下原则。

（1）明确面谈的意义。

（2）建立融洽的气氛。

（3）准备完整的问题表格。

（4）要求按工作重要程度排列。

（5）面谈结果让任职者及其上司审阅修订。

3．观察法

观察法就是岗位分析人员在不影响被观察人员正常工作的条件下，通过观察将有关工作的内容、方法、程序、设备、工作环境等信息记录下来，最后将取得的信息归纳整理为适合使用的结果的过程。利用观察法进行岗位分析时，应根据岗位分析的目的、利用现有的条件，确定观察的内容、时间、位置、所需的记录单等，做到省时、高效。观察法分为以下几种。

（1）直接观察法。工作分析人员直接对员工工作的全过程进行观察。直接观察法适用于工作周期很短的职位。如保洁员的工作基本上是以一天为一个周期，职位分析人员可以一整天跟着保洁员进行直接的工作观察。

（2）阶段观察法。有些工作具有较长的周期性，为了能完整地观察到员工的所有工作，必须分阶段进行观察。比如行政文员，他需要在每年年终时筹备企业总结表彰大会。职位分析人员就必须在年终时再对该职位筹备企业总结表彰大会的工作过程进行观察。

（3）工作表演法。对于工作周期很长和突发性事件较多的工作比较适合。如保安工作，除了有正常的工作程序以外，还有很多突发事件需要处理，如盘问可疑人员等，职位分析人员可以让保安人员表演盘问的过程，来进行该项工作的观察。

应用观察法的要求如下。

① 所观察的工作应具有代表性。

② 观察人员在观察时尽量不要引起被观察者的注意。在适当的时候，工作分析人员应该以适当的方式将自己介绍给员工。

③ 观察前应确定观察计划，计划工作中应含有观察提纲、观察内容、观察时刻、观察位置等。

④ 观察时思考的问题应结构简单，并反映工作内容，避免机械记录。

采用观察法进行岗位分析的结果比较客观、准确，但需要岗位分析人员具备较高的素质。它适用于外部特征较明显的工作，如生产线上工人的工作、会计人员的工作等。不适合长时间的心理素质的分析，不适合工作循环周期很长的工作和脑力劳动的工作，偶然、突发性工作也不易观察，且不能获得有关任职者要求的信息。

4．关键事件法

关键事件法要求岗位工作人员或其他有关人员描述能反映其绩效好坏的“关键事件”，即对岗位工作任务造成显著影响的事件，将其归纳分类，进而对岗位工作有一个全面的了解。关键事件的描述包括：导致该事件发生的背景、原因；员工有效或多余的行

为；关键行为的后果；员工控制上述后果的能力。采用关键事件法进行岗位分析时，应注意以下三个问题。

（1）调查期限不宜过短。

（2）关键事件的数量应足够说明问题，事件数目不能太少。

（3）正反两方面的事件都要兼顾，不得偏颇。

关键事件法的主要优点：研究的焦点集中在职务行为上，因为行为是可观察的、可测量的。同时，通过这种职务分析可以确定行为的任何可能的利益和作用。

关键事件法的主要缺点：一是费时，需要花大量的时间去搜集那些关键事件，并加以概括和分类；二是利用关键事件法，难以涉及中等绩效的员工，因而全面的职务分析工作就难以完成。

该方法适用于同一职位员工较多，或者职位工作内容过于繁杂的工作。

5. 参与法

参与法是指岗位分析人员直接参与某一岗位的工作，从而细致、全面地体验、了解和分析岗位特征及岗位要求的方法。

与其他方法相比，参与法的优势是可获得岗位要求的第一手真实、可靠的数据资料。获得的信息更加准确。当然参与法也有缺点，由于分析人员本身的知识与技术的局限性，其运用范围有限，只适用于较为简单的工作岗位分析。

6. 工作日志法

工作日志法是让员工以工作日记或工作笔记的形式记录日常工作活动，从而获得有关岗位工作信息资料的方法。

工作日志法的优点：如果记录很详细，那么经常会提示一些其他方法无法获得或者观察不到的细节。工作日志法最大的问题是工作日志内容的真实性。

该方法适用于高水平、复杂工作的分析。

7. 交叉反馈法

交叉反馈法，即由工作分析专家与被分析岗位的骨干人员或其主管人员交谈、沟通，按企业经营需要，确定工作岗位；然后由这些主管人员或骨干人员根据设立的岗位按预先设计的格式，草拟工作规范初稿；再由工作分析专家与草拟者和其他有关人员一起讨论，并在此基础上起草出二稿；最后由分管领导审阅定稿。访谈对象最好是从事该项工作的关键人员或比所需要了解岗位高一个层次的岗位工作人员，这样反映问题比较全面、客观。

交叉反馈法的优点：工作规范描述准确，可执行性强；工作关系图、工作流程的描述相对清晰；能够较好地与实际工作相吻合。

不足之处是：所需时间较多，反馈周期较长，工作任务量大。

这种方法适合于发展变化较快，或职位职责还未定型的企业。由于企业没有现成的观察样本，所以只能借助专家的经验来规划未来希望看到的职位状态。

三、岗位分析的步骤

1. 确定工作岗位

岗位分析首先要收集和研究有关组织机构的一般情况，确定每一工作岗位在组织机构中的位置。为此，分析人员通常从组织结构图和工作程序图入手调查，工作程序图可以帮助分析人员了解工作过程。不过，依靠工作程序图或组织结构图确定工作岗位之间的职能关系和明确各项任务的目的，经常是不完全的。因而还需要有其他资料的补充，包括工作说明书、操作和培训手册、其他有关的规则或领导的要求。

2. 进行岗位分析

岗位分析是一个全面的评价过程，这个过程可以分为四个阶段：准备阶段、调查阶段、分析阶段和完成阶段。这四个阶段关系十分密切，它们相互联系、相互影响。

（1）准备阶段。准备阶段是岗位分析的第一阶段，主要任务是了解情况，确定样本，建立关系，组成工作小组，具体工作如下。

① 明确工作分析的意义、目的、方法、步骤。

② 向有关人员宣传、解释。

③ 和与工作分析有关的员工建立良好的人际关系，并使他们作好心理准备。

④ 以精简、高效为原则组成工作小组。

⑤ 确定调查和分析对象的样本，同时考虑样本的代表性。

⑥ 把各项工作分解成若干工作元素和环节，确定工作的基本难度。

（2）调查阶段。调查阶段是岗位分析的第二阶段，主要任务是对整个工作过程、工作环境、工作内容和工作人员等主要方面做一个全面的调查，具体工作如下。

① 编制各种调查问卷和提纲。

② 灵活运用各种调查方法，如面谈法、问卷法、观察法、参与法、关键事件法等。

③ 广泛收集有关工作的特征以及需要的各种数据。

④ 重点收集工作人员必需的特征信息。

⑤ 要求被调查的员工对各种工作特征和工作人员特征的重要性、发生频率等作出等级评定。

（3）分析阶段。分析阶段是岗位分析的第三阶段，主要任务是对有关工作特征和工作人员特征的调查结果进行深入全面的分析。具体工作如下。

① 仔细审核收集到的各种信息。

② 创造性地分析、发现有关工作和工作人员的关键成分。

③ 归纳、总结出工作分析的必需材料和要素。

（4）完成阶段。完成阶段是岗位分析的最后阶段，前三个阶段所做的工作都是为了实现此阶段的目标，此阶段的任务就是根据规范和信息编制“工作描述”和“工作说明书”。

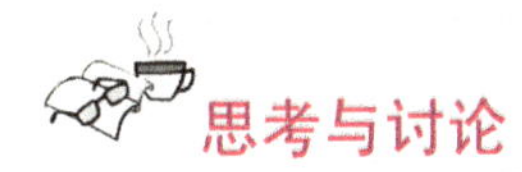

思考与讨论

1．岗位分析的方法有哪些？

2．不同的岗位分析方法有何特点？

实训题

实地调查某一企业，并针对该企业中的某一特定职位进行岗位分析。

案例分析

岗位分析遭到谁的阻拦

林刚被一家私营企业录用为人力资源经理，这家企业规模不大，员工只有30人。他进公司不久就发现公司管理有些混乱，员工职责不清，工作流程也不科学。每当发生问题，A部门说“归B部门管”，B部门称“不知道”，让他找C部门。他希望进行岗位分析，重新安排组织架构。

林刚和岗位分析小组的成员积极筹备一番后开始行动。不料，员工相当不配合。“我们部门可是最忙的部门了，我一个人就要干3个人的活。”“我每天都要加班到9点以后才回去，你们可别再给我加工作量了。”“哦，是不是要裁员啦？怎么突然要做工作分析

了呢？”“真抱歉，手头忙，等过一阵再谈吧。”胆小者支支吾吾、疑心重重，态度冷淡不配合的更不在少数。

一周下来，林刚筋疲力尽，却收获寥寥。经多方了解后，林刚才知道他的前任也做过岗位分析。不但做了岗位分析，还立即根据分析结果进行了人员的大调整；不但删减或合并了大量的人员和岗位，而且还对员工的工作量都作了调整，每个人的工作量有增无减。有了这个“前车之鉴”，大家忙不迭地夸大了自己的工作量，生怕岗位分析把自己“分析掉了”，或者给自己增加工作量。

分析：

1. 岗位分析的目的是不是为了增加员工的现有工作量？如果不是，你认为岗位分析在人力资源管理中处于怎样的位置？

2. 员工对于人力资源管理部门组织的岗位分析，通常都持不满的态度，你认为这一情绪产生的原因是什么？有何良策可以缓解这种情绪？

3. 你认为工作的交叉和重叠在岗位分析后是否可能全部消失，如果不能，你认为有何方法能弥补这一不足？

任务三 编制岗位说明书

知识目标

❖ 了解岗位说明书的作用；
❖ 熟悉岗位说明书的内容；
❖ 掌握编制岗位说明书的方法。

技能目标

❖ 能够编制岗位说明书。

任务引入

一个机床操作工把大量的机油洒在机床周围的地面上。车间主任令操作工把洒掉的机油清扫干净，操作工拒绝执行，理由是岗位说明书里并没有包括清扫地面的条文。车

间主任顾不上去查岗位说明书上的原文，就找来一名服务工做清扫。但服务工同样拒绝，他的理由是岗位说明书里也没有包括这一类工作。车间主任威胁说要把他解雇，服务工才勉强同意，但是干完之后立即向公司投诉。

有关人员看了投诉后，审阅了两类人员的岗位说明书。机床操作工的岗位说明书规定：操作工有责任保持机床的清洁，使之处于可操作状态，但并未提及清扫地面。服务工的岗位说明书规定：服务工有责任以各种方式协助操作工工作，如领取原材料和工具，随叫随到，即时服务，但也没有明确写明包括清扫地面工作。

任务 1：对于服务工的投诉，你认为该如何解决？有何建议？

任务 2：如何防止类似意见分歧的再次发生？

任务分析

根据公司的实际情况，相关人员应进行管理分工、重新定位、对岗位说明书进行修改，以保证工作的顺利进行。公司在管理上，可以让一些有丰富管理经验的基层管理人员参与岗位职责的规划工作，因为这些基层管理人员熟悉第一线的工作情况，比较清楚工作中存在的问题。这样，相关人员就能够根据实际情况制订出较为科学合理的岗位说明书了。

知识链接

一、岗位说明书的作用

1. 为招聘、录用员工提供依据

岗位说明书里已经确定了职务的任职条件，它是招聘工作的基础，公司需要依照它来挑选人员。岗位说明书将作为员工录用以后签订的劳动合同的附件。新员工在被录用以后，一般企业要进行一次上岗培训，岗位说明书可以作为上岗培训的教材。

2. 对员工进行目标管理

在对员工进行目标管理设计的时候，依据岗位说明书所规定的职责，可以清晰、明确地给员工下达目标，同时也便于设计目标。

3. 是绩效考核的基本依据

在绩效考核的时候，根据岗位说明书，才会知道这个岗位有哪些职责，才能去考核这个岗位上工作的员工是不是尽职尽责，是不是完成了工作目标。

岗位说明书明确了某一项职责的范围是全责、部分还是支持，很清楚地划分了员工的职责。岗位说明书还规定了考核评价内容，其与绩效考核的标准应该是一致的。

4. 为企业制定薪酬方案提供依据

直接决定薪酬的是职务评价。职务评价是企业薪酬方案的基本依据，整个薪酬体系需要以职务评价为支撑性资料。而职务评价的基础是职务分析和岗位说明书，如果没有岗位说明书、岗位内涵分析等资料，就无法进行职务评价。因此，从根本上说，岗位说明书为企业制定薪酬政策提供了重要的依据。缺少了岗位说明书，企业制定薪酬方案将是很困难的。

5. 员工教育与培训的依据

对员工进行培训是为了满足岗位的需要，公司应有针对性地对具有一定文化素质的员工进行专业知识和实际技能的培训，提高员工胜任本岗本职工作的能力。根据岗位说明书的具体要求，对一些任职条件不足的员工进行培训以提升他的素质，最后使其达到岗位说明书的任职要求。

6. 为员工晋升与开发提供依据

员工大都愿意在一家企业长期工作，并不愿意来回跳槽，他们的依据主要是看有没有发展的空间，如现在是销售员，以后有没有可能做销售经理或销售总监。所以，公司就要依据岗位说明书，有针对性地做工作。

根据岗位说明书做的员工晋升路径图，是规范化管理的一个基础文件。员工晋升路径图可以让每一位员工都清楚，只要好好工作将来就能升到什么职位，或几年才能达到任职条件。

综上所述，岗位说明书有很多重要的作用。所以应该做好岗位说明书的编制工作，而且应该把岗位说明书作为一种档案长期保存起来。

二、岗位说明书的内容

岗位说明书的编制，是对工作分析的结果加以整合以形成具有企业法规效果的正式

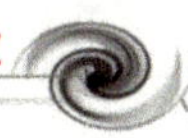

文本的过程。岗位说明书不存在标准格式，所以每个企业的岗位说明和内容都不相同，但是都应说清楚所执行的工作、职务的目的和范围、员工为什么做工作及如何工作。多数岗位描述有三个主要部分：职务头衔、职务确定和职务责任。它有以下三项内容。

1. 职务的识别部分

这部分位于岗位说明书的首部，有识别和确定某项岗位的作用。主要内容有职务头衔、职务所在的部门、岗位分析者及其向谁报告、最近修改岗位说明书的时间和编号等。其中职务头衔是其主要内容。

职务头衔是指对一组职位的称呼，如软件技术员、助理会计师等。设定头衔有以下几个作用。

（1）头衔名称归纳职务活动的特点，能够表明职务的整体概念以及职务的责任，如“销售员”会暗示该职务有销售的特征和责任。

（2）它对员工有心理上的作用，如将“垃圾清扫工”称为“清洁工程师”能提高这一职务在人们心中的地位。

（3）头衔也可以反映出该职务与其他职务的关系、处于何种级别水平等，如“助理工程师”、“初级工程师”、“高级工程师”的头衔可说明职务的不同等级。

2. 功能部分

功能部分主要描述岗位应完成的工作、任务和责任，说明工作本身的特性和进行工作的环境特性等。这部分首先是确定组成职务的任务和责任。任务是指员工要完成的工作，或是制造产品、或是提供服务的行为。责任则是一系列主要任务的集合，岗位的责任依据完成任务所花费的时间和重要性的优先次序排列。因此，有关岗位责任的说明通常按其重要程度编写。

此外，功能部分还应说明劳动手段和工作环境。劳动手段即工人用来执行岗位活动的机器、工具、设备和辅助装置。工作环境说明工作在何种环境状态下完成，提供了员工工作环境方面的信息，如在室内（外）、温度、湿度，或是需站立、久坐，或是受电磁、噪声、有害气体、传染病影响，或是焦虑状态下完成工作。

3. 岗位说明部分

这部分说明为取得成功的岗位绩效所需要的岗位特性。通常是描述从事该岗位的员工应该具备的经验、教育和培训等条件以及特殊的知识、能力和技能等。

三、岗位说明书的编制要求

岗位说明书的编制应该使用简洁的、直接的语言，充分反映出岗位的特征。

在岗位分析写作过程中，相关人员应注意做什么、如何做和为什么要做三个方面的问题。做什么，是以岗位上所完成的体力活动和脑力活动的有关说明来表示的；如何做，指的是执行岗位工作所采取的方法或程序，有体力活动和脑力活动两种。在考虑岗位如何做时，分析员应考虑下列问题。

（1）完成这一岗位的所有任务，使用了什么材料、工具和设备？

（2）是否还有其他没有观察到的材料、工具和设备？如有，他们应如何工作？

（3）完成这一岗位的所有任务，采用了什么方法或过程？

（4）有没有其他的方法或过程能完成此项工作？

岗位说明材料的组织，依赖于采用的岗位分析方法和职务性质。在多数岗位说明材料中，信息可按有关的主要岗位部分来组织，或按岗位活动的进行顺序来组织。在没有其他任何合理的组织原则时，或按各种活动判断出的重要程度，或按消耗于各种活动上的时间多少来排列叙述信息。在某些岗位说明材料中，可包括一系列任务清单，甚至可以按照这些任务所包含的各项“责任”组织。

四、如何编写岗位说明书

岗位说明书具体内容的编写是牵涉面广、工作量大的文件整理汇编工作，可分以下几个步骤来进行。

1. 准备阶段

（1）组建编写小组。该小组负责具体编写工作和协调有关事宜。编写小组成员由顾问公司（如果有外聘）、人力资源部及其他部门指定的人员组成。对小组成员的具体要求有：对企业及本部门的经营管理和业务状况比较了解，有一定的影响力，能公平、公正地处理问题，有一定的文字功底。小组成员一般是各部门的负责人。

（2）组建领导小组。该小组负责审核编写的结果和解决编写中出现的有关问题，主要由企业资深的高层管理人员组成。

2. 编写阶段

（1）设计框架。由编写小组成员设计出适合本企业的岗位说明书框架，包括岗位说

明书的样式及相关内容（见表 1-1），并提交领导小组审定。

表 1-1　岗位说明书

<table>
<tr><td>岗位名称</td><td colspan="3"></td><td>所在部门</td><td colspan="2"></td><td>岗位定员数</td><td colspan="2"></td></tr>
<tr><td>岗位编号</td><td colspan="3"></td><td>部门编号</td><td colspan="2"></td><td>薪酬等级</td><td colspan="2"></td></tr>
<tr><td>直接上级</td><td colspan="4"></td><td colspan="2">直接下级</td><td colspan="3"></td></tr>
<tr><td>工作综述</td><td colspan="9"></td></tr>
<tr><td colspan="10">岗位职责</td></tr>
<tr><td>序　号</td><td colspan="2">工作项目</td><td colspan="4">具体职责</td><td colspan="2">工作权重/%</td><td>绩效指标</td></tr>
<tr><td>1</td><td colspan="2"></td><td colspan="4"></td><td colspan="2"></td><td></td></tr>
<tr><td>2</td><td colspan="2"></td><td colspan="4"></td><td colspan="2"></td><td></td></tr>
<tr><td>3</td><td colspan="2"></td><td colspan="4"></td><td colspan="2"></td><td></td></tr>
<tr><td>4</td><td colspan="2"></td><td colspan="4"></td><td colspan="2"></td><td></td></tr>
<tr><td>5</td><td colspan="2"></td><td colspan="4"></td><td colspan="2"></td><td></td></tr>
<tr><td>6</td><td colspan="2"></td><td colspan="4"></td><td colspan="2"></td><td></td></tr>
<tr><td>7</td><td colspan="2"></td><td colspan="4"></td><td colspan="2"></td><td></td></tr>
<tr><td>8</td><td colspan="2"></td><td colspan="4"></td><td colspan="2"></td><td></td></tr>
<tr><td rowspan="2">工作协作关系</td><td colspan="2">内部</td><td colspan="7"></td></tr>
<tr><td colspan="2">外部</td><td colspan="7"></td></tr>
<tr><td rowspan="10">任职资格</td><td colspan="2">任职资格项目</td><td colspan="7">要　求</td></tr>
<tr><td colspan="2">教育程度</td><td colspan="7"></td></tr>
<tr><td colspan="2">专业（工种）</td><td colspan="7"></td></tr>
<tr><td colspan="2">工作经验</td><td colspan="7"></td></tr>
<tr><td colspan="2">知识要求</td><td colspan="7"></td></tr>
<tr><td colspan="2">上岗证/资格证</td><td colspan="7"></td></tr>
<tr><td colspan="2">对身体健康要求</td><td colspan="7"></td></tr>
<tr><td rowspan="3">专业技能</td><td>技能</td><td></td><td></td><td></td><td></td><td></td><td></td><td></td></tr>
<tr><td>级别</td><td></td><td></td><td></td><td></td><td></td><td></td><td></td></tr>
<tr><td colspan="8">需求程度的级别：1. 无要求；2. 一般；3. 较强；4. 强；5. 很强</td></tr>
<tr><td rowspan="3">其　他</td><td colspan="2">工作环境</td><td colspan="7"></td></tr>
<tr><td colspan="2">工作时间</td><td colspan="7"></td></tr>
<tr><td colspan="2">使用的主要工具设备</td><td colspan="7"></td></tr>
<tr><td>述职签字</td><td>任职人</td><td colspan="3"></td><td>任职人上级</td><td colspan="2"></td><td>人力资源部</td><td></td></tr>
</table>

（2）组织培训。根据岗位说明书的框架，由编写小组的成员组织全体员工进行岗位说明书编写技能与技巧的培训。

（3）编写。编写小组辅导或者帮助任职人员进行岗位说明书的编写，并完成初稿，提交部门负责人进行审核与修订。

岗位说明书一般分为以下几大部分。

① 基本概况。岗位名称指的是任职职位的称谓，名称要反映工作岗位的性质、突出岗位的职能，如招聘专员等；岗位的编号一般由企业人力资源部统一规定；所在部门指本岗位隶属的部门名称；直接上级指所描述职位的直接主管岗位的名称，一般一个岗位只有一个直接上级岗位；直接下级指所描述岗位直接领导的下属岗位名称；薪酬等级指根据岗位评价的结果，按照企业的管理制度确认的薪酬级别。

② 工作综述。指对本岗位职能进行综合、概括性的描述，一般用一句话，采用“三段论”的方式来描述，即“依据/按照……，做……（行动），达成……结果”。

③ 岗位职责。岗位职责包括工作项目、具体职责、工作权重、绩效指标四个部分。其中工作项目包括岗位关键业务工作职责和岗位基础工作职责。关键业务工作职责指为发挥本岗位职能必须承担的具体业务学习情境的工作职责；岗位基础工作职责指各部门为完善本岗位的职能建设所承担的共性工作。具体职责指对工作项目的具体内容进行描述，一般也采用“三段论”的格式。工作权重指本项工作的工作量占本职位工作总量的比例，一般情况下可以用时间比例来代替，所有工作的总权重为100%。绩效指标指衡量本项工作完成情况的指标及标准，主要从时间、数量、质量和成本等方面来设置。

④ 工作协作关系。工作协作关系包括对内和对外两部分。对内主要指与直接上级或平级部门、岗位之间的协作关系，一般填写最常联系的3～5个部门或岗位；对外主要从上级单位、政府有关部门、客户及中介组织等方面来描述。

⑤ 任职资格。任职资格的内容包括教育程度、专业（工种）、工作经验、知识要求、上岗证/资格证，对身体健康要求和专业技能等。本栏必须全部填写。专业技能主要从招聘的角度出发，根据岗位工作的需要，并从工作性质和工作内容来判断其需求程度的级别。

⑥ 其他。这部分包含工作环境、工作时间和使用的主要工具设备。工作环境指本职位工作面临的实际工作环境，如岗位是否具有噪声、粉尘、有毒气体、高温等因素带来的生命安全、职业病等危害；工作时间是指本岗位工作的时间规律性；使用的主要工具设备指完成岗位职责所需要使用的工具或设备。

3. 审核与修订

部门负责人对岗位说明书的初稿进行初步审核，及时提出审核中发现的问题；编写小组提供岗位说明书的审核技术和办法，负责辅导审核的过程，解决项目小组审核中遇到的技术问题，并负责收集审核意见和修订。

4. 定稿

编写小组将已初步修订的岗位说明书提交企业领导小组。领导小组对所有的岗位说明书进行综合性全面审核，提出审核意见，并与编写小组共同探讨审核中发现的问题，最终确定修订的办法，经编写小组再次修订后，将岗位说明书定稿。

岗位说明书定稿后，通过一定的程序即可下发执行。

五、岗位说明书的定期审查和保管

岗位说明书的内容并不是一成不变的，应该隔一段时间对其进行一次修订，在应用中动态地修订岗位说明书的内容，而且这种修订应该和企业的人力资源规划结合在一起。这就是通常所说的规范化管理的系统性。

1. 常规性调整

岗位说明书一般实行会审制度，由企业人力资源部每年或定期组织对岗位说明书进行分级审核，收集审核意见，综合分析后，酌情调整。

2. 应随着企业发展战略的调整而调整

在企业发展战略调整之后，可能会引起组织结构的调整和变化。如果组织结构变了，职能变了，那么岗位也变了，或者出现一些新的岗位，或者一些老岗位消失，或者有些岗位的内容职责、工作负荷有所变化，此时应重新修订岗位说明书。这项工作由人力资源部主持，相关的部门共同研究决定，研究以后要进行总的调整。

3. 岗位说明书作为界定部门或岗位职责的重要资料，应妥善保管

岗位说明书一式三份，任职人保管一份，用于对照工作完成情况；直接上级保管一份，用于检查、督导员工的工作；人力资源部存档一份，用于跟踪和了解各部门对员工的绩效评价等工作是否公平、公正和合理。岗位说明书作为企业文件，当任职人辞职、

离任、被辞退、被调出时，不能将其带走，应该移交给上级主管或继任该职位的人员。

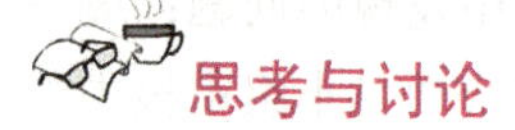

思考与讨论

1．岗位说明书有哪些作用？

2．编制岗位说明书应该注意哪些方面？

实训题

通过到某公司调研，选择一个岗位做岗位分析，编写岗位说明书。

案例分析

W煤炭公司的岗位说明书

W煤炭公司为提高内部管理水平和改进人力资源质量，在对关键岗位进行岗位分析的基础上，明确岗位责任，确定岗位的工作描述和工作规范，进而制订岗位说明书。

以计划调度主管为例。

岗位的工作分析：

1．现有状况

（1）汇报关系。

直接上级：项目小组经理。

直接下级：无。

问题：该岗位人员在实际工作中主要向主管国内贸易和主管投资的两位副总经理汇报，经常出现多头指挥的现象。

（2）工作职责。

收集和汇总生产、运输和销售的报表。

协调公司生产经营调度会议和编写会议纪要。

煤炭调度相关信息的上传下达。

问题：履行职责的层次远低于企业的实际需要。具体表现为对煤炭业务流程节点的审核监督、信息分析和建议职能发挥不足，只起到了信息汇总和传递的作用，这是公司

对于煤炭业务链各个环节的控制作用发挥不足的一个重要原因。

（3）协调关系。

内部协调关系：国内贸易部、投资部、项目小组。

外部协调关系：三个生产厂、储运公司。

问题：履行职责的层次远低于企业的实际需要。尚未统一信息流的进口和出口，尚未使信息在企业内部合理共享，供应链信息管理和共享职能发挥不足。

（4）任职人员信息。

岗位定员：3人。

学历：2人本科，1人专科。

专业：1人贸易，1人英语，1人管理。

经验：具备2年煤炭进出口贸易经验。

问题：原岗位任职人员的专业结构不符合岗位要求，普遍缺乏供应链管理和计划调度的相关技能和经验。

2. 调整后的岗位说明书

在原有岗位工作分析和诊断的基础上，进行工作描述，编写工作规范，改进的着眼点如下。

（1）增强对煤炭业务流程节点的审核和监督职能。

（2）增强对产、供、销的计划控制职能。

（3）增强供应链信息管理和共享职能。

调整后形成的计划调度主管的岗位说明书如表1-2所示。

表1-2　计划调度主管岗位说明书

岗位名称	计划调度主管	岗位编号	019
所在部门	煤炭部	岗位定员	2人
直接上级	煤炭部总监	工资等级	
直接下级	计划调度助理	薪酬类型	
所辖人员	3人	岗位分析日期	2006年10月
职责概述：负责监督调度制度的建设和落实；负责汇总并平衡生产、采购与销售计划，编制煤炭业务月度经营计划，组织煤炭业务月度经营分析会议；负责组织召开周调度例会；负责日常调度工作，协调铁路运输和港口作业；负责煤炭业务自产煤采购的商务执行工作；负责审核装船方案；负责供应链信息的收集、整理、分析、传递工作，完成上级交办的其他任务；			

续表

工作描述：				
职责一	职责表述：负责监督调度制度的建设和落实		工作结果	分送单位
	工作任务	监督、规范下属生产企业和储运公司的调度制度建设、修改和完善工作	煤炭业务调度制度	煤炭部总监
		落实下属生产企业和储运公司的调度信息规范化建设工作，包括规范表格的填写、信息传递时间等		
		对调度制度的适应性进行评价，并提出改进建议	调度制度适应性评价报告	煤炭部总监
		组织落实调度制度的改善工作		
职责二	职责表述：负责汇总并平衡生产、采购与销售计划，编制煤炭业务月度经营计划，组织煤炭业务月度经营分析会议		工作结果	分送单位
	工作任务	收集、汇总各环节上月经营计划执行情况		
		收集各环节的生产、采购、销售计划		
		经平衡后编制煤炭业务月度经营计划	煤炭业务月度经营计划	煤炭部总监
		组织煤炭业务月度经营分析会议		煤炭部总监
		下发煤炭业务月度经营计划		
职责三	职责表述：负责组织召开周调度例会		工作结果	分送单位
	工作任务	召集与会人员参加周调度例会		
		说明调度例会内容，负责会议记录工作	调度会会议记录FJ433	本岗位留存
		编撰调度例会会议纪要，经领导批示后下发	会议纪要JY7	煤炭事业部总监
		下达调度会会议决议指令	调度通知M1-B14	下属生产企业和储运公司
		协调、监督调度会决议的执行		
职责四	职责表述：负责日常调度工作，协调铁路运输和港口作业		工作结果	分送单位
	工作任务	参加公司月度经营计划会议，按计划负责处理权限内日常调度工作，上报值班领导处理权限外日常调度问题	调度通知	下属生产企业和储运公司
		负责下达调度指令，协调铁路运输和港口作业	调度通知	下属生产企业和储运公司
		向生产企业和储运公司索要指令执行情况反馈	反馈信息	煤炭部总监
		跟踪调度指令的执行情况，向直接上级反馈执行结果	反馈信息	煤炭部总监

续表

			工作结果	分送单位
职责五		职责表述：负责煤炭业务自产煤采购的商务执行工作	工作结果	分送单位
	工作任务	自产煤炭的合同签订	煤炭采购合同	煤炭部总监
		煤炭供应过程的执行监督		
		自产煤炭采购的结算		
职责六		职责表述：负责审核装船方案	工作结果	分送单位
	工作任务	接收储运公司传真过来的装船方案		
		计算装船质量指标，审核装船方案的可行性，签署审核意见	装船方案审核意见	煤炭部总监
		呈报装船方案给煤炭事业部总监审批		
		下达审批后的装船方案	审批后的装船方案M1-Y29	储运公司
职责七		职责表述：负责供应链信息的收集、整理、分析、转递工作	工作结果	分送单位
	工作任务	负责接收各部门传来的业务信息，包括船期信息、装船信息等		
		负责收集煤炭业务供应链运作信息，包括日调度表等		
		负责传递煤炭业务供应链运作信息给供应链相关部门、单位	调度通知	煤炭部各部门、下属生产企业和储运公司
		整理归类日常运作问题，填写日调度问题汇总表	煤炭生产经营问题汇总表	煤炭部总监
		分析处理供应链信息，填写月调度信息分析报告	月调度信息分析报告	煤炭部总监
		整理归档供应链信息，建立调度信息文档	调度信息文档	本岗位留存
职责八		职责表述：完成上级交办的其他任务		

续表

权力：

人事权	对直接下属的奖惩有提名和建议权，有一定的考核评价权
财务权	无
业务权	业务执行权（调度制度执行情况的监督权、调度信息收集权、调度指令执行检查权、日调度会议的组织权、装船方案的审核权、铁路运输和港口作业的协调权）

工作协作关系：

外部协调关系	煤炭业务下属控股子公司、储运公司等

工作规范：

教育水平	大学本科及以上学历			
专业	煤炭、物流管理等相关专业			
培训经历	培训内容	导训时间	培训内容	导训时间
	煤炭专业知识培训	两周以上	计算机应用培训	两周以上
	供应链管理培训	两周以上	外语	
经验	两年以上相关工作经验			
个人素质	较高的工作热情和工作主动性；较高的职业道德水平；较强的人际交往能力、沟通能力、判断和决策能力；很强的计划和执行能力			
知识	掌握供应链管理知识；具有有关煤炭的一般知识和煤炭生产管理知识			
技能技巧	较强的外语阅读能力、熟练使用计算机办公软件			

备注

分析：

1. 调整后的岗位说明书编写得如何？你有何建议？
2. 实例介绍。

表1-3为客户关系专员岗位说明书。

表 1-3　客户关系专员岗位说明书

岗位名称	客户关系专员	岗位编号	
所在部门	市场部	岗位定员	
直接上级	市场部经理	工资等级	六级
直接下级		薪酬类型	
所辖人员		岗位分析日期	2008 年 8 月

本职概述：组织市场调研，市场部资料档案的收集、整理和归档，进行客户关系管理

职责与工作任务：

<table>
<tr><td rowspan="2">职责一</td><td colspan="2">职责表述：协助市场部经理制订部门年度工作计划</td></tr>
<tr><td>工作任务</td><td>协助市场部经理制订本部门年度工作计划</td></tr>
<tr><td rowspan="3">职责二</td><td colspan="2">职责表述：负责组织市场调研</td></tr>
<tr><td rowspan="2">工作任务</td><td>负责组织市场调研工作，并监督销售业务员执行，对调研数据进行真实性的检查</td></tr>
<tr><td>负责组织调研报告的分析工作，完成市场调查报告</td></tr>
<tr><td rowspan="4">职责三</td><td colspan="2">职责表述：负责市场相关资料和文件的收集、整理与存档工作</td></tr>
<tr><td rowspan="3">工作任务</td><td>进行与客户有关的传真、电子邮件的信息管理</td></tr>
<tr><td>收集市场、竞争对手、经销商、用户的信息，建立市场信息系统以及完整的客户档案</td></tr>
<tr><td>收集、整理市场和销售部门的业务信息，包括各种报告和统计</td></tr>
<tr><td rowspan="3">职责四</td><td colspan="2">职责表述：负责客户关系管理</td></tr>
<tr><td rowspan="2">工作任务</td><td>负责对客户档案进行总结分析，进行客户分级、客户关系管理等工作</td></tr>
<tr><td>参与客户的信用评级工作</td></tr>
<tr><td>职责五</td><td colspan="2">职责表述：完成运作支持部经理交办的其他工作任务</td></tr>
</table>

权力：收集市场相关信息、资料、文件的权力；客户信用评级的提议权

工作协作关系：

内部协调关系	销售部、技术开发部、供应管理部、财务部、行政部等
外部协调关系	相关政府部门、客户、经销商、市场调查公司等

任职资格：两年以上客户关系管理相关经验，能够参与制订部门年度工作计划并组织市场调研

制订人力资源规划

某建筑公司的人力需求预测

某建筑公司是广东省一家国有建筑企业。公司管理层基本上都是广州本地人，文化层次相对较高。而一线的建筑工人，大部分是来自原广州郊区城乡结合部的农民（随着城市的扩建，也转变成为“市民”）。

随着我国改革开放的不断深入，中国经济呈现出勃勃生机，各行各业日益发展。广东经济作为中国经济的领头羊，也呈现出前所未有的发展势头。建筑业更是异军突起，发展迅猛。在这种大好形势之下，该公司紧紧抓住发展机遇，承担了许多大型工程的建设项目，逐渐成为广东建筑企业的排头兵。

但是，随着企业的不断发展，公司的领导层发现，工地一线工人开始吃紧，有时采取加班加点的超负荷工作，也远远满足不了发展的需求。为了满足对人员配备的要求，公司人事部从广东其他地区，乃至全国，匆忙招聘了大量的新员工。为应付紧张的用工需要，人事部门不得不降低录用标准，使得人员配备的质量大幅度下降。此外，招聘人员的结构也不尽合理，如单身或易迁徙的员工过多，员工年龄偏大等。经常出现员工只工作了一两个月就充当工长的现象，人事部门刚招聘一名员工顶替前一位员工的工作才几个月，就不得不再去招聘新的顶替者。为了招聘到合适的人员，人事部门常常是疲于奔命。

为此，公司聘请了有关专家进行调查，寻找员工短缺的原因，并找出解决这一问题和消除其对组织影响的方法。

专家调查表明，该公司以往对员工的需求处于无计划状态，在城郊还未变成城区之前，招工基本上还不太困难。随着城市的日益扩大，城郊的农民工的数量也在日益减少。以往在几天之内就能找到应急工已成为过去。

因此，公司决定把解决员工短缺问题作为公司战略的一部分来考虑。

在专家的帮助下，鉴于公司本身的特性以及宏观经济形势的平稳发展，公司决定采用趋势预测法，用最小平方法建立预测公司员工数量的趋势线，将这条趋势线延长，就能推测将来所需的员工人数。

公司在过去的 12 年中，工人人数如表 2-1 所示。

表 2-1　公司过去 12 年的工人数量

年份	1985	1986	1987	1988	1989	1990	1991	1992	1993	1994	1995	1996
人数	510	480	490	540	570	600	640	720	770	820	840	930

结果，预测值与实际情况相当吻合。

至此，人事和管理部门对问题才有了统一的认识。这有利于他们共同解决今后几年可能出现的工人人数短缺问题，制定人力资源管理的总规划，根据总规划制定各项具体的业务计划以及相应的人事政策，以便提前招工、提前培训。

（案例来源：http://www.biaoyu886.cn/071/onews.asp?id=1624）

任务一　预测人力资源需求

知识目标

❖ 了解人力资源规划的含义与作用；

❖ 掌握人力资源需求预测的方法。

技能目标

❖ 能够进行人力资源需求预测。

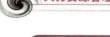

任务引入

案例：人力资源管理如何满足企业经营活动的变化（一）

PS公司是一家通信设备生产厂，主要生产电话机、传真机和手机等通信产品。在2007年年终的经理会议上，销售部经理胡军说：“我有一个好消息，我们的一个大客户将给我们一个额外的大订单，订单要求生产10万套型号为MP101的手机产品。但是我们必须在一年内完成，而不是两年完成。我告诉客户我们能够做到。”

此时，生产部经理张健提出一个现实的问题：“据我所知，我们现有人员根本无法在客户要求的期限内生产出符合他们要求的产品。我也不知道新增加的生产任务需要增加多少生产人员。”人力资源部经理黄华说：“我们需要到社会上招聘一些具有这种产品生产经验的工人，还需要逐步对我们现有工人进行培训，同时为了保证生产的顺利进行，还需要补充各部门的管理人员和辅助人员。我认为我们应该对这一项目进行详细的人力资源情况分析。”会议中，总经理要求人力资源部经理黄华尽快收集相关资料，并对该项目进行详细的分析。

会后，人力资源部经理黄华安排助理李玲负责收集人力资源需求的相关资料，李玲收集的关于人力资源需求的资料如下。

（1）生产任务和产品工时定额资料。

一线生产部门包括注塑部、组装部和品质部。有关资料见表2-2。

表2-2　2008年的生产任务和产品工时定额

产品型号	计划产量/套	注塑部工时定额/H/套	组装部工时定额/H/套	品质部工时定额/H/套	备注
PH101	120 000	0.3	1.5	0.5	原有订单和销售预测
FX101	180 000	0.4	1.8	0.5	
FX102	90 000	0.5	2.0	0.6	
MP101	100 000	0.2	1.6	0.6	新订单

（2）工作时间和工作效率资料。

PS公司每年正常工作时间为250天，根据生产需要可以安排加班，平均每天上班时间为9小时。由于转产或工人休息会损失一定工时，工时效率90%。

（3）人员比例的统计资料。

据统计，其他部门的辅助工人共占一线生产工人的8%。

基层管理人员（包括车间基层管理人员、一般技术人员和一般行政职能人员）占所有工人比例的12%。

主管级管理人员（包含工程师和各部门主管）占所有工人的4%。

经理级管理人员（包含高级工程师和各部门经理）占所有工人的1%。

任务1：预测PS公司2008年各部门生产工人的需求人数。

任务2：预测PS公司2008年各级管理人员的需求人数。

任务分析

本任务需要预测各部门的人力资源需求量，人力资源需求预测一般分为以下几个步骤。

（1）召集相关部门进行研究讨论，根据企业的发展战略和目标，确定各部门未来的工作量。

（2）收集人力资源需求预测所需的信息，包括企业内部信息和外部信息。企业内部信息包括企业战略目标、组织结构、部门与员工职级分类和比例关系、生产定额等；企业外部信息包括产品市场需求、劳动力供给与需求的现状、国家或地区的政策等。

（3）选择合适的预测方法。人力资源需求预测的方法很多，不同的方法适合于不同的企业，不同的工作岗位也应该选用不同的预测方法。在选择预测方法的时候还需要注意是否具备所选方法需要的信息。

（4）运用预测方法进行预测。预测出企业人力资源的需求数量，并进行汇总统计。

案例中，已经提供了相关的信息，关键是找到合适的预测方法进行人力资源需求预测。

知识链接

一、人力资源规划概述

1. 人力资源规划的内涵

人力资源规划的内涵有广义和狭义之分。广义的人力资源规划包含企业所有人力资源计划，是战略规划与战术计划的统一；狭义的人力资源规划是指为实施企业的发展战略，完成企业的既定目标，根据企业外部环境和内部条件的变化，运用科学的方法预测企业人力资源的需求和供给，并制定相应的政策和措施，从而使企业实现人力资源供求平衡和人员结构配置合理的过程。

人力资源规划是为了确保企业实现下列目标：

（1）得到和保持一定数量具备特定技能、知识结构且层次合理的人员。

（2）能够预测企业组织中潜在的人员过剩或人力不足问题。

（3）提高企业人力资源质量，增强企业适应未知环境的能力。

（4）减少企业对外部招聘的依赖性。

2．人力资源规划的种类和程序

（1）企业的人力资源规划可以划分为不同的种类。

① 按照规划的期限，企业的人力资源规划可以分为三年以上的长期规划、一年以下的短期规划和介于两者之间的中期规划。

② 按照规划的范围，可以分为企业整体人力资源规划、部门人力资源规划和项目人力资源规划。

③ 按照规划的性质，可以分为战略性人力资源规划和战术性人力资源规划。前者是总体性和概略性的规划，后者一般是前者的具体方案和详细计划。

（2）人力资源规划可以分为以下几个步骤，如图2-1所示。

第一步，收集人力资源规划所需的有关资料。人力资源规划所需的信息主要是企业内部和外部环境信息。企业内部环境信息包括企业的战略目标、价值观、现行的人力资源政策、企业组织结构信息等。企业外部环境信息包括社会的、技术的、经济的、文化教育的、法律的等相关信息。在对内外部环境信息进行全方位调查的基础上，注意选取关键性信息。

第二步，预测未来人力资源的需求情况。进行需求预测时，应以历史数据、销售量或营业额、生产定额、直接生产人员与间接生产人员的比例等为基础，同时要对未来经营活动进行预测。

第三步，预测企业人力资源的供给情况。对企业内部和外部的人员供给情况加以预测。影响外部人员供给的主要因素有行业因素和地区性因素。而影响企业内部供给的主要因素有企业规模和结构的变化，以及企业内部可能的人员变动情况，如退休、晋升、解聘、主动离职等。

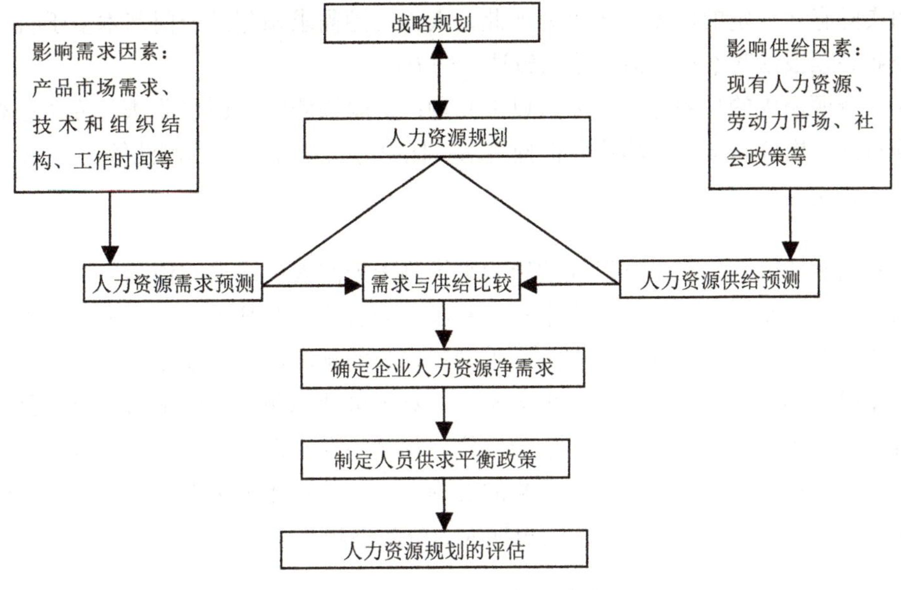

图 2-1　人力资源规划的步骤

第四步，确定企业人力资源净需求。通过对需求预测和供给预测进行比较，可以掌握企业对人员的实际需要，确定招聘需要；同时可以发现企业中可能存在的人力资源供求不平衡的问题。这种比较既要从企业的整体进行，了解企业中人员总量的供求情况，也要按部门、岗位或专业进行人员的供求状况分析。

第五步，制定人员供求平衡政策。根据需求预测和供给预测的对比分析，发现人力资源供求关系中存在的问题，制定相应政策，采取措施，调整人力资源的供求不平衡状况。

第六步，人力资源规划的评估。评估人力资源规划的结果可以从多方面进行，如人力资源成本的降低、业务量或产量的提高、企业中岗位空缺的数量和空缺的时间等。如果一个企业某些岗位长期空缺或长期人力资源不足，未能及时补充人员，那么该企业的人力资源规划就是无效的。

二、人力资源需求的预测方法

人力资源需求预测和产品或服务需求预测同等重要，错误的预测会造成巨额的成本浪费。预测的内容包括要达到企业目标所需的员工数量、层次和结构，预测的方法多种多样。在进行预测时，要考虑三个重要因素，即企业的目标和战略、生产力或效率的变化和工作设计或结构的改变。很多时候，因为要考虑的因素复杂多变，所以得出的结果

往往和实际存在一定的偏差。正因为如此，人力资源需求预测是一门艺术多于科学的技术。企业必须根据其本身的情况选取较适合的方法。

人力资源需求的预测方法主要有以下几种：经验预测法、德尔菲法、劳动定额法、概率推断法、岗位职责法、趋势分析预测法、比率分析法和回归预测法等。

1．经验预测法

经验预测法就是企业根据以往的经验来推测未来的人员需求的预测方法。这种预测方法的基本假设是：人力资源的需求与某些因素的变化存在某种关系。由于这种方法受预测者个人的经验和能力的影响较大，不同管理者的预测可能有偏差。这种方法应用于不同对象时，预测结果的准确程度也会不同。对于可准确测定工作量的岗位，预测的准确性较高，对于难以准确测定工作量的岗位，预测的准确性较低。人们一般采用多人综合预测或查阅历史记录等方法提高预测的准确率。经验预测法是人力资源预测中最简单的方法，它适合技术较稳定的企业的短期人力资源预测。

2．德尔菲法

德尔菲法又叫专家预测法。该方法是通过邀请专家们各自预测某一领域的发展趋势，进而以书面形式提出企业人力资源需求的预测，反复进行多次使专家们达成较一致的看法。用德尔菲法预测企业人力资源需求的基本过程如下：

第一步，选择专家。专家是对人力资源预测问题有深入研究了解的人，他们既可以是管理人员，也可以是普通员工；既可以来自企业内部，也可以来自企业外部，人数一般控制在10～15人。选定专家后，主持预测的人力资源部门向各位专家说明此次预测对企业的重要性，以及预测的方向和需要考虑的因素等。

第二步，将事先设计好的预测资料以信函形式发给各位专家；各位专家根据自己的知识、经验和所掌握的信息提出自己的观点，并以匿名方式反馈给主持者。

第三步，主持者将第一轮预测的结果进行分析、归纳，并将综合结果再反馈给各位专家，请他们提出修改意见并说明修改的理由。然后重复以上过程，直至专家们的意见趋向一致。

使用德尔菲法进行人力资源预测，为了保证预测效果，需要注意以下几点。

（1）要以匿名问卷的方式征求专家们的意见，避免面对面集体讨论。

（2）为专家们提供充分的信息，包括已经收集的历史资料和有关的统计分析结果，以便专家们能够做出比较准确的判断。

（3）所提出的预测问题应尽可能简单，应该是专家能回答的问题，同时不要问一些与预测无关的问题。

（4）保证所有专家能从相同的角度理解相关的定义、概念和分类，即在整个过程中用到的职务名称、部门名称等概念要有统一的定义和理解。

（5）对于专家们的预测结果不要求十分精确，但是需要他们说明对预测结果的肯定程度。

在德尔菲法中，由于专家们互不见面，也不知道其他人的情况，因此可以有效排除心理干扰，使各位专家畅所欲言，真正做到集思广益，从而保证预测结果的准确度。该方法比较适合企业对人力资源需求的长期趋势预测，不足之处主要是预测过程较长。

3．劳动定额法

劳动定额法是根据企业的工作任务和劳动定额，以及工时利用率来预测人力资源需求的方法。劳动定额法主要适用于能计算员工的劳动效率和能事先预测工作任务总量的企业，特别是用来预测生产性企业的一线生产工人的需求数量。基本公式如下：

$$\text{某类岗位人员需求数量}=\frac{\text{计划期内工作任务总量}}{\text{某类人员的劳动效率}} \tag{2-1}$$

在企业中，由于各类人员的工作性质不同，总工作任务量和个人的劳动定额变现形式不同，以及其他影响人力资源需求的因素也不相同，因此其具体的核定人员需求的公式也不相同。以下是三种常用的方法：

（1）产量定额法。这种方法是根据计划期内的生产任务总量和产量定额来计算人力资源需求量的，计算公式如下：

$$L=W/(T\times t\times E) \tag{2-2}$$

其中：L 为人力资源需求量；W 为一定时期计划工作任务总量；T 为产量定额；t 为计划期工作时间；E 为工时利用率。

一般来说，某工种生产的品种单一、变化较小而产量较大时，适合采用产量定额法来计算人力资源需求。采用这个公式计算人力资源需求量时要注意工作任务总量和计划期的工作时间的时间单位、时间跨度要保持一致。

【例 2-1】　某车间 9 月份需要生产 20 000 件 A 产品，每个工人每天的产量定额为 5 件，工时利用率为 95%，该车间 9 月份工作 22 天，则直接代入式（2-2）。计算结果如下：

$$L=20\,000/(5\times22\times95\%)\approx192\text{（人）}$$

（2）工时定额法。这种方法是根据计划期内的生产任务总量和工时定额来计算人力

资源需求量的。计算公式如下：

$$L=(W\times Q)/(t\times E) \tag{2-3}$$

其中：Q 为工时定额；L、W、t、E 同上。

如果企业生产的产品品种较多，而且需要在生产中转换生产品种，则通常采用工时定额法。采用这个公式计算人力资源需求量时同样要注意工作任务总量和计划期工作时间的时间单位、时间跨度要保持一致。

【例2-2】 某车间2008年度需要生产A产品1 000件，B产品2 000件，C产品3 000件，其中单件产品的工时定额为3小时、4小时、5小时，预测计划期内工时利用率为90%，2008年工作250天，每天工作8小时。则该车间需求人数为：

$$L=(1\,000\times3+2\,000\times4+3\,000\times5)/(250\times8\times90\%)\approx15\text{（人）}$$

在企业实际预测中，有些产品需要由几个车间来共同完成，所以一般会给出不同车间的工时定额，可以分别计算每个车间的人力资源需求数量。

（3）设备看管定额法。这种方法是根据设备需要开动的台数和开动的班次、工人看管定额，以及工时利用率来计算人力资源需求数量。计算公式如下：

$$L=(S\times M_b)/(M_q\times E) \tag{2-4}$$

其中：S 为计划开动的设备数；M_b 为每台设备需要开动的班次；M_q 为工人的设备看管定额；L、E 同上。

式（2-4）中，工人的设备看管定额是指每人能看管几台机器，如果2人看管一台机器，那么看管定额为0.5。同时设备开动的台数和班次，不一定是企业拥有的设备数，而是根据设备生产能力和生产任务计算出来的需要开动的台数和班次。

4. 概率推断法

概率推断法主要适用于提供窗口式服务的企业预测服务需求人数，如预测医院的医生、银行的工作人员、连锁店的服务人员等。这种方法的具体步骤如下。

第一步，根据统计调查掌握企业过去一段时间服务的顾客人数，求出平均每天的人次数和标准差。

$$\overline{y}=\sum y/n \tag{2-5}$$

$$S_y=(\sum(\overline{y}-y)^2/n)^{1/2} \tag{2-6}$$

其中：$\overline{y}$ 为平均每天服务的人次；y 为统计期内每天服务的人次；n 为统计期天数；S_y 为标准差。

第二步，测定每个工作人员为每个顾客提供服务的平均时间和工时利用率。

第三步，计算需要的工作人员数量，假设在需要保证 95%的可靠性的情况下，需要服务的人次和需求人数为：

$$Y = \overline{y} + 1.6 \times S_y \tag{2-7}$$

$$L=(Y\times \overline{t})/(T\times E) \tag{2-8}$$

其中：$\overline{t}$ 为每个顾客提供服务的平均时间；Y 为需要服务的人次；T 为工作时间；L、E、S_y 同上。

企业在预测工作人员需求量的时候，往往会考虑不同时段需要提供的服务的人次不同，会分时段进行统计和预测，在繁忙时段雇请临时工作人员。

5. 岗位职责法

岗位职责法主要适用于有一定岗位、但是不能计算劳动定额的人员，如企业的管理人员、技术人员、修理工、保安和清洁工等。一般按照企业的组织结构，先明确各项业务以及职责范围，再根据各项业务量的大小和复杂程度，结合人员的工作能力来预测需要人员的数量。

6. 趋势分析预测法

趋势分析预测法亦称时间序列分析法，其基本原理是利用取得的按时间顺序排列的历史信息数据，找出人力资源数量的历史发展规律和趋势，并假定这种趋势将延伸至未来，从而预测出未来某个时期的值。该方法简便易行，只要有历史数据资料，就能进行预测。但由于没有考虑因果关系，在有些场合下会产生较大的误差，例如扩大生产或生产效率大幅度提升后，采用趋势分析法预测的结果和实际会有较大的差距。该方法通常多用于短期和中期预测。其常用的具体方法有：移动平均法、加权平均法、指数平滑法、季节变动分析法等。

（1）移动平均法。即以移动平均数作为预测值的方法。移动平均数是根据预测以前各时期的实际值，确定移动周期，分期平均，滚动前进所计算的平均数。移动平均法更着重于用近期数据进行预测，因而较简单平均法更接近实际。但同简单平均法一样，都只适用于对稳定事件的预测。如果经济发生大的波动或企业的业务发生大的起伏，则不适用该方法。

（2）加权平均法。加权平均法是在简单平均数的基础上，把每一期的实际数乘上一个权重，借以调整各期实际数对预测数据的重要程度的一种计算加权平均的预测方法。计算公式如下：

$$F=\frac{\sum_{i=1}^{n}f_iX_i}{\sum_{i=1}^{n}f_i} \tag{2-9}$$

其中：F为下期预测值；X_i为各期实际发生值；f_i为各期权数。

加权平均法实际上就是在对有趋势变动的人力资源需求进行预测时，给各期数据赋予不同的权重，使预测值更好地反映实际数据的波动。加权平均法的关键是确定适当的权数。一般来说，近期数据采用的权数大，远期数据采用的权数小。权数之间的级差可根据经验判断决定。

（3）指数平滑法。即在计算人力资源需求时用指数加权移动平均数作为预测值的方法。它利用本期预测值和实际值资料，以平滑系数为加权因子来计算指数平滑平均数。不适用于人员经常发生大幅波动的情形。计算公式如下：

$$F_{t+1}=aX_t+(1-a)F_t \tag{2-10}$$

其中：F_{t+1}为下期预测值；X_t为本期实际值；F_t为本期预测值；a为平滑系数，取值$0\leqslant a\leqslant 1$。

平滑系数是一个经验数据，它的大小体现了不同时期数值在预测中所起的不同作用。取值大，表明近期数值对倾向性变动的影响大；取值小，表明近期数值对倾向性变动的影响小，趋于平滑。一般取值的规律是：若重视近期数值的作用，取大值，如0.9、0.8、0.7等；若重视平滑趋势，可取小值，如0.1、0.05、0.01等。

（4）季节变动分析法。季节变动，是指某些社会、经济现象在比较长的一段时间内，每年随季节变换而表现出的比较稳定的周期性变动。因为企业的工作任务随着季节而变动，企业对员工需求的数量也随着变化，如旅游企业、电风扇生产企业和服装生产企业等。

【例2-3】 某电风扇厂2006—2008年每个季度的员工人数资料见表2-3。已经知道2009年第一季度的员工人数为250人，请预测2009年第二、三、四季度的员工人数。

表2-3 某电风扇厂2006—2008年员工人数资料 人

季度 年份	第一季度	第二季度	第三季度	第四季度	年平均
2006	260	350	200	160	243
2007	300	400	240	200	285
2008	276	360	216	170	256
季度平均	279	370	219	177	261
季节指数/%	106.77	141.76	83.78	67.69	

具体预测过程如下。

① 计算历年相同季度的平均值。

第一季度的平均值=(260+300+276)/3=278.67，约为 279 人。

第二、三、四季度的平均值分别为 370、219 和 177 人。

② 计算三年的所有季度平均值。

三年所有季度平均值=(260+350+…+216+170)/12 = 261（人）

③ 计算各季度的季节指数。

$$\text{季节指数}=\frac{\text{各年相同季度的平均值}}{\text{所有年的季度平均值}}$$

第一季度的季节指数=278.67/261=106.77%。

第二、三、四季度的季节指数分别为 141.76%、83.78%和 67.69%。

④ 如果四季度的季节指数和不为 400%，就需要计算季节调整系数来调节季节指数。

⑤ 计算预测值如下：

$$\text{某季度的预测值}=\frac{\text{预测季度的季节指数}}{\text{实际季度的季节指数}}\times\text{上季度的实际数}$$

计算可得 2009 年第二、三、四季度的人力资源预测值分别为 332、197 和 159 人。

7. 比率分析法

在企业中，有些员工的需求数量和企业中一些数据存在一定的比例关系，可以通过这种比例关系来预测未来人力资源的需求。例如，某公司对基层营销人员的需求是以销售额与基层营销人员数量的比率为基础来预测，同时对于营销管理人员又是以基层营销人员数量与营销管理人员数量的比率为基础来预测。

例如，假设该公司去年的营业额为 5 000 万元，基层营销人员数量为 100 名，这样两者的比率就是 50:1。这一比率表明，平均每个基层营销人员能完成的营业额为 50 万元。如果该公司预期今年的营业额为 6 000 万元，则其需要另外雇用 20 名基层营销人员。同时，该公司基层营销人员与营销管理人员的比例为 10:1，那么增加 20 名基层营销人员，就需要相应增加 2 名营销管理人员。比率分析法的不足在于计算时未将生产率的变化考虑进去。在上面的例子中，如果人均实现的销售额发生变化，那就无法运用过去的比率关系来推测未来的人员需求。

8. 回归预测法

回归预测法是通过建立人力资源需求量与其影响因素间的函数关系，从影响因素的

变化来预测人力资源需求量变化的一种预测技术。与趋势分析法和比率分析法相比，回归预测法的优势在于其统计更精确。由于在实际工作中，人力资源需求往往受多个主要因素的影响，如营销人员的需求数量除了受营业额的影响，还受产品的种类和客户的数量等因素的影响。因此，这就需要采用多元线性回归法来预测企业未来的人力资源需求量。

回归预测法的关键是确定影响人员需求的因素，并获得企业的人力资源历史数据和这些影响因素的历史数据。这些数据一旦找到，就可以用回归预测法对企业的人力资源需求量作出预测。下面主要介绍一元线性回归预测的方法。

一元线性回归预测的数学模型公式为：

$$Y=a+bx \tag{2-11}$$

其中：Y为人力资源需求量；x为影响因素；a为回归常数；b为回归系数。

上述模型的含义是：人力资源需求量Y的变化主要受一个影响因素x的影响，其影响程度由b的大小确定。该预测的结果仅是一种近似估计，其可靠程度还有待于对参数估计值进行检验，检验Y与x之间是否存在$Y=a+bx$的关系，只有在符合要求后，才能进行预测。

一元线性回归预测的一般步骤如下。

第一步，系数计算，通过对历史的Y和x值的统计分析计算系数a和b。

a、b系数可以用最小二乘法求出，公式为：

$$a=\frac{1}{n}\left[\sum y_i-b\sum x_i\right] \tag{2-12}$$

$$b=\frac{n\sum x_i y_i-\sum x_i\sum y_i}{n\sum x_i^2-(\sum x_i)^2} \tag{2-13}$$

第二步，相关系数检验。相关系数r用来检验两个变量之间是否存在线性关系。

第三步，通过检验后，就可以利用该回归模型来预测Y。

根据上述方程就可画出回归线。根据这条回归线，可以求出因素变动后相对应的人力资源需求量。

三、人力资源需求预测方法的选择

不同类型的企业会采用不同的预测方法，如预测生产性企业的一线生产工人的需求数量可以采用劳动定额法，而预测窗口性的服务企业的一线员工需求数量可以采用概率推断法。同一企业预测不同的岗位通常也会采用不同的预测方法，如生产性企业一般可

以采用劳动定额法预测出一线员工的需求人数，采用比例法或岗位职责法预测出管理人员、职能人员和辅助人员的需求人数。企业已经获得信息的多少也将决定采用何种预测方法，一般信息较少的时候可以采用经验判断法或者是趋势分析预测法，而信息较多的时候可以采用回归分析、概率推断或劳动定额法。

一般来说，在信息充分的条件下，统计预测方法和模型预测方法的准确性和可靠性都比主观判断法高，随着计算机技术的飞速发展，统计预测方法正在受到管理层特别是专家们越来越多的关注。但是，统计学方法的准确性和可靠性是以其灵活性和对完全信息的依赖为条件的。现代的劳动力市场已经变得越来越纷繁复杂和难以预料，在这种情况下，单纯使用以历史趋势为依据的统计学方法就很可能会带来偏差。所以企业管理者和人力资源管理专家对形势的感觉和主观判断在人力资源预测方面的重要作用也是不容忽视的。在有些现实情况下，主观判断法已经变成解决问题的不可缺少的重要方法。由于统计学方法、主观判断法和模型预测法在优势方面具有互补性，因此，在实际的人力资源预测中，人们常常是对这些预测技术综合使用的。

思考与讨论

1. 试述人力资源规划的编制程序。
2. 如何选择人力资源需求预测的方法？

实训题

1. 调查一下你所在学校教师的需求数量是按照学生人数比例预测的还是按照工作量预测的。

2. 找一家企业了解其人力资源需求预测的方法。

案例分析

人力资源供需预测

HD公司是集产供销于一身的综合性企业，公司人员主要包括一线生产工人，营销人员，采购、行政和人事等职能部门的辅助人员、技术人员、管理人员这五类人员。该公

司预测人员需求和供给的程序如下：

1. 根据公司战略决策定下本年度预计销售额、每个营销人员人均销售额，预测销售人员的需求数量。

2. 将预测的销售任务转化成生产任务，根据生产任务和平均每个工人能够完成的工作任务来预测一线生产员工的需求数量。

3. 用人员比例法，以一线员工的需求数量来推算辅助人员、技术人员和基层管理人员的需求数量。

4. 按照企业的组织结构图设置的岗位来预测高级管理人员需求数量。

5. 各部门在人员核查法的基础上，确定五类人员的相互转移和流失比例，并据此得出各部门本年度的人力资源供给数量。

6. 各部门比较本年度的人力资源需求数量和供给数量，得出各部门五类人员的净需求。

7. 人力资源部门经过审核汇总，并进行适当的平衡，最后确定公司的人力资源需求数量。

8. 人力资源部门需要和各部门一起制定相关的人力资源均衡政策，并对各部门的人力资源利用情况进行跟踪、监督，发现问题及时调整。

分析：

本案例中采用了哪些人力资源预测方法？这些方法分别适用于哪些人员？

任务二 预测人力资源供给

知识目标

- 了解人力资源规划的平衡方法；
- 熟悉企业人力资源外部供给预测需要考虑的因素；
- 掌握企业人力资源内部供给预测的方法。

技能目标

- 能够进行人力资源供给预测；
- 能够进行人力资源供需平衡。

任务引入

案例：人力资源管理如何满足企业经营活动的变化（二）

PS 公司因为在 2007 年年终的时候获得了大客户的额外订单，订单要求在一年之内完成 10 万套型号为 MP101 的手机产品。人力资源部助理李玲受命负责收集人力资源供给的相关资料。李玲收集到的资料主要见表 2-4、表 2-5 和表 2-6。

表 2-4　2007 年末各部门的工人数量　人

部　门	注 塑 部	组 装 部	品 质 部	其 他 部 门
工人数	60	310	90	40

表 2-5　各级管理人员的数量　人

级　别	基层管理人员	主管级管理人员	经理级管理人员
人数	60	20	5

表 2-6　各级人员的变动概率　人

原 职 位	变动后的职位和概率				
	经 理 级	主 管 级	基层管理人员	工 人	离 职
经理级	0.8				0.2
主管级	0.05	0.75	0.1		0.1
基层管理人员		0.05	0.8	0.05	0.1
工人			0.05	0.75	0.2

另外，李玲还了解到目前劳动力市场的一些情况，大多数企业对 2008 年经济形势并不很乐观，估计不会大幅度招聘普通员工，但是目前 PS 公司的工资率在众多企业中处于中等偏低的水平。据权威部门预测，2008 年度普通工人将会出现供过于求的现象，但是基层管理以上的人员仍然会像以前那样紧缺。

任务 1：预测各级人员的供给数，并对比预测的需求数，预测净需求。

任务 2：根据预测的结果，讨论 PS 公司应该采用哪些人力资源政策。

任务分析

本任务需要先预测企业内部人力资源供给情况，再与预测的需求量对比，得出净需求量。企业内部人力资源供给预测的一般步骤如下。

（1）进行人力资源盘点，了解企业员工的现状。

（2）分析企业职务调整的政策和历史员工调整的数据，统计出不同级别员工之间的调整比例。

（3）统计各部门和各级别员工的离职率，包括退休和自动流失等。

（4）将上述资料汇总，并通过合适的人力资源供给预测方法，得出企业内部人力资源供给预测。

案例中已经有了关于企业人力资源供给的资料，关键是要选择合适的方法预测企业内部的人力资源供给状况，并和企业内部的人力资源需求预测进行比较，得出人力资源净需求量，再根据企业外部人力资源供给预测的情况，制定人力资源供求平衡政策。

知识链接

一、内部人力资源供给预测

人力资源需求预测仅需要预测企业内部人力资源的需求，而供给预测则要研究企业内部和企业外部的供给两个方面。内部供给预测要考虑内部的有关条件，如员工人数，人员年龄阶段分布，技能结构分布，发展潜力，人员晋升、降职、离职、退休和新进员工的情况。核查员工填充预计的岗位空缺的能力，进而确定每个空缺职位上的接替人选。

内部人力资源供给预测的方法主要有人员核查法、技能清单法、人员替换图法和马尔可夫分析法等。

1. 人员核查法

人员核查法是通过对企业现有人力资源数量、质量、结构和在各职位上的分布状况进行核查，以掌握企业拥有的人力资源的具体状况，通过核查可以了解员工在工作经验、技能、绩效、发展潜力等方面的情况，从而帮助人力资源规划人员估计现有员工调换工作岗位可能性的大小，决定哪些人可以补充企业当前的职位空缺的方法。为此，首先要对企业的工作职位进行分类，划分级别和部门，同时在日常的人力资源管理中，要做好员工工作能力的记录工作。

人员核查法是一种静态人力资源供给预测方法，不能反映企业中人力资源动态的变化。在企业规模较小的时候，核查人力资源是比较容易的，但是如果企业规模比较大、组织结构复杂，核查企业的人力资源就比较困难了。这时就应该借助人力资源管理信息

系统进行人员核查。因此，该方法比较适合中小企业的短期人力资源供给预测。

2．技能清单法

技能清单法是通过追踪员工的工作经验、教育程度、特殊技能等与工作有关的信息来反映员工的综合素质的方法。技能清单可以清楚显示员工的能力、知识水平和技能，使决策者和人力资源部门对企业人力资源状况有总体的把握，估计现有员工调换工作岗位的可能性，从而使企业人力资源得到更为合理的配置。一般而言，技能清单主要包括如下内容。

（1）基本资料：年龄、性别、婚否等。

（2）技能资料：教育程度、工作经历、曾任何种职务、接受过何种培训等。

（3）特别资格：参加过何种专业团体、得过何种奖励、有何种特长。

（4）报酬资料：现在与过去的工资待遇、调薪日期等。

（5）个人能力：心理测验及其他测验的成绩、健康资料等。

（6）特殊爱好：喜欢的地理位置、职务类型、其他爱好等。

其中的信息可根据企业的不同需要而增加或删减。以上信息也可以输入计算机，以便需要时随时查用。

运用技能清单法可知道企业内部人力资源供应的状态，其主要作用：第一，评价目前不同种类员工的供应状况；第二，确定晋升和换岗的清单；第三，确定员工是否需要进行特定的培训或发展项目；第四，帮助员工确定职业发展规划和职业路径。

3．人员替换图法

人员替换图法是通过建立人员替换图来跟踪企业内的某些职位候选人的当前绩效和晋升机会，来预测企业内部人员供给的一种方法。当前绩效一般由考核部门或上级领导确定，提升潜力则是在前者的基础上由人力资源部门通过心理测验、面谈等方式得出。

IBM 公司在 1966 年就开始实行管理者继承计划。该公司宣称实行这项计划的目的是“保证高层管理者的素质，为公司遍布世界的所有管理者职位做好人才准备”。由于效果不错，许多公司纷纷仿效。通过人员替换图的制定和使用，可使企业的工作不因某个人的离去而受到太大的影响。

制作人员替换图的一般步骤如下。

（1）确定人力资源规划所涉及的工作岗位范围。

（2）确定关键岗位的接替人选。

（3）评价接替人选目前工作的情况和是否能达到提升的要求。

（4）确定候选人的职业发展需要，并将个人的职业目标和企业目标相结合。

图2-2是一个管理人员替换图的示例。

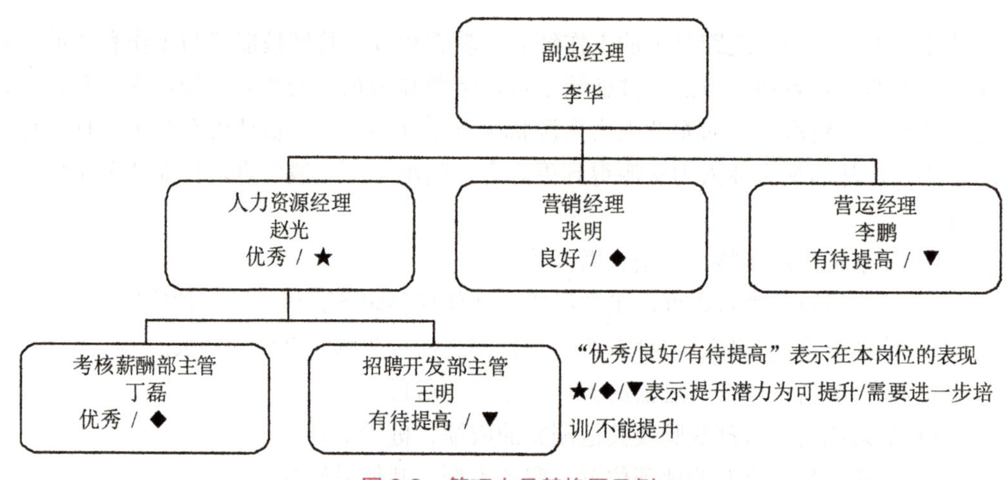

图2-2 管理人员替换图示例

图2-2中，副总经理李华职位有三个预备人选，其中人力资源部的经理表现优秀，同时也具备了提升的潜力，而营销经理张明表现良好，需要进一步培训，营运经理李鹏暂时不具备提升的潜力。在管理人员替换图中，需要注意的是在本岗位的表现和提升潜力是不相等的，在企业中很多人像考核薪酬部主管丁磊那样在本职岗位非常优秀，但是还不具备提升的潜力。在企业实际运作中，往往一个职位的空缺进行替补后，会出现一连串的替补工作，最后还是需要招聘录用一些人员，如图2-3所示。

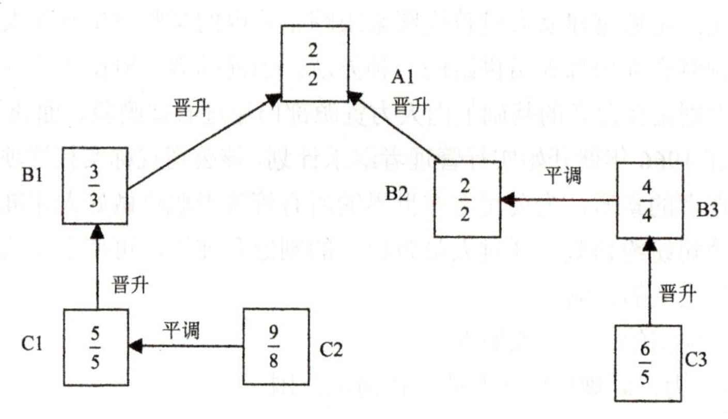

图2-3 人员替换模型

注：图中分子表示人员需求量，分母表示人员供给量。

图中，关键职位 A1 出现了 2 个空缺，B1、B2 作为合格的继任者晋升上去，而 B1、B2 由于晋升又出现空缺，又分别由 C1 晋升和 B3 平调填补空缺，最后将空缺职位转化为基层的非关键岗位 C2 和 C3，再进行外部招聘来填补空缺。

替换图得到的是企业可以胜任关键岗位的候选人，以便在关键岗位出现空缺的时候可以通过录用或提升的方法来补充空缺。另外，企业内部的人员替补有利于调动员工的积极性。人员替换图表明某些员工需要经过一段时间的培训和实践才能晋升，这样有助于员工的提高，又有助于保证晋升人员的高水准。当然人员替换图并不是万能的，有些企业因为深陷困境（无论是在财务方面，还是在人事方面，抑或是其他方面），往往希望企业能在短期内有脱胎换骨的转变，因而更看重“新鲜血液”的力量。这时候企业往往会更多地采用外聘高级人员的方法，而不是内部人员替补的方法。

4. 马尔可夫分析法

马尔可夫分析法是一种统计方法，该方法的基本思想是通过找出过去人事变动的规律，以此来推测未来人事变动趋势。但它是建立在这样一个前提下的，即企业内部人员有规律地转移，而且其转移概率有一定的规则。运用马尔可夫分析法，可按下列步骤进行。

（1）设定企业的职位结构及各项职位之间的关系。

（2）收集历史资料，统计每个职位的升迁变动、离职等。

（3）根据历史资料，预估工作岗位间的转换稳定程度及转换方式。

（4）一旦工作的转换形式明确而稳定，可按过去的转移概率。

（5）有了概率，便可按矩阵代数的规则，预测未来人数的变动和需求。

下面以某企业的人事变动为例具体说明，该企业分为高级经理、部门经理、业务主管、基层管理和普通员工五个级别，经过对公司历史资料的分析，发现以下级别的人员的流动具有一定的规律性，见表 2-7。

表 2-7　员工流动可能性矩阵图

工作级别		终止时间				流出（离职）	总量
		高级经理	部门经理	业务主管	基层管理		
起始时间	高级经理	0.7	0.1	0	0	0.2	1.00
	部门经理	0.15	0.6	0.1	0	0.15	1.00
	业务主管	0	0	0.80	0.1	0.1	1.00
	基层管理	0	0	0.05	0.85	0.1	1.00

表2-7表明，在统计期内，平均70%的高级经理仍在原岗位上，有10%的降职为部门经理，有20%流出。而部门经理平均有60%留在原工作岗位，15%被提升为高级经理，有10%的降职为业务主管，有15%流出。用这些统计出来的工作岗位级别变动概率，结合现有员工数，就可以推测出未来的人员变动（供给量）情况，见表2-8。

表2-8 马尔可夫分析矩阵图

工作级别	现有员工数	高级经理	部门经理	业务主管	基层管理	流出
高级经理	10	7	1	0	0	2
部门经理	20	3	12	2	0	3
业务主管	50	0	0	40	5	5
基层管理	100	0	0	5	85	10
终止时间员工数	180	10	13	47	90	20

马尔可夫分析法的主要优点是可以和任何预测人力资源需求的方法一起运用。企业可以根据供大于求或供小于求的预测结果，及时制订招聘、训练、调整等解决方案。使用马尔可夫分析法进行预测应注意，人员变动的可能性在一定时期里是稳定不变的。否则，计算和预测就变得毫无意义可言。在很多情况下，只要现有的政策不发生较大的改变，使用该方法都能很好地预测出未来可能发生的人员变动情况。

二、外部人力资源供给预测

当企业内部的人力资源供给无法满足需要时，企业就会考虑企业外部的人力资源供给情况。一方面由于生产规模的扩大，劳动力的自然减员，需要引进专业人才和招募员工；另一方面在一个成长中的企业，如果完全采取内部递补，则容易滋生“任人唯亲”与官僚作风，而外部人力资源供给可以给企业注入新鲜的活力，刺激内部员工的工作积极性，还可以为企业带来新的技术和管理理念，所以企业必须不断地从外界补充“新鲜血液”。因而企业须进行外部人力资源的供给预测分析。分析外部劳动力市场，主要在于了解企业外部人力资源状况所提供的机会和造成的威胁。

对于外部人力资源供给预测，以下因素需要企业予以考虑。

（1）本地区人口总量。它决定了该地区可提供的人力资源总量。当地人口数量越大，人力资源供给就越宽裕。

（2）本地区人力资源的结构。它包括年龄、性别、教育、技能、经验等的结构层次。

（3）本地区的经济发展水平。它决定了对外地劳动力的吸引能力。当地经济水平越

发达，对外地劳动力的吸引力就越大，则当地的劳动力供给也就越充分。

（4）本地区的教育水平。特别是政府与组织对培训和再教育的投入，它直接影响人力资源的供给质量。

（5）本地区同一行业平均工资收入水平、相邻地区的工资收入水平、当地的物价指数等都会影响劳动力的供给。

（6）本地区劳动力的择业心态与模式、本地区劳动力的工作价值观等也将影响人力资源的供给。

（7）本地区外来劳动力的数量与质量。它对本地区劳动力的供给同样有很大影响。

（8）本地区同行业对劳动力的需求也会对本企业人力资源的需求有重要的影响。

（9）另外，还有许多本地区外的因素对当地人力资源供给有影响，如全国人力资源的增长趋势、全国对各类人员的需求与供给、国家教育状况、国家劳动法规等。

三、人力资源规划的平衡

人力资源供给与需求平衡包括两个方面：一个是数量方面的平衡，即供应量与需求量相均衡，供求关系才能适应；另一个是人员结构方面的平衡，即供给的人力资源的结构是否合理。只有在数量和结构两方面都适应，人力资源的供求关系才能达到均衡。通过对企业人力资源供求分析后，企业需要根据不同的情况，制订相应的人力资源平衡方案，以平衡人力资源供给与需求。

1. 需求大于供给的情况

当企业出现人力资源需求大于供给的情况，即企业所需要的人力资源数量无法得到满足时，企业可考虑采取以下措施。

（1）提高员工效率，例如训练、团队合作、合理分工等，以改变企业人力资源利用率。

（2）结合企业的长期目标，考虑向社会招聘正式员工或临时工。

（3）在法律许可范围内，适当安排员工加班。

（4）制订有效的激励计划，提高员工士气和劳动积极性。

（5）减少工作任务或将部分工作任务转包给其他企业。

2. 供给大于需求的情况

当企业出现人力资源供大于需求的情况，即企业的人力资源出现过剩时，企业可考

虑采取以下措施。

（1）限制雇佣员工，当企业内部出现职位空缺时，一般采用内部调配的方式解决，只有一些重要的岗位出现空缺，企业内部又无合适的人选，才对外招聘。

（2）解雇员工，这是一个直接的方法，尤其是对一些工作技能低或工作态度较差的员工，应该实行永久性的辞退。

（3）制订一些优惠政策鼓励一些员工提前退休。

（4）减少上班时间或降低工资率，同时可以让员工因为收入降低而主动离开企业。

（5）加强培训和进行适当的工作轮换，可以提高员工的技能，为企业后来的发展做好准备。

（6）企业争取开拓新市场、新产品或新业务，以新的增长点来调整企业的人力资源供求关系。

3. 企业员工供需结构的不平衡

有时候，就算企业人力资源的需求和供给数量出现短暂的平衡，也很可能出现结构上的失衡，例如，有些部门或岗位出现人员过剩，同时另一些部门或岗位存在短缺。在这种情况下，一般可以对过剩的员工进行一定的上岗培训，将他们转移到员工不足的岗位上，以实现结构上的供需平衡。

思考与讨论

1. 人力资源内部供给预测有哪些方法？
2. 如何实现人力资源的供求平衡？

实训题

调查本地人力资源供给的现状。

案例分析

绿志公司的人力资源计划的编制

李刚三天前才调到人力资源部当助理，虽然他进入这家专门从事环保产品的企业已

经有三年了。但是李刚面对桌上那一大堆文件、报表，有点晕头转向：我哪知道要我干的是这种事。原来副总经理李勤直接委派他在10天内拟出一份本公司五年人力资源计划。其实李刚已经把这任务仔细看过好几遍了。他觉得要编制好这个计划，必须考虑下列各项关键因素。

首先，了解公司人力资源现状。公司共有生产与维修工人825人，行政和文秘性白领职员143人，基层与中层管理干部79人，工程技术人员38人，销售员23人。

其次，据统计，近五年来职工的平均离职率为4%，预计不会有大的改变。不过，不同类型职工的离职率并不一样，生产工人离职率高达8%，而技术和管理干部则只有3%。

再次，按照既定的扩产计划，白领职员和销售员要新增10%～15%，工程技术人员要增加5%～6%，中、基层干部不增也不减，而生产与维修的蓝领工人要增加5%。

最后，还有一点特殊情况要考虑，最近本地政府颁行一项政策，要求当地企业招收新职工时优先照顾妇女和下岗职工。绿志公司一直未曾有意排斥妇女或下岗职工，只要他们来申请，就会按同一种标准进行选拔，并无歧视，但也未予特殊照顾。如今的事实却是：销售员几乎全部是男的，只有一位女销售员；中、基层管理干部除两人是妇女外，其余也都是男的；工程师队伍中只有三人是妇女；蓝领工人中约有11%是妇女或下岗职工，而且都集中在最底层的劳动岗位上。

李刚还有七天就得交出计划，其中包括各类干部和职工的人数，要从外界招收的各类人员的人数以及如何贯彻市政府优先照顾妇女与下岗人员政策的计划。

此外，绿志公司刚开发出几种有吸引力的新产品，所以预计公司销售额五年内会翻一番，李刚还得提出一项应变计划以便应对这种快速增长。

分析：

人力资源供给预测需要考虑哪些因素？

任务三　制订人力资源管理制度

知识目标

- 了解人力资源管理制度的类型；
- 掌握制订人力资源管理制度的程序和要求。

技能目标

❖ 能够制订人力资源管理制度。

任务引入

王鹏从国内某知名大学管理学院毕业后，就一直在某大型外资企业人力资源管理部工作，经过10年的努力，王鹏终于在外企做到了人力资源部经理的职位。最近王鹏被A公司挖过去担任人力资源部总监。

A公司成立于1998年，目前有12个部门，200多名员工。和IT行业的其他公司一样，A公司的员工比较年轻，知识层次也比较高。A公司的前任人力资源部总监一直提倡“柔性化管理”，他认为过多的制度不利于员工创新能力的发挥。他觉得应该相信员工的自觉性，让员工有较大的发挥空间，这才是管理行为的出发点。

王鹏上任第一天，有两个员工打电话来请病假。王鹏刚想查阅一下公司关于请假制度的规定，就有一个工程师前来递交辞职报告，王鹏希望了解他辞职的原因，工程师只是说A公司不适合自己的发展。王鹏想去找这个工程师的部门经理了解情况，但是却被告知，他们部门经理还没有上班。于是，王鹏就向自己助理了解公司的相关情况。经过初步了解，王鹏发现A公司的人力资源管理存在以下几个问题。

（1）缺乏规范的制度，很多事情都由管理人员根据自己的意愿来做决定。

（2）工资制度不规范，由于目前来应聘的工程师要求工资较高，公司高层给新引进的工程师的工资要比在公司干了三年以上的工程师的工资要高，所以近期有老工程师向公司递交了辞职报告。

（3）缺乏人员培训和晋升发展的制度，很多员工工作士气不高，经常请假或旷工。

（4）公司对人事考勤、员工纪律等人力资源日常管理有一些规定，但是由于缺乏监督，所以都流于形式，得不到落实和执行。

任务1：结合案例分析企业为什么需要制度化管理。

任务2：讨论制订人力资源管理制度时需要考虑哪些因素。

任务分析

在前任人力资源部总监的“柔性化管理”思想下，A公司缺乏相关的制度来规范员工的行为，本任务就是需要结合A公司的现状讨论制度化管理对企业的重要性及优点。另外要制订合理可行的企业人力资源管理制度，首先需要了解制度的基本要求。

一、人力资源管理制度概述

人力资源管理制度是企业人力资源管理具体操作的规范体系，是实现企业的战略目标，提高企业的协调性和管理的有效性的最佳工具。因此，要保证人力资源各项管理活动的规范进行，就要做好人力资源管理制度的规划与制订工作。在企业人力资源日常管理中，需要根据企业内外环境的变化，不断变革和创新，使其制度能有效地协调企业内各部门之间的运作。

1. 制度化管理的概念与特征

制度化管理是以制度规范为基本手段，协调企业组织集体协作行为的管理方式。其实质是以科学的制度规范来规范企业中人的行为，协调部门之间的关系，从而有效地刺激企业中的人约束自己，提高企业的运作效率。

制度化管理的特征主要表现在以下几个方面。

（1）以制度确定企业内各机构、各层次不同岗位权力的大小，确定其在企业中的地位，从而形成有序的指挥系统。

（2）规定职位特性以及该职位对人的应有素质、能力等要求，可以通过正式测评来挑选或晋升企业中所有的成员。

（3）根据因事设人的原则，每个管理人员只负责制度规定的特定工作。

（4）每个管理者均拥有完成自己职责所必要的权力，同时管理人员所拥有的权力要受到严格的限制，要服从有关章程和制度的规定。

（5）制度的规定不受个人感情或职位高低的影响，普遍适用于所有情况和所有的人。

（6）管理者的职务是管理者的职业，有固定的报酬，具有按资历、才干晋升的机会，他会忠于职守，而不是忠于某个人。

2. 制度化管理的优点

制度化管理的优越性主要表现在以下几个方面。

（1）个人与权力相分离。制度化管理中，所有管理行为都受制度约束，摆脱了管理者个人的随机、易变、主观、偏见的影响。

（2）增加内部管理的公平性。制度普遍适用于所有人，在制度下实现“人人平等”。

（3）理性精神合理化的体现。企业所制订的制度往往是汇集了企业多年的经验总结，并经过多人讨论形成的规范化文本，能较好地体现理性精神。

（4）适合现代大型企业组织管理的需要。现代大型企业由于规模大，内部分工细，管理层次多，更需要高度统一的规章制度来规范企业行为，从而保证企业经营目标的实现。

二、人力资源管理制度的类型

人力资源管理制度包括招聘、用人、培训员工和日常管理的规定等。人力资源管理制度体系的构成如表2-9所示。

表2-9　人力资源管理制度规范体系

规章制度名称	主要内容	主要功能
人力资源管理工作制度	人力资源管理工作规则、工作程序、人力资源管理计划制订规则、人力资源管理部门职权范围等	规范人力资源管理部门工作
员工招聘条例	招聘程序和方法、人员测试规则、内部招聘及外部招聘规则、临时雇员招聘规则等	满足企业发展需求，选择合适员工进入合适岗位
员工培训制度	培训计划及实施规则、岗位培训、在职培训管理规则、管理培训规则、培训考证规则及费用处置规定等	开发员工潜能，培养员工适应企业需求的技能、品质
绩效考核制度	员工考核的规定、原则及方法，员工考核管理的规定，考勤制度管理规则等	公正评价员工工作成绩，为员工薪酬、晋升、培训、调动等提供依据
工资及福利制度	工资体系及构成规则、集体谈判规则、奖金激励体系及构成规则、员工福利管理及福利构成制度等	维护员工切身利益，体现公平交易原则，增强员工劳动积极性，使员工具有归属感
员工奖惩制度	奖励制度及奖励方式、处罚规定及方式、企业纪律规定等	规范员工行为，增强员工战斗力
人力资源调整制度	晋升、降级、轮岗、辞职、辞退、退休等规则	保持企业活力，优化企业内人力资源配置，增强企业效率
人力资源日常管理制度	员工纠纷处理条例、投诉处理规则、员工档案管理规则、社会活动的管理规则等	化解矛盾，降低冲突，维持企业运行秩序
安全与健康制度	事故处理规则、紧急事宜报告规则、职业病防范规则、员工健康保护规则、疗养规则等	尊重员工，关爱生命，培养员工的奉献精神

（资料来源：李晓宏等．人力资源管理．北京：中国科学技术出版社，2007）

三、制订人力资源管理制度的基本要求

1. 兼顾企业与员工的利益

企业的管理者通过制度来使员工约束自己，从而达到企业的目标，使企业利益最大化，但是如果企业在制订企业人力资源管理制度的时候，不考虑员工的利益，必将受到员工的抵制而得不到有效的执行。所以将员工与企业的利益紧密地结合在一起，促进员工与企业共同发展，是企业制订人力资源管理制度的基本要求。人力资源管理制度应将企业的战略目标与员工期望目标、员工的职业发展有效地结合在一起，将实现企业战略目标所要求的企业环境与员工高度的责任感、严谨的工作作风有效地结合在一起，从而最大限度发挥员工的聪明才智，促进员工的全面发展。将员工的成功与公司的发展放在同等重要的位置上，应当是企业人力资源管理制度首先要体现的要求。

2. 适应企业外部环境的变化

企业外部的环境是指那些对人力资源管理制度产生重要作用和影响的因素。这些影响因素包括：国家有关劳动人事法律、法规，劳动力市场的结构以及市场劳动力供给与需求的现状，各类学校毕业生和其他专业人才供给的情况，劳动者择业意识和心理的变化情况，劳动力市场各类劳动力工资水平的变动情况，企业竞争对手在人力资源方面的情况等。这些因素的变化将对企业人力资源管理制度的制订产生必然的压力和影响。

3. 适合企业特点

从企业内外部环境和条件出发，建立适合企业特点的人力资源管理制度体系，使之更加充满活力。而企业的生产经营状况、生产与资金实力、管理机制和企业状况、人员整体的素质结构、企业文化氛围的营造、员工价值观与满意度等内部因素，将对人力资源管理制度的制订起着关键的决定性的影响。要做好企业的人力资源管理制度的制订工作，必须重视对企业内外环境变化的分析，通过深入的研究，把握有利的因素，克服消极的因素，使人力资源管理制度充分体现和反映企业自身环境、性质的特点。应该根据本企业的自身特征，采取稳步推进的方法，建立起适合自身情况的人力资源管理制度体系。例如，根据市场变化，确定人力资源长期、中期、短期及突发性人员供需计划；根据员工需求层次，建立相适应的激励机制；针对岗位工作性质及对人员素质的要求，进行岗位评估（工作分析）；根据市场变化和人员素质状况，有针对性地进行员工培训和开发；根据人员余缺，通过面试和测评，进行内部调动和外部招聘；为保证企业战略目标的实现，开展目标管理和人力资源考评工作；根据市场和企业状况，制订公平而有竞争力的薪酬制度。

4．符合法律规定

企业人力资源管理制度的制订，必须在国家劳动人事法律、法规的大框架内进行。应该在招聘、用人、管人等各个环节严格遵守和落实国家相关的法律、法规的要求。这是因为企业人力资源管理制度和政策涉及员工的切身利益，最具敏感性，如果处理不当，就易产生劳动纠纷，出现劳动争议，直接影响到企业正常的生产经营活动，甚至出现员工怠工停产的情况，给企业和员工的切身利益带来极大的损害。

5．保持先进性和创新性

近20年来，世界上发达国家的人力资源管理理论有了长足的进步，这些国家的企业又都根据本企业的性质、特点进行实施，从而提出了一系列的人力资源管理制度模式。随着我国改革开放的深入，在我国无论是中外合资企业，还是国有企业，目前都在试图引进和采用先进的现代人力资源管理的理论、方法和管理模式。面对这些先进的、新鲜的理论和方法，企业应持积极而慎重的态度。总之，企业在规划自己的人力资源管理制度时，既要学习国外先进的管理理论和方法，借鉴国外企业新型的人力资源管理模式，又要根据企业自身的特点和人力资源管理的现状，有所创新、有所发展，建立起适合本企业发展要求的新型的人力资源管理制度体系。

6．保持动态性

企业必须重视管理制度信息的采集、沟通与处理，保持企业人力资源管理制度的动态性。在企业中不同部门、不同层次、不同岗位的员工与企业的利益构成一个统一体，如果企业兴旺发达，员工的工资福利待遇，乃至个人的职业生涯发展就有保障。反之，员工的工资福利水平就会降低，甚至失去工作岗位，这是员工与企业之间建立劳动关系的根本所在，也是两者之间所具有的共同利益和相互依赖之处。但是，由于员工的心态各有不同，对人力资源管理制度的方方面面抱有不同的期望值。因此，人力资源管理部门要通过各种渠道收集有关员工的信息，并进行定期分析研究，讨论这些信息的内容和来源，以及问题产生的原因。针对这些信息，提出“应该做什么、为什么做、如何做、在哪里做、什么时候做”的具体对策和建议，并适时对人力资源管理制度进行必要的调整和修改。保持管理制度的相对动态性，才能充分发挥人力资源管理制度的积极作用和导向功能。

四、人力资源管理制度的内容

在企业中，一项具体的人力资源管理制度一般应由总则、主文和附则等章节组成，具体包括如下内容。

（1）概括说明建立本项人力资源管理制度的原因，以及它在人力资源管理中的地位和作用。

（2）对各级与本项人力资源管理制度有关的人员的责任、权限、义务和要求做出具体的规定。

（3）说明本项人力资源管理制度设计的依据和基本原理，以及对具体的指标和标准等做出简要、确切的解释和说明。

（4）明确本项人力资源管理制度的目标、程序和步骤，以及具体实施过程中应当遵守的基本原则。

（5）确定配套的规章制度和配套的表格。

（6）规定本项人力资源管理制度何时实施、如何实施、由谁负责监督实施。

（7）规定本项人力资源管理制度相关的奖惩措施。

（8）对本项人力资源管理制度的解释，以及修改等其他有关问题做出必要的说明。

五、制订人力资源管理制度的基本步骤

1. 提出人力资源管理制度草案

要起草人力资源管理制度的大纲，包括基本内容、结构等。在起草时，一定要以企业现实条件为基础，不能脱离实际，要注意符合先进性、科学性、系统性和国家法律规定等基本要求。

2. 广泛征求意见，修改后颁布执行

人力资源管理制度草案提出后，需要由相关专家和有关人员在广泛征求企业内部各级人员意见的基础上，对其进行深入地讨论、调整和修改，以确保制度的合理性和适用性。人力资源管理制度作为人力资源管理活动的大纲，如果缺乏适用性或存在很多不合理的地方，就会使制度流于形式，在实际管理工作中难以发挥作用。要经过反复的调整和修改，再上报企业高层经理人员审批，并颁布执行。

3. 在制度执行中不断充实完善

制度制订后并不等于达到了管理的目的，关键是要有效地执行。通过制度管理实现有序管理，使管理有法可依，并在管理过程中不断完善相关的制度。

思考与讨论

1. 制度化管理的优点是什么？
2. 国家法律对企业人力资源管理有哪些规定？
3. 制订企业人力资源管理制度时如何符合企业的特点？

实训题

1. 调查一下你所在学校有哪些人力资源管理的制度。
2. 找一个企业的现行人力资源管理制度，分析是否存在不合理的规定。

案例分析

东北有家大型国有企业因为经营不善导致破产，后来被日本一家财团收购。厂里的员工都在翘首盼望日本企业能带来一些先进的管理方法。出乎意料的是，日本企业只派来了几个人，除了财务、管理、技术等核心部门的高级管理人员换成了日本企业派出的人员外，其他的根本没有任何变动——制度没变，人员没变，机器设备没变。日方只有一个要求：把以前制订的制度和标准坚定不移地执行下去。结果不到一年，企业就扭亏为盈了。

分析：

日本人的绝招是什么？

学习情境三 招聘员工

上海通用汽车的“九大门槛”

上海通用汽车有限公司（下称 SGM）是上海汽车工业（集团）总公司和美国通用汽车公司合资建立的轿车生产企业，是迄今为止我国最大的中美合资企业之一。SGM 的目标是成为国内领先、国际上具有竞争力的汽车公司。同时，SGM 的发展远景和目标定位也注定其对员工素质的高要求：不仅具备优良的技能和管理能力，而且还要具备出众的自我激励、自我学习能力，适应能力，沟通能力和团队合作精神。

为了招到符合要求的员工，SGM 制订了近乎苛刻的录用程序。

SGM 对应聘者设立了九大关口，按顺序依次为填表、筛选、笔试、目标面试、情景模拟、专业面试、体检、背景调查、审批录用。

SGM 的整个评估活动完全按标准化、程序化的模式进行。凡被录用者，须通过每个程序和环节。每个程序和环节都有标准化的运作规范和科学化的选拔方法，其中笔试主要测试应聘者的专业知识、相关知识、特殊能力和倾向；目标面试则由受过国际专业咨询机构培训的评估人员与应聘者进行面对面的问答式讨论，验证其登记表中已有的信息，并进一步获取信息；专业面试则由人事部门完成，主要以情景模拟的方式进行。情景模拟是根据应聘者可能担任的职务，编制一套与该职务实际情况相仿的测试项目，将被测试者安排在模拟的、逼真的工作环境中，要求被测试者处理可能出现的各种问题，用多种方法来测试其心理素质、潜在能力的一系列方法。如通过无领导的两小组合作完成练习，观察应聘管理岗位的应聘者的领导能力、领导欲望、组织能力、主动性、说服能力、口头表达能力、自信程度、沟通能力、人际交往能力等。SGM还把情景模拟推广到了对技术工人的选拔上，如通过齿轮的装配练习，来评估应聘者的动作灵巧性、质量意识、操作的条理性及行为习惯。在实际操作过程中，观察应聘者的各种行为能力，孰优孰劣，可以很清楚地看出来。

（案例来源：http://q.netcoc.com/www/portal/portal.php? id=1634）

任务一 制订招聘计划

知识目标

- 了解人才测评的方法和内容；
- 熟悉招聘渠道的种类和招聘广告的编写方法；
- 掌握员工招聘的程序和员工招聘计划的内容。

技能目标

- 能够编制招聘计划；
- 能够对人才进行测评；
- 能够选择合适的招聘渠道发布招聘广告。

任务引入

乐购（下称Tesco）是英国领先的零售商，也是全球三大零售企业之一。截至2007年10月，Tesco在全世界拥有门店总数3 400多家，员工总数420 000多人，平均每周为全球近5 000万名顾客提供优质服务。2004年，Tesco正式进入中国。截至2007年底，Tesco旗下在华连锁大卖场已发展成为在20个城市拥有52家门店的大型零售连锁企业。如今Tesco在华拥有员工17 500名，其中99%的员工为本地员工，每周服务的顾客数达到300多万。

Tesco准备在华南地区发展连锁卖场业务，请同学们帮助Tesco制订在本市开设连锁卖场的人员招聘计划。

任务1：拟定员工招聘的程序。

任务2：编制人员招聘计划。

任务分析

完成此任务需要根据用人单位提出的招聘需求拟定招聘程序，编制切合实际的人员招聘计划。为此，要理解和掌握人才招聘的程序及一个完整的招聘计划的主要内容。

知识链接

一、员工招聘概述

1. 招聘的概念

招聘是企业吸收与获取人才的过程，是获得优秀员工的保证。招聘实际上包括两个相对独立的过程，即招募（recruitment）和聘用（selection）。招募是聘用的基础与前提，聘用是招募的目的与结果。招募主要是通过宣传来扩大影响，树立企业形象，达到吸引人才应聘的目的，而聘用则是使用各种技术测评与选拔方法，挑选合格员工的过程。

2. 招聘内容与程序

（1）招聘前提。招聘有两个基本前提：一是人力资源规划，即根据人力资源规划中的需求预测，确定招聘的职位、数量、时限、类型等；二是工作描述与工作说明书，它们为录用提供了主要的参考依据，同时也为应聘者提供了关于该工作的详细信息。

（2）招聘内容。招聘内容主要由招募、选拔、录用、评估等一系列活动构成。招募是企业为了吸引更多更好的候选人来应聘而进行的若干活动，它包括招聘计划的制订与审批、招聘信息的发布、应聘者申请等。选拔则是企业从“人和事”两个方面出发，挑选出最合适的人来担当某一职位，它包括资格审查、初选、面试、笔试、体检、人员甄选等环节。而录用主要涉及人员初始安置、试用、正式录用。评估则是对招聘活动效益与录用人员质量的评价。

（3）招聘程序。人员招聘大致可分为招募、选拔、录用和评估四个阶段。

二、员工招募计划的编制

人员招募是招聘系统中的一个重要环节，目的在于吸引更多的人来应聘，使得组织有更多的选择余地。人员招募包括三个步骤：一是制订招募计划，包括明确招聘的人员需求，对招聘的时间、成本和应聘人数的估计等；二是执行招募计划，包括发布招募信息、应聘者受理、初步筛选等；三是招募效果评估。

1. 明确招聘的人员需求

利用用人单位的《人员补充申请表》来确定人员需求。在进行招募前，很多用人单位一般要填写一张正式的《人员补充申请表》，递交给人力资源部，提出填补职位空缺的请求，该表说明雇佣新员工的理由和待填补职位的具体任职要求。《人员补充申请表》的基本格式如表3-1所示。

表3-1　人员补充申请表

部门：	填表人：	填表时间：
希望到岗时间：	人数：	性别：
需要原因：		
职位名称：	专职（　）　兼职（　）	薪资等级：
主要工作职责： 1. 2. 3.		
需求性质：　永久需求（　）　临时需求（　）　合同约定（　）		
任职资格要求：		
学历/工作经验/培训要求：		
能力素质要求：		
性格要求：		
年龄要求：		
备注（比如需要经常出差）		

2. 确定员工招募计划书的主要内容

（1）确定招募渠道。人员招募渠道有两个：一是外部招募；二是内部招募。对于企业而言，两者各有利弊，企业选择时要综合考虑。

（2）确定招募规模。招募规模指企业准备通过招募活动吸引应聘者的多少，该数量不宜过多也不宜过少，太多会给后续的人员选拔流程造成太大的压力；经过筛选后的人

数太少，则不足以举行面试。要确定一个合适的招募规模，可以借用金字塔模型。

使用金字塔模型确定招募规模时，一般是按照从上到下的顺序来进行的。例如，某企业的职位空缺是 10 个，该公司确定面试与录用的比例为 3:1，即需要有 30 人来参加面试；该公司又确定笔试与面试的比例为 10:3，因此需要有 100 人来参加笔试；最后确定应聘者与参加笔试的比例为 10:1，所以企业需要吸引 1 000 名应聘者。因此即可确定，招募的规模是 1 000 人。

（3）确定招募信息发布范围。招募范围指企业要在多大的地域范围内进行招募活动。这里存在一个矛盾：招募范围越大，效果相应也会越好，但随着招募范围的扩大，招募成本也会增加。一般来说，企业选择招募范围时主要考虑以下两个因素。

① 空缺职位的类型：层次较高或性质特殊的职位，需要在较大的范围招募；层次较低或比较普通的职位，可以在较小的范围招募。

② 当地劳动力市场状况：当地劳动力市场比较紧张，相关职位的人员供给比较少，招募的范围要扩大；劳动力市场宽松，在本地进行招募即可满足需求时，招募的范围要适当缩小。

（4）确定招募时间。制订招募计划时，需要将招募工作本身耗费的时间、选拔录用的时间和岗前培训的时间纳入考虑，这样才能保证企业不会因缺少人员而影响正常运转，因此要合理地确定招募时间。

（5）确定招募预算。在招募计划中，要对招募的预算作出估计。招募成本一般由以下费用项目组成。

① 人工费用。人工费用指公司招募人员的工资、福利、差旅费、生活补助以及加班费等。

② 业务费用。它包括通信费（电话费、上网费、邮资和传真费）、专业咨询与服务费（获取中介信息而支付的费用）、广告费（在电视、报纸等媒体发布广告的费用）、资料费（公司印刷宣传材料和申请表的费用）以及办公用品费（纸张、文具的费用）等；其他费用，包括设备折旧费、水电费以及物业管理费等。

（6）确定招募小组人选。招聘工作是双向选择的过程，企业挑选人才，人才也挑选企业。外来者认识企业的窗口之一就是招募，优秀的招募人员会成为吸引人才留下的一个重要因素，也是招募工作顺利进行的重要前提。

招募人员的选派应遵循以下原则。

① 高于应聘职位原则。工人的招募可由一般管理人员进行，管理人员的招募则由高一级经理人员进行，经理人员的招募则由企业高层领导亲自出面。

② 德才兼备原则。招募人员要有公正宽容的品行，还要有丰富的人才招募经验。

（7）制订应聘者测试考核方案。员工招募是一个广义的概念，既包括发布招募信息，吸引应聘者前来申请填补职位，也包括对候选人进行筛选，挑选出与空缺岗位最为匹配的人。所以，在招募计划中，应提出对应聘者进行测试考核的一套方案。可用于对应聘者进行测试考核的较常见的方法有筛选工作申请表、知识测试、面试、证明材料核实、体检等。

3．编制人力资源招募计划书

在确定了上述各项要求后，即可编制人力资源招募计划书，使人力资源招募计划形诸于纸面，以指导具体招募流程的展开。人力资源招募计划书格式如表3-2所示。

表3-2 人力资源招募计划书

需要补充人员类别	工作内容	所需条件	招募方式	人数	招募日期
高层主管					
技术人员					
中层管理人员					
基层人员					
技术工人					
其他					

三、员工招聘与配置的流程

招聘是企业在经营发展过程中，根据需要吸引候选人员来填补工作空缺的活动。企业人员招聘与配置的流程如图3-1所示。

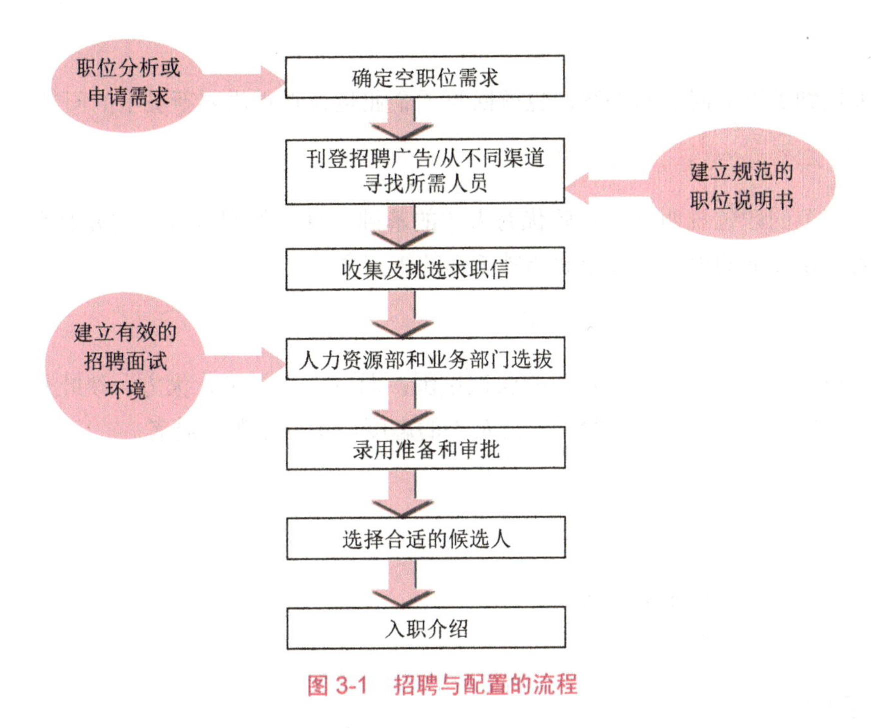

图 3-1 招聘与配置的流程

在人员招聘过程中，人力资源招聘专员要做好以下几项工作。

1. 需求申请

当某部门需要招聘员工时，通常是相关部门向人力资源部申请，并详细地罗列出所需员工的能力、知识和个性。

2. 确定职位需求

当人力资源经理收到部门经理的《人员需求申请表》后，需要了解以下问题，以此来确认企业是否真的需要招聘新员工。

（1）是否真正存在空缺的职位？是否符合企业的预期规划以及相对应的人才需求？有的企业在招聘时，并没有想到未来的预期规划，只要有人说工作干不完了就立即招聘新员工；还有的企业部门经理认为自己管理的队伍太小，为了显示自己的管理能力，想扩充自己的管理队伍而招聘新员工，而实际上该部门并没有必要增加新员工。

（2）提出需要新员工的经理和人力资源经理是否了解现有员工的技能和才干？员工的作用或潜力真正发挥了吗？

（3）是否尝试了各种可以满足现有人力资源需要的其他方法？如工作分担、借调、

外包等。

如果找到了以上问题的答案，也就回答了企业是否真正需要新员工的问题。

3．建立规范的职位说明书

一份规范的职位说明书是招聘优秀人才的基础，规范的职位说明书要对企业需要什么样的人才作详细的说明，是企业招聘工作的重点之一。

4．建立有效的招聘面试环境

在选拔面试时要营造一个轻松的面试氛围；面试人员要举止大方，谈吐和蔼；对不符合应聘条件的应聘者要耐心聆听，持友善的态度，不要挖苦应聘者。

思考与讨论

员工招聘的具体程序是什么？

实训题

通过以下步骤，为Tesco制订在本市开设连锁卖场的人力资源招募计划书。

1．讨论解释人力资源招募成本的组成。

2．以用人单位的身份，撰写《人员补充申请表》。具体职位可自由发挥，但格式及行文必须符合体例。

3．应用金字塔模型确定招募规模。

4．根据待招募人员层次及当地劳动力市场状况判断招募信息发布的范围大小。

5．编制较详尽的人力资源招募计划书。

任务二 人力资源素质测评

❖ 熟悉人力资源素质测评的内容与程序；

❖ 掌握人力资源素质测评的方法。

技能目标

❖ 能够设计人力资源素质测评体系；
❖ 能够对人力资源素质进行测试与测评。

任务引入

（1）智商测评。小王有 12 枚硬币（注：只有 1 分、2 分、5 分 3 种硬币），共 3 角 6 分钱。其中有 5 枚硬币是一样的，那么这 5 枚一定是（　　）。

A．1 分　　B．2 分　　C．5 分

正确答案：C。此类题目必须通过计算、思考等形式进行选择，要求被测试者在较短的时间内作出正确的选择。答案的正确与否及作出选择的速度反映被测试者的智商水平。

（2）16PF 人格测评。和不熟识的人交谈，对我来说（　　）。

A．毫不困难　　B．介于 A 与 C 之间　　C．是件难事

此类题目没有标准答案，被测试者只需要根据个人主观因素作出选择，但不同的选项反映被测试者不同的人格特征。

（3）气质类型测试。下列每题各有“A”、“B”两个选项，请选择一个最能形容你的情况或最能表达你的感受的叙述（　　）。

A．和人争吵时，总是先发制人，喜欢挑衅

B．宁肯一个人干事，不愿很多人在一起

此类题目没有固定答案，只要求被测试者根据个人的情况作出选择，不同选择反映被测试者的不同气质类型。

任务：根据这三道题目的分类，并根据常见的问题做些有针对性的准备，完成“人事助理”和“行政文员”招聘职位的测试题目。

任务分析

对于员工素质测评的方法要重点掌握测评内容和范围、测评形式的选择、员工选拔步骤等。

知识链接

在招聘过程中，选拔阶段是最重要、最关键也是最有技术含量的阶段。在选拔的各步骤中，测评阶段尤为重要，测试主要通过以下方式进行。

一、笔试

笔试是人才选拔中较常用的技术之一，也是最基础的技术。即使在日益发展的现代人才测试体系中，笔试仍然受到世界各国的重视，发挥着重要的作用。企业招聘人才的笔试一般包括一般知识考试和专业知识考试。

1. 一般知识考试

一般知识考试包括文化知识、语言理解能力、数字能力、推理能力、记忆力、外语、文艺等各个方面，目的主要是了解求职者对基本知识的了解程度。

2. 专业知识考试

专业知识考试又称深度考试，考试内容主要是和应聘职位有直接关系的专业知识，目的是了解应聘者掌握相关专业知识的程度与范围。

二、测评

1. 测评的内容和范围

测评主要是借助一定的工具对人的技能、兴趣、个性和心理进行测量，企业招聘人才的测评一般包括智商测评、能力倾向测评、实用16PF人格测评、实用气质测评等。

2. 智商测评

理论研究和实践均已证明，智能水平与工作效率、管理效率、事业的成功程度有着密切的关系。IQ（智商）是EQ（情商）、MQ（德商）、AQ（逆境商数）等发展的基础和前提条件，一个IQ很低的人，不可能有好的EQ、MQ和AQ。通过智商测评可以提供被测者的准确信息，使其在深入了解自己的智力水平以及数字、空间、逻辑、词汇、创造、记忆等方面能力的基础上，根据自身特点了解如何发挥自己的优势，提高自己的能力。与此同时，可以让被测评者更好地了解智商的基本理论知识和内容，掌握智商测评在一般员工招聘、选拔和考核，以及各级管理人员的招聘、选拔和考核中的应用方法和步骤。

（1）智力的概念。智力是一种综合的认识能力，它包括注意力、观察力、记忆力、想象力和思维力等五个基本要素，抽象思维能力是智力的核心，创造力是智力的最高表现。智力可以理解为以下几点。

① 智力与认识过程有关，但并非认识过程本身。

② 构成智力的各种认识特点必须比较稳定，那些变化无常的认识特点不能称为智力。

③ 智力不是上述五种要素的机械相加，而是五种要素的有机组合。

④ 智力是一种能力，而情绪、情感、性格、气质、动机、兴趣、意志等非能力的特征则属于非智力因素。

（2）智商的含义。智商常被人们叫做“IQ”，是英文 intelligence quotient 的缩写，智商的全称是“智力商数”。智商是测量个体智力发展水平的一种指标。其表达式为：

IQ（智商）=（MA（智力年龄）/CA（实际年龄））×100

假如一个孩子今年 12 岁，他完成了 15 岁儿童才能回答的题目，则其 MA 为 15，CA 为 12，IQ 为 125。在未经挑选的人群中，智商平均数为 100。因此，智商接近 100 者称为智力正常，智商在 130 以上的人称为智力超常，智商在 70 以下的人称为智力落后。智商是人们认识世界、改造世界的各种能力的总和。

（3）智商的特点。智商虽具有一定的稳定性，但智商并非一成不变。在良好的环境下，智商可因受到良好的教育而有一定程度的提高。反之，智商可因疾病、营养不良、恶劣的环境及教育不良等而下降。由于智商是基于智力年龄的得分，当个体发展到一定年龄，智力不再增长时，年龄仍在增长，这时智商便不再有意义了。

（4）智商测评的目的。智商测评的目的是通过对被测者进行基本智能水平测试，包括常识、理解、算术、类同、记忆、字词、图像、积木、排列、拼图、符号等，要求被测者在尽量短的时间内（一般为 40 分钟）做完总题量为 60 题的测试题，从而获得被测者的智能水平总分以及个人智能水平的量化得分，得出智能水平对普通人员和管理人员工作效率的影响、职位决策建议的非量化评语。

3. 能力倾向测评

（1）能力的概念。能力是指那些直接影响活动的效率，使人的活动任务得以顺利完成的心理特征的总和，是人们表现出来的解决问题可能性的个性心理特征，是完成任务、达到目标的必备条件。能力直接影响活动的效率，是活动顺利完成的最重要的内在因素。

（2）能力的特征。能力一般具有以下几个特征。

① 能力与活动是联系在一起的。只有通过活动才能发展人的能力和了解人的能力，离开活动就很难辨别人能力的高低，离开社会活动也很难形成人的能力。但并不是所有在活动中表现出来的心理特征都是能力，只有那些直接影响活动效率、使活动任务得以顺利完成的心理特征才是能力。如活泼、沉静、暴躁、谦虚、骄傲等心理特征，虽然和活动能否顺利进行有一定关系，但在一般情况下，不是直接影响活动的基本条件，因而不能称为能力。节奏感和曲调感对于从事音乐活动是必不可少的；准确地估计比例关系对于从事绘画活动是必不可少的；观察的精细性、记忆的准确性、思维的敏捷性则是完成许多活动必不可少的前提。缺乏这些心理特征，就会影响有关活动的效率，使这些活动不能顺利进行，因此它们就是保证有关活动得以完成的能力。

② 能力与知识又是密切联系的。一方面，能力是在掌握知识的过程中形成和发展的，离开学习和训练，任何能力都不可能发展；另一方面，掌握知识又是以一定能力为前提的，能力是掌握知识的内在条件和可能性，制约着掌握知识的快慢、深浅、难易和巩固程度。但是能力和知识的发展并不是完全一致的，在不同的人身上可能具有相应的知识，但他们的能力不一定是相等水平的，反之亦然。

一般来说，学习成绩好，智力水平可能较高。但是取得优秀成绩，原因也是不同的，可能是聪明、刻苦、专心，这些也是一种能力。同样，许多聪明的孩子不肯接受现有的教育机制和学习内容，只是因为未能激发其兴趣，未能培养其注意力和恒心，一旦他们肯用心，会在短时间内取得成功。

③ 能力发展受两方面因素制约。一是素质；二是环境、教育和实践活动。一个人的先天素质为能力的形成和发展提供了前提和基础，但素质只是能力发展的自然前提和可能性，这种可能性变成现实还要有其他条件的作用。

素质是有机体生来具有的某些解剖生理特点，特别是神经系统（主要是脑）、感觉器官和运动器官的解剖生理特点。素质是能力形成和发展的自然前提，离开了这个前提就谈不到能力的发展。双目失明的人难以发展绘画方面的能力，生来聋哑的人难以发展音乐方面的能力，无脑儿不仅不能发展各种能力，甚至难以生存。素质并不是完全遗传的，因为婴儿出生之前有一段胎儿的发展时期，出生以后，还可能出现一些突发事件影响人的素质。素质本身不是能力，也不能自然地决定一个人的能力，它仅能够提供一个人能力发展的可能性，只有通过后天的教育和实践活动才能使这种发展的可能性变为现实。

素质与能力也不是一对一的关系，同样的素质基础可以形成各种不同的能力，同一种能力可以在不同素质基础上形成，这完全取决于后天的条件。即使在某种素质方面存在着一定的缺陷，也可以通过机能补偿使其他有关能力发展起来。

素质差不多的人，其能力发展的差别是由环境、教育和实践活动所造成的。教育在能力发展中起着主导作用，在教育过程中学习掌握知识和技能的同时也发展着能力。许多研究表明，物质和文化环境的改善可以使能力得到提高。但环境和教育是能力发展的外部条件，人的能力必须通过主体的积极活动才能得到发展，能力是在人的活动中形成和发展起来的，一个人的能力水平与他从事活动的积极性是成正比的。

（3）能力倾向。能力倾向也称能力性向，有两个含义。一是指个人对广泛的活动领域，若经学习或训练可能达到的熟练程度，称“普通性向”，亦即一般能力倾向；二是指个人对某种特殊活动，如音乐、绘画、体育、机械等，若经专门学习或训练可能达到的熟练程度，称“特殊性向”，亦称特殊能力倾向。换言之，一般能力倾向是指完成多种活动都必须具备的一般潜力；特殊能力倾向是指完成某一项特殊活动所必需的特殊潜力。不论是一般能力倾向还是特殊能力倾向，都是指可能发展出来的潜在能力，而不是指已经发展出来的实际能力。

（4）能力倾向测验。该测验可以分为两类：一类是单项能力倾向测验。比如一战结束时，因当时社会对文书、技工和机械师的需求巨大，有关文书和机械工作的能力倾向测验应运而生。单项能力倾向测验的特点是集中测量某一种能力倾向。另一类是多项能力倾向测验，其特点是能够测量多种能力倾向或者能力群。桑代克（Thorndike）通过因素分析，发现了语文、数学、空间、知觉速度、字词流畅性、记忆、推理 7 种主要的心理能力。

至目前为止，能力倾向测验方法还有 3 种分别是：区分性能力测验（DAT），可以用来测量 8 种能力——语言能力、数学能力、抽象推理、空间关系、文书速度和准确性、机械推理、拼写、语言能力；一般能力倾向成套测验（GATB），测量 9 种能力——语言能力倾向、数字能力倾向、空间能力倾向、形状知觉、文书知觉、运动协调、手指灵巧、手部灵活、语言数字空间倾向；军事职业能力倾向成套测验（ASVAB），测量 10 种能力——一般科学（物理、生物科学知识）、算术推理、单词知识、短文理解、数字操作、编码速度、汽车和工艺常识、数学知识、机械理解（MC）、电学常识（电和电子学的知识）。

能力倾向测验题目中有语言理解和组织能力、概念类比能力、数学能力、抽象推理能力、空间推理能力以及机械推理能力等 6 个方面的题目。其中，关于语言理解和组织能力有 20 道题目，概念类比能力有 50 道题目，数学能力有 50 道题目，抽象推理能力有 45 道题目，空间推理能力有 60 道题目，机械推理能力有 70 道题目，总题量为 295 道。要求被测评者尽量在较短的时间内（一般为 150 分钟）做完这些题目，完成能力倾向测验。

能力倾向测验可以在计算机上进行，也可以以纸笔方式作答。能力倾向测验的目的是通过测评给被测评者贴上一个分数标签（如IQ），通过对能力结构的剖析，更好地肯定被测评者的社会价值，让被测评者更好地了解个人各方面能力的强弱。即使各方面都不是很强，综合起来仍可以在社会上找到自己的位置，胜任某一类工作。

4. 实用卡特尔16PF人格测评

（1）卡特尔16PF人格测评目的。卡特尔16PF人格测评全称是卡特尔16种个性因素测评（Cattell Sixteen Personality Factor Questionnaire），是由美国心理学家R. B. Cattell编制的。他认为，人的个性是由许多特性所构成的，由于各种特性在每一个人身上的不同组合，构成了一个不同于他人的独特个性。他把人的个性分为“表面特性”和“根源特质”。所谓表面特性，是指一个人经常发生的、可以从外部观察到的行为；而根源特质则是制约着表面特性的潜在基础。卡特尔从许多表面的行为中抽取了16种“根源特质”，称为16种个性因素，然后他又据此编制了专门的量表来测量这16种特质，从而形成了卡特尔16种个性因素测评。

一般情况下，人格是稳定的，是一个人习惯化的思维方式和行为风格，它贯穿于人的整个心理，是人的独特性的整体写照。人格对于管理者来说是很重要的，它渗透到管理者的所有行为活动中，影响管理者的活动方式、风格和绩效。大量研究和实践表明：某些人格类型和管理活动有着特定的关系，它们对团体的贡献不同，所适宜的管理环境也不同。利用成熟的人格测验方法对管理者或应聘人员的人格类型进行诊断，可为人事安置、调整和合理利用人力资源提供建议。这正是卡特尔16种个性因素测评的使用目的所在。

卡特尔16PF人格测评可以了解应试者在环境适应、专业成就和心理健康等方面的表现。在人力资源管理中，16PF能够预测应试者的工作稳定性、工作效率和压力承受能力，可广泛应用于心理咨询、人员选拔和职业指导的各个环节，为人力资源决策和人力资源诊断提供个人心理素质的参考依据。

该测评采用自陈量表，优点是高度结构化，实施简便，计分、解释都比较客观、容易，但也存在一些缺点：被测试者常因情境的改变而作出不同的反应，测验的信度不如智力测验等认知性测验；由于人格特质难以定义，个体行为总是受到情境与人格的交互作用的影响；被测试者对问卷的回答不一定能反映其真实情况；反应定势和反应风格影响测验结果。反应定势是指被测试者有意无意地改变其在测验上的反应，而塑造出一种内心中希望出现的形象，这种形象并不能代表被测试者的真实情况。如“社会赞许性”

的表现，即被测试者在测验上有依社会所期望、赞许的行为方式作答的倾向。反应风格则是指当测验的刺激或意义并不明显，或当被测试者不知如何反应时所使用的某种特别的反应方式。如在一项要求以“是”或“否”回答的问卷上，被测试者常常会以“是”作答的默认倾向。

（2）卡特尔 16PF 人格测评的记分方法。每一个测验各有 a、b、c 3 个答案，可得 0 分、1 分或 2 分不等，因素量表测验每题答对者得 1 分，不对者得 0 分。测验附有两张记分纸，每张有 8 个因素量表的标准计分。将被测评者的个人答卷纸上的答案与此对照，计算出每个人在某一因素量表所得原始分的总分，并记录在答案纸各因素的空格内；然后，根据被测评者的年龄查常模表，将各因素的原始分数转换成量分表，得到关于个性的剖析图。

未记分前，应先检查答案有无明显错误及遗漏，错误必须重测，遗漏则由记分者代为填答，选折中者，即 b 答案。倘若遗漏太多，则必须重测。

（3）16 种人格因素及其高分低分特征如下所述。

① 乐群性（A）

高分特征：外向、热情、乐群。通常和蔼可亲，容易与他人相处、合作，适应能力强，愿意参加或组织各种社团活动，萍水相逢也可以一见如故。

低分特征：抑郁、缄默、孤独、对人冷漠。通常表现为执拗，对人冷漠，吹毛求疵，宁愿独自工作，且工作标准常常很高。

② 智慧性（B）

高分特征：聪明、富有才能、善于抽象思维。

低分特征：思维迟钝、学识浅薄、抽象思维能力较弱。

③ 稳定性（C）

高分特征：情绪稳定而成熟、能面对现实、行动充满魄力。能以沉着的态度应付现实中的各种问题。

低分特征：情绪容易激动、易产生烦恼。容易受环境支配而心神动摇不定。

④ 恃强性（D）

高分特征：好强、独立积极、有主见、独立性强，但容易自高自大，自以为是。

低分特征：谦虚、顺从、通融、恭顺。

⑤ 兴奋性（E）

高分特征：轻松兴奋、随遇而安。通常活泼、愉快、健谈。

低分特征：严肃、审慎、冷静、寡言。内省而不轻易发言，较消极、阴郁。

⑥ 有恒性（F）

高分特征：负责、做事尽职。责任心强，工作细心周到，有始有终。

低分特征：苟且敷衍，缺乏认真负责的精神，缺乏远大的理想和目标。

⑦ 敢为性（G）

高分特征：冒险敢为，少有顾忌。有时也可能粗心大意，忽略细节。

低分特征：畏怯退缩，缺乏信心，有强烈的自卑感，在人群中羞怯，有不自然的表现。

⑧ 敏感性（H）

高分特征：敏感、感情用事。通常心肠软，易受感动，较女性化，爱好艺术，富于幻想。

低分特征：理智、着重现实、自恃自力。多以客观、坚强、独立的态度处理问题，不感情用事。

⑨ 怀疑性（I）

高分特征：怀疑、刚愎、固执己见、多疑、不信任别人、与人相处斤斤计较、不顾别人的利益。

低分特征：信赖随和、容易与人相处、无猜忌、不与人竞争、顺应合作、善于体贴人。

⑩ 幻想性（J）

高分特征：幻想、狂放不羁。忽视生活细节，只以本身动机、当时兴趣等主观因素为行动的出发点，可能富有创造力。

低分特征：现实、合乎成规。力求妥善合理，不鲁莽从事，在关键时刻也能保持冷静。

⑪ 世故性（K）

高分特征：精明能干、世故。处事老练，行为得体，能冷静分析一切，理智，客观。

低分特征：坦白、直率、天真。思想简单，感情用事，与人无争，心满意足，但有时也显得幼稚、粗鲁、笨拙。

⑫ 忧虑性（L）

高分特征：忧虑抑郁、烦恼自扰。通常觉得世道艰辛，人生不如意，甚至沮丧、悲观。

低分特征：安详、沉着，有自信心、不易动摇、有安全感。相信自己有应付问题的能力。

⑬ 实验性（M）

高分特征：自由、激进，不拘泥于现实，对新的思想和行为有兴趣。

低分特征：保守、着重传统观念与行为标准。不愿尝试创新，常常激烈地反对新的思潮和变革。

⑭ 独立性（N）

高分特征：自立自强、当机立断。通常能够自作主张独立完成自己的工作计划，不依赖别人。

低分特征：依赖、随群、附和。通常愿意与人合作共事，而不愿独立孤行，常放弃个人主见，附和众议。

⑮ 自律性（O）

高分特征：知己知彼、自律严谨。通常言行一致，能够合理支配自己的感情行动，为人处世能保持自尊心。

低分特征：矛盾冲突、不明大体。通常既不能克制自己，又不能尊重礼俗，更不愿考虑别人的需要。

⑯ 紧张性（P）

高分特征：紧张困扰、激动挣扎、缺乏耐心、心神不定、过度兴奋、时常感觉疲乏。

低分特征：心平气和、闲散宁静。容易知足满意，心理容易平衡，也可能过分松懒，缺乏进取心。

5. 实用气质测评

气质近似于人们所说的脾气。不同气质类型的人在同种工作之中会有不同的工作方式以及不同的处理问题策略。通过气质测评，被测评者可以了解气质的内容、气质类型以及气质与工作的关系，并让个体了解自己的气质类型，了解不同气质类型的人在同种工作之中会有不同的工作方式以及不同的处理问题策略，寻找适合被测评者的工作方向以及管理方式。

实用气质测评适用于个人对自身的准确定位，企业对员工的安置、调换、选拔与考核等方面。

（1）气质的含义。气质是指一个人心理活动的动力特点，即心理活动的强度、速度、稳定性、灵活性、指向性等特点，是指在人的认识、情感、言语、行动中，心理活动发生时力量的强弱，变化的快慢和均衡程度等稳定的动力特征。气质主要表现在情绪体验的快慢、强弱，表现的隐显以及动作的灵敏或迟钝方面，因而它为人的全部心理活动表现染上了一层浓厚的色彩。它与日常生活中人们所说的“脾气”、“性格”、“性情”等含义相近。

（2）气质的类型。气质主要有以下 4 种类型。

① 多血质类型。多血质类型感受性低而耐受性较高，不随意的反应性强；具有可塑性和外倾性；情绪兴奋性高，外部表露明显，反应速度快而灵活。

多血质类型的特征是情绪不稳定、情感的发生迅速而易变，思维语言迅速而敏捷、活泼好动。其在情绪反应上表现为快而多变但不强烈，情感体验不深但很敏感。在行为方面表现为活泼好动、机敏，爱参加各种活动，但常常有始无终。

该类型的人适应性强、善于交际，待人热情，学习上领会能力强，但也表现出轻率、不忠诚等。所以，该类型的人要注意刻苦钻研、有始有终、严格要求等方面的心理修养。

② 胆汁质类型。胆汁质类型感受性低而耐受性较高，不随意的反应性高，反应的不随意性占优势，外倾性明显，情绪兴奋性高，抑制能力差；反应速度快，但不灵活。

胆汁质类型的特征是好冲动、情感发生快、强烈而持久，动作迅速而强烈，对自己的言行不能控制，反应速度快，但不灵活。具有这种类型特征的人，在情绪反应上易受感动，情感一旦发生就很强烈，久久不能平静，易发脾气，性情暴躁、易怒，情绪不能自制。

胆汁质类型的人在行为方面表现为积极参加各种活动，有创新精神、工作积极，遇到困难时能以极大毅力去克服困难。胆汁质类型的优点是有毅力、积极热情、有独创性。不良表现是缺乏自制性、粗暴和急躁、易生气、易激动。因此，对于这类型的人要注意耐心、沉着和自制力等方面的心理修养。

③ 黏液质类型。黏液质类型感受性高而耐受性低，不随意的反应性和情绪兴奋性均低；内倾性明显，外部表现少；反应速度慢，具有稳定性。

黏液质类型的特征是性情沉静，情感发生缓慢而微弱，不外露、动作迟缓、易抑制、沉默寡言。

该类型的人在情绪方面表现为沉着、平静、迟缓、心境平稳、不易激动，很少发脾气，情感很少外露。在行为方面表现为沉默寡言、面部表情单一，胸怀宽广，不计小事，能委曲求全，自制力强。活动中表现为有条有理、深思熟虑、坚韧不拔。这种人容易形成勤勉、实事求是的精神，但也可能形成萎靡、迟钝、消极、怠惰等不良品质。

④ 抑郁质类型。抑郁质类型感受性高而耐受性低，不随意的反应性低，严重内倾，情绪兴奋性高而体验深，反应速度慢，具有刻板性，不灵活。

抑郁质类型的特征是性情脆弱、情感发生缓慢而持久，动作迟钝、柔弱易倦。具有这种类型特征的人在情绪方面表现为情感不易老化，比较平静，不易动情。情感脆弱、容易神经过敏，容易变得孤僻。在行为方面表现为动作迟缓，胆小、不喜欢抛头露面，反应迟钝。这种人易形成伤感、沮丧、忧郁、深沉、悲观等不良心理特征。

（3）气质类型与人员配合。主要有以下几种。

① 最佳配合。多血质配黏液质或抑郁质；胆汁质配黏液质或抑郁质。

② 忧乐参半的配合。胆汁质配多血质；胆汁质配抑郁质。

③ 不妙的配合。多血质配多血质；黏液质配黏液质；胆汁质配胆汁质；抑郁质配抑郁质。

需要注意的是，气质类型既可以从实验结果中判定，也可以从生活指标中判定。同时，也应当指出，并不是所有的人都可以按照 4 种传统气质类型来划分，只有少数人是 4 种气质类型的典型代表，多数人是介于各类型之间的中间类型。因此，在判断某个人的气质时，并非一定要把他划归为某种类型，主要是观察和测定构成他的气质类型的各种心理特性以及构成气质生理基础的高级神经活动的基本特性。

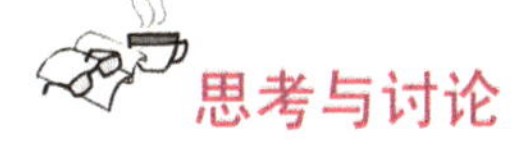

思考与讨论

员工素质测评的方法有哪些？它的主要内容是什么？

实训题

1. 准备 16PF 人格测评题目，以小组（3～5 人）为单位，讨论卡特尔 16PF 个性因素的内容和特征。完成如下任务：（1）完成卡特尔 16PF 测评量表；（2）完成量表后，归因自己的人格因素，查看适合职业；（3）根据测评分析报告，利用成熟的人格测验方法对管理者或应聘人员的人格类型进行诊断，为人事安置、调整和合理利用人力资源提供建议。

2. 准备一调查问卷，完成如下任务：（1）初步判定个人的气质类型，以小组为单位，讨论各种气质类型的特点；（2）组织被测评者参加测评；（3）根据测评分析报告，讨论不同气质类型的人所适合从事的工作；（4）总结并撰写实训报告。

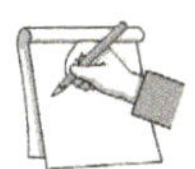

案例分析

以下测试是菲尔博士在著名女黑人欧普拉的节目里做的，准确性很高。答题要依据现在的你，不要依据过去的你。这是一套目前很多大公司人事部门实际采用的测试题。

1. 你何时感觉最好？（　　）

（a）早晨

（b）下午及傍晚

（c）夜里

2. 你走路时是（　）。
（a）大步地快走
（b）小步地快走
（c）不快，仰着头面对着世界
（d）不快，低着头
（e）很慢

3. 和人说话时，你（　）。
（a）手臂交叠地站着
（b）双手紧握着
（c）一只手或两手放在臀部
（d）碰着或推着与你说话的人
（e）玩着你的耳朵、摸着你的下巴或用手整理头发

4. 坐着休息时，你的（　）。
（a）两膝盖并拢
（b）两腿交叉
（c）两腿伸直
（d）一腿蜷在身下

5. 碰到你感到发笑的事时，你的反应是（　）。
（a）一个欣赏的大笑
（b）笑着，但不大声
（c）轻声咯咯地笑
（d）羞怯地微笑

6. 当你去一个派对或社交场合时，你（　）。
（a）很大声地入场以引起注意
（b）安静地入场，找你认识的人
（c）非常安静地入场，尽量保持不被注意

7. 当你非常专心工作时，有人打断你，你会（　）。
（a）欢迎他
（b）感到非常恼怒
（c）在上两极端之间

8. 下列颜色中，你最喜欢哪一颜色？（　）

（a）红或橘色
（b）黑色
（c）黄或浅蓝色
（d）绿色
（e）深蓝或紫色
（f）白色
（g）棕或灰色

9. 临入睡的前几分钟，你在床上的姿势是（　　）。
（a）仰躺，伸直
（b）俯躺，伸直
（c）侧躺，微蜷
（d）头睡在一手臂上
（e）被子盖过头

10. 你经常梦到你在（　）。
（a）落下
（b）打架或挣扎
（c）找东西或人
（d）飞或漂浮
（e）你平常不做梦
（f）你的梦都是愉快的

现在将所有分数相加，再对照后面的分析。

分数：

1. （a）2　（b）4　（c）6
2. （a）6　（b）4　（c）7　（d）2　（e）1
3. （a）4　（b）2　（c）5　（d）7　（e）6
4. （a）4　（b）6　（c）2　（d）1
5. （a）6　（b）4　（c）3　（d）5
6. （a）6　（b）4　（c）2
7. （a）6　（b）2　（c）4
8. （a）6　（b）7　（c）5　（d）4　（e）3　（f）2　（g）1
9. （a）7　（b）6　（c）4　（d）2　（e）1

10. （a）4 （b）2 （c）3 （d）5 （e）6 （f）1

分析：

【低于21分：内向的悲观者】

别人认为你是一个害羞的、神经质的、优柔寡断的，需要人照顾、永远要别人为你做决定、不想与任何事或任何人有关的人。他们认为你是一个杞人忧天者，一个永远看不到问题的人。有些人认为你令人乏味，只有那些深知你的人知道你不是这样的人。

【21～30分：缺乏信心的挑剔者】

你的朋友认为你勤勉刻苦、很挑剔。他们认为你是一个谨慎的、十分小心的人，一个缓慢而稳定辛勤工作的人。如果你做任何冲动的事或无准备的事，会令他们大吃一惊。他们认为你经常会从各个角度仔细地检查一切之后仍决定不做。他们认为你的这种反应一部分是因为你的小心的天性所造成的。

【31～40分：以牙还牙的自我保护者】

别人认为你是一个明智、谨慎、注重实效的人，也认为你是一个伶俐、有天赋、有才干且谦虚的人。你不会很快、很容易和别人成为朋友，却是一个对朋友非常忠诚的人，同时要求朋友对你也有忠诚的回报。那些真正有机会了解你的人会知道要动摇你对朋友的信任是很难的，但一旦这种信任被破坏，会使你备受煎熬。

【41～50分：平衡的中道】

别人认为你是一个新鲜的、有活力的、有魅力的、好玩的、讲究实际的而永远有趣的人；你经常是群众注意力的焦点，但是你是一个足够平衡的人，不至于因此而昏了头。他们也认为你亲切、和蔼、体贴、能谅解人；一个永远会使人高兴起来并会帮助别人的人。

【51～60分：吸引人的冒险家】

别人认为你是一个令人兴奋的、高度活泼的、极易冲动的人；你是一个天生的领袖、一个会很快做决定的人，虽然你的决定不总是对的。他们认为你是大胆的和冒险的，会愿意尝试做任何事，至少一次；是一个愿意尝试机会而欣赏冒险的人。因为你散发着刺激，他们喜欢跟你在一起。

【60分以上：傲慢的孤独者】

别人认为对你必须“小心处理”。在别人的眼中，你是一个自负的、自我为中心的、有极端支配欲望、统治欲望的人。别人可能钦佩你，希望能多像你一点，但不会永远相信你，对与你更深入的来往有所踌躇及犹豫。

任务三　选择招聘渠道并发布招聘广告

知识目标

- 掌握招聘渠道的种类及其选择方法；
- 熟悉招聘广告的发布流程和技巧。

技能目标

- 能够选择合理的招聘渠道；
- 能够撰写招聘广告。

任务引入

下面是两则招聘广告（见图 3-2 和图 3-3），假设自己为应聘者，请思考一下，当你看到这两个公司的招聘广告后，会将简历投递给哪家公司？为什么？

D 公司招聘广告

职位：人力资源部经理　　　　工作地点：北京

主要工作职责：

1．制订人力资源规划和人员预算。
2．制订和完善人力资源管理的有关政策与制度。
3．建立和完善组织结构。
4．完善招聘渠道，满足各用人部门对人员招聘的需求。
5．制订并实施绩效管理体系。
6．完善培训体系，组织各种培训，发展员工的胜任力。
7．建立和完善有竞争力的薪酬福利体系，对薪酬支付进行管理。
8．开展企业文化建设，进行员工关系管理。
9．进行人力资源管理团队的建设。

任职资格：

1．人力资源或相关专业本科以上学历。
2．三年以上人力资源管理经验。
3．熟悉国家和地方的人事管理政策法规。
4．有良好的沟通能力和组织协调能力。
5．熟练运用英语进行沟通。
6．熟练使用计算机办公软件。

有意者请于见报两周内将中英文简历、身份证及学历学位证书复印件、希望薪金、联系方式一并寄往：
A 市 B 路 C 楼 D 公司人力资源部
邮政编码：××××××　　　　传真：××××××
E-mail：××××××　　　　Web：××××××
请务必注明应聘职位。

图 3-2　招聘广告 1

A公司招聘广告

职位：人力资源部经理 工作地点：北京

主要工作职责：

1. 日常的人员管理工作，包括招聘、考勤、工资发放等。
2. 各种文件的起草。
3. 领导交办的其他事务。

任职资格：

1. 经济管理或外语专业本科以上学历。
2. 三年以上工作经验。
3. 熟练运用英语进行沟通。
4. 了解各项保险基金缴纳的程序。

有意者请于见报两周内将相关证件复印件及联系方式一并寄往：

D市C路B楼A公司人力资源部

邮政编码：××××××

传真：××××××

E-mail：××××××

Web：××××××

图3-3 招聘广告2

任务：撰写招聘广告。

任务分析

1．了解各种广告招聘媒体的优劣，并能根据具体情况判断选择哪一种媒体。报纸并不是发布招聘广告的唯一媒体，各种广告招聘的媒体各有其优点和缺点，要视职位性质、当地人力资源状况等因素而定。

2．学习撰写招聘广告中的公司介绍，具体包括公司性质、公司产品、公司服务、公司发展、企业文化等，要求语言精练，具体内容可自由发挥。

3．根据上述写作技巧，撰写招聘广告中主要职责的部分。要求遵守招聘广告撰写的AIDA原则，使招聘广告具有专业、易懂等特点，并鼓励在此基础上有所创新，使招聘广告更具有吸引力。

4．学会撰写招聘广告中的任职资格部分。任职资格部分不宜过于笼统，学历、经验、技能等方面的要求都要具体、清晰。

5．应注意：撰写招聘广告时不要忘记标明联系方式及报名方法，否则招聘广告没有任何效用。

知识链接

人才招聘信息的发布及招聘的渠道通常有：报纸、杂志、广播电视、人才招聘会、猎头公司、内部推荐、网上招聘、校园招聘。它们的优缺点与适用范围如表 3-3 所示。

表 3-3　人才获取渠道的优缺点及适用范围

类　型	优　点	缺　点	适用范围
报纸	广告内容大小可以灵活选择，区域优势比较明显，信息分类比较详细，易于保存，便于查找	集中的招聘广告容易导致招聘竞争的出现，读者群体不定，招聘费用较高	区域招聘，而且有大量的求职者翻看此报。比如北京的《前程无忧》
杂志	专业杂志会吸引特定职业群，广告大小也比较灵活，易于保存	由于杂志发行的区域较广，广告的预约也很长	全国性招聘，且专业与杂志的风格比较一致，比如《销售与市场》
广播电视	不容易被观众忽略，对招聘的企业有更直观的了解，同时没有同行业竞争对手比拼	只能传送简短的、不是很复杂的信息，不易记忆，且由于制作精美，所以费用也比较高	职位空缺的比较多，并且需要在短时间内扩大企业的影响、进行“闪电式轰炸”，提高企业的知名度
人才招聘会	求职者比较集中，便于企业在非常短的时间内获取更多的人才信息，同时也能关注其他企业的相关人才获取信息	由于人数比较集中，需要大量的招聘人员在现场收集资料，没有更多的时间进行现场招聘	适用于招聘中、基层员工
猎头公司	猎头公司已经先对求职者进行了过滤，所以目标比较明确，减少收看大量简历的时间	费用高，费用原则上是 3 个月的月薪；所猎的员工与原单位之间的合同需要解除	招聘中高级管理和专业技术人员以及市场稀缺人员
内部推荐	招聘成本比较小、求职者信息比较透明，可靠性高	人事关系变得比较复杂，较易形成裙带	皆可
网上招聘	具有费用低、覆盖面广、广告周期长、联系方便快捷等特点	要求企业要有上网条件，不过今天这个问题基本已经解决	皆可
校园招聘	经历单纯、理论功底好、可靠性强	没有相关工作经验、上岗后需要适应	基层职位

一、校园招聘

1. 校园招聘的方式

校园招聘主要有三种方式：一是企业直接到相关学校的院系招人，这类企业的招聘针对性很强；二是企业参加学校举办的专场人才招聘会，或通过校园网站发布招聘用人信息；三是企业派出专门人员，到校园进行专场招聘会。毕业生参加最多的往往是第三种招聘形式。据有关资料统计，我国高校每年大约有 70%的毕业生是在校园招聘会上找到工作的。

2. 校园招聘的优势

校园招聘以其集中、快捷、高效、针对性强等优点历来就被一些外资企业看中，成为其招聘渠道之首选。这种招聘模式对于以内部培养为主要选拔人才方式、处于快速发展阶段的企业尤其适用。而且，其避免人情游说的天然优势，也在吸引越来越多的企业加入其中。很多国外的优秀企业都十分重视校园招聘，如麦当劳、宝洁等。他们的理由是：没有做事的经验，就好比一张白纸，对公司的管理观念和企业文化更容易接受，更具可塑性。大学毕业生往往对工作任劳任怨、埋头苦干，没有家庭的拖累，能更加全身心地投入到工作中去。

3. 校园招聘的流程

校园招聘的流程，总体而言可以分为选拔前、选拔中及选拔后三个阶段，如图 3-4 所示。

（1）选拔前的准备工作。在进入校园招聘前，最值得注意的活动有三个：实习生计划、成立校园招聘项目组、选择合适的高校。

① 实习生计划让高校学生能够有意识地提前了解企业。国内有些企业一方面不向大学生提供实习岗位；另一方面又要求毕业生具有工作经验，这显然是个悖论。在欧美，绝大多数企业都会为实习生提供一些岗位，这样做可谓一举两得：一是可以降低雇佣成本，实习生的工资大概只有正式工人的 1/3；二是可以从实习生中挑选适合本企业的员工，这提高了甄选的有效性。对于学生来说，他们得到了一份获得报酬的工作，同时，对自己未来在薪酬等方面的预期也更加符合实际，借助实习生计划，他们能更好地选择将来工作的单位。

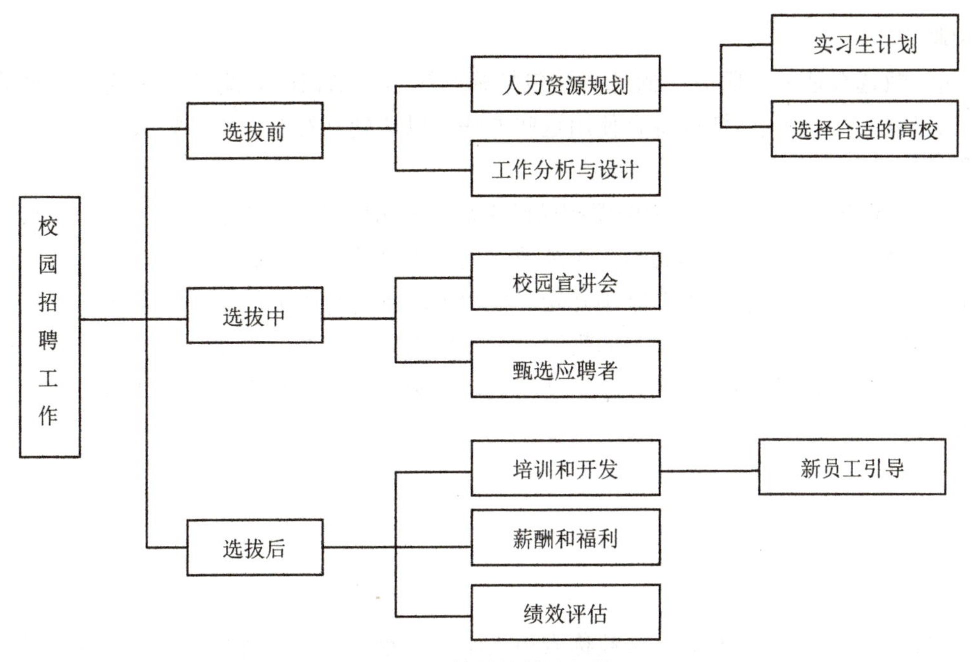

图 3-4　校园招聘流程图

② 成立校园招聘项目组。很多企业校园招聘项目组的成员都来自人力资源部门，这是一个误区。以宝洁公司为例，招聘项目组成员主要由三部分组成：招聘部门副总监以上的高级经理、具有校友身份的公司员工及人力资源部门成员。高级经理主要是在校园宣讲会上介绍公司及所在部门，以示公司对这次招聘活动的重视；校友则以亲身经历现场说法，拉近企业与学生之间的距离，同时他们也负责与高校的联系和协调；人力资源部门成员则是招聘活动的组织者、策划者和协调者，起到辅助和支持的作用。这样一个招聘项目组的组成无疑是合理而高效的。

③ 选择合适的高校。有条件的话，可以建立招聘基地。针对某一方面的高技能人才，可以和高校签订定向培养合同，减少招聘成本。

（2）选拔中的工作。

① 召开校园招聘宣讲会。这样做一是可以推广企业的产品；二是可以推广企业品牌和企业理念。校园招聘宣讲会程序一般如下：校领导讲话；播放招聘专题片；公司招聘负责人详细介绍公司情况；招聘负责人答学生问；发放公司招聘介绍会材料。这样做就避免了许多企业仅把校园招聘当成收集简历等应聘材料的场所，因为有些企业往往开场几句话就自我介绍完毕，等待学生投档。学生根本无从了解企业，有的就转向其他企业

的招聘。

② 甄选合适的应聘者。甄选方法包括筛选简历、知识能力测验、面试、证明材料核实、体检等，视具体情况综合使用这些方法，以达到互补的作用。甄选要遵循一定的流程。

（3）选拔后的工作。人力资源招聘结束后，公司应对新招聘的毕业生进行入职培训和开发，特别要注意薪酬福利与工作绩效评估政策讲解，让应聘者认清自我能力，看到发展前途。年轻人的职业生涯刚刚开始，他们更注重自身能力的培养，因此，一套培训和开发体系对年轻员工具有很大的吸引力。年轻人注重短期的物质收益，高的薪酬和福利计划有利于留住他们。年轻人希望获得认可，因此，公平公正的绩效评估体系也非常重要。

二、猎头公司

1. 猎头公司的含义

高级人才委托招聘业务，又被称为猎头服务。专门从事中高级人才招聘相关事宜的中介公司，被称为猎头公司。“猎头”一词属泊来词，原意为“割取敌人的头作为战利品的人”，这里是指物色人才的人。“头”是智慧、才能集中之所在，“猎头”特指猎夺人才，即发现、追踪、评价、甄选高级人才。猎头公司就是依靠猎取社会所需各类高级人才而生存的中介组织。

2. 何时需要向猎头公司求助

通常来讲，猎头服务一般适用于高级人才的招聘，比如高级管理人才和技术专家等职位，因为这些人才的数量相对较少，而且主动求职的愿望比较低，很多高级人才可能根本不想换工作，他们也从不参加招聘会，从不看招聘广告，所以用一般的公开招聘方法难以获得。另外需要注意的是，猎头服务的费用相当高，一般是所招聘职位年薪的1/3～1/4。也就是说，猎头服务的费用相当于某一职位三四个月的薪水，因此猎头服务只适用于企业中的少数职位。

3. 具备什么样的素质才能被称为猎头顾问

专业猎头顾问一般都具有良好的人力资源管理经验，能够为企业人力资源开发提供指导性建议。他们品行优良，负责任，能够提供候选人才的真实情况并能进行坦诚交流，阅历丰富，至少在企业中担任过较高的职位，这样才能提供有参考价值的意见。专业的

猎头顾问还应保守秘密、严守行业规范和职业操守。全面理解客户需要是成功找到合适人才的前提，因此猎头顾问必须具备高超的沟通能力和技巧，这样才能准确地了解客户真正的需要。专业的猎头顾问还要具备较深的心理学、人际关系学知识等。

4．猎头公司的运行

（1）了解需求。猎头公司首先要了解委托公司对候选人的要求。猎头顾问会与委托人沟通公司的背景、对候选人的要求等信息，确立对理想的候选人的技能、经验和个性的理解。能否找到最为贴近企业需求的人才，则取决于猎头公司对这种需求的理解程度。为了切实理解委托客户的需求，有的猎头公司甚至派人去客户公司工作一段时间，亲自了解和体会其文化、员工关系、组织结构等因素。然后，猎头公司与委托方就期限、费用等一些具体事项达成共识，并准备一份招聘项目建议书，写明该项任务的背景资料、费用、期限和条件，供委托方批准。

（2）在人才库中搜索合适的人选。猎头公司一般拥有自己的人才数据库。优质高效的人才库是猎头公司最重要的资源之一，对人才库的管理和更新也是他们日常的工作之一。通常，他们在接受客户委托以后，会根据委托人的要求，在数据库中搜索，或者经过分析找出目标候选人，但人才库的作用也是有限的，猎头公司更多的是需要主动去发现和寻找人才。

（3）主动出击。猎头公司主动接触候选人，对候选人进行面谈或其他形式的测评，然后提交给委托人一份具体描述该候选人的素质的报告。衡量高级人才的一个重要依据就是其过去的工作经历，他们过去工作过的公司、担任过的职位、工作的业绩，就是其能力的极好证明。因此专业的猎头公司一般都必须作背景调查工作，即向候选人以前工作单位的上司、同事了解有关情况。有些公司还会提供人才素质测评，除了考察候选人的能力之外，还着重考察候选人的个性特点、工作风格是否与用人公司的文化相适应，其职业兴趣与动机是否与职位的需要相吻合。

（4）出具名单。猎头公司主动联系候选人后，委托公司随后会得到猎头公司提供的候选人评价报告，如果认为有必要，委托公司可以直接与候选人接触，并作出决策。

（5）促成协议。有的时候，出色的候选人往往已经有一份不错的工作，并且往往是同时面临着好几个机遇，而委托方又不愿意接受一个折中的候选人，在这种情况下，猎头公司会在谈判中起到积极的作用，帮助他们达成一项双方都能接受的最终解决方案。

（6）善后事宜。在委托公司与候选人达成雇佣意向之后，猎头公司会对候选人进行跟进，以确保其进入新公司的平稳过渡。如果发生候选人在保证期内离开的情况，猎头

公司将提供替代人选。

通常，猎头公司会在4～6个星期内，制订一个全面的候选人名单，并免费替换在保证期内离开的候选人。

5. 如何与猎头公司合作

目前，我国的猎头市场还存在许多不规范的地方，如果与猎头公司合作时疏忽、大意，有可能会上当受骗。因此一定要注意以下一些问题。

（1）考察猎头公司资质。一般应该选择有较好的背景和声望，并且在市场上寻找人才和将委托方的职位进行推销的能力较强的猎头公司。优秀的猎头公司在操作上严谨、规范，对委托方所处的行业有深刻的理解，猎头公司的人员也有很高的素质，他们在猎头服务的各个环节上都表现出相当高的专业水准、服务意识和专业技能，并且能够自觉遵守法律法规和政策规定，将猎头服务工作置于法律法规和政策允许的范围内。这样的猎头公司所能接触到的候选人层次也比较高。

（2）明确责任和义务。在与猎头公司合作时，一定要在开始时明确双方的责任和义务，并就一些容易发生争议的问题事先达成共识，例如，费用、时限、候选人的标准、保证期的承诺、后续责任等问题。

（3）长期合作。如果与一家信誉较好、服务质量较高的猎头公司合作得较为愉快，应该在以后类似的招聘工作方面继续与之合作，避免与过多的猎头公司合作，因为熟悉的猎头公司会比较理解你的需求。另外，应尽可能选择这家猎头公司中最好的猎头顾问为公司服务。

三、招聘广告

通过大众媒体对空缺职位进行广告招聘是企业利用最广泛的外部招聘工具，广告媒体主要有报纸、杂志、广播、电视、网络及其他印刷品。各种广告媒体分别有自己的优点和缺点，企业应当根据具体情况来选择最合适的媒体。

1. 招聘广告的内容

招聘广告的内容一般包括企业名称、企业简介、简要的岗位描述、招聘人员的基本条件、报名方式、报名时间和地点、需提供的证件和材料、联系方式等。

（1）企业简介。招聘广告中应该以最简洁的语言介绍公司最具有特色和富有吸引力的特点，不应该长篇大论、词不达意。在广告中最好能使用公司的标志，并提供公司的

网址，以便看到广告的人可以浏览公司的网页以获取更多的信息。

（2）岗位描述。招聘广告中的岗位介绍通常包括职位名称、所属部门、主要工作职责、任职资格要求等。起草招聘广告时参考一下岗位说明书会有帮助。但要注意的是，招聘广告中的职位情况介绍应该从读者的角度出发来考虑，以读者能够理解和感兴趣为主，不可照搬职位说明书。

（3）应聘者应准备的材料。在招聘广告中应该说明应聘者应准备哪些材料，如中英文简历、学历学位证书复印件、资格证书复印件、身份证复印件、照片以及提供薪金要求和户口所在地等信息。

（4）应聘方式和联系方式。应聘方式大多采用将简历和应聘材料通过信件、电子邮件、传真等方式发送到公司，因此需要提供公司的通信地址、传真号码或电子邮件地址，一般情况下不必提供电话号码。另外，还应该提供应聘的时间范围或截止日期。

2. 招聘广告内容设计的 AIDA 原则

一般来说，招聘广告的设计要遵循 AIDA 原则。

（1）A，即 Attention，指广告要引起人们的注意。

（2）I，即 Interest，指广告要激起人们对空缺职位的兴趣。

（3）D，即 Desire，指广告要唤起人们应聘的愿望。

（4）A，即 Action，指广告要促使人们采取行动。

3. 撰写招聘广告的技巧

（1）用语须专业化。如果招聘广告用语不够专业，那么求职者就有理由想象该公司在管理上也不够专业化。有时连最简单的职位名称，也会成为有竞争力的关键因素。如果职位名称没有吸引力，那么，可能职位内容就不会有太多的机会被高水平的求职者看到。举例来说，“销售代表”和“客户经理”的工作内容可能是一样的，但应聘者可能更喜欢“客户经理”这个职位名称。

（2）不排斥幽默。招聘广告讲求规范性和专业化，但这并不代表所有的招聘广告都要被写成官方文件或法律文书。增加一点幽默，就可以使招聘广告变得轻松有趣。例如，国外一个滑雪板制造商的招聘广告中有这样的一段话：“我们热衷于产品的研究与开发，我们将继续居于行业的领先地位；不过，在这个公司最重要的事情是滑雪。我们大家都想方设法到山区出游，而且到山区度假地去参加新手培训课程，为不滑雪找个借口是很难的。”如果某个求职者是滑雪爱好者，看到这则广告会很感兴趣。

（3）切忌晦涩难懂。招聘广告用语的专业化并不代表要使其变得深奥难懂，尤其是广告中的职位描述部分，可以尝试让广告公司或公关公司参与职位描述的撰写。避免使用只有内行人士才能看懂的缩写和深奥的专业术语。可以咨询一下朋友或家人，试从他们的角度来看职位说明是否合适，询问他们是否理解这些描述以及他们是否会产生兴趣。一篇行文流畅、令人激动的职位说明会使招聘公司获得意想不到的成功。

（4）尝试采用叙事的方式。撰写招聘广告时，需要告诉看招聘广告的人他的一天都将做些什么，用一种叙事的方式说明从事这个工作的员工一天的生活是怎样的，指出该职位对公司利润或销售的影响，能让应聘者更了解职位的职责。若能利用公司网站发布职位说明，可以考虑是否加上一段表现某人正在做工作的录像片段或声音片段。

随着网络的普及程度越来越高，网络招聘的比例也将提高，而报纸、杂志的比例将会逐渐减少（但不会消失）。内部推荐的比例不会有太大的提高，正常情况下还有可能略有下降（见表3-4）。

表3-4　各工作年限的求职者常用的求职渠道

年　限	报纸杂志等广告	网络招聘	内部推荐	人才招聘会	猎头公司%
10年以上	57	66	33	51	14
6～10年	62	71	35	50	15
3～5年	59	73	36	66	7
1～2年	47	67	39	63	2
应届生	42	64	33	79	2

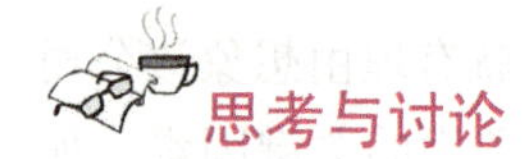

思考与讨论

1. 招聘渠道的发布形式有哪些？
2. 招聘广告的撰写原则有哪些？

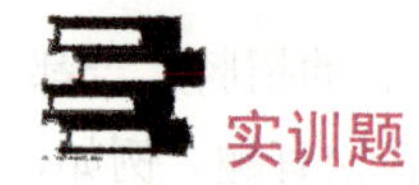

实训题

耐顿公司的人员招聘广告

NLC化学有限公司是一家跨国企业，业务以研制、生产、销售医药和农药为主，耐顿公司是NLC化学有限公司在中国的子公司，主要生产、销售药品。随着生产业务的扩

大，为了对生产部门的人力资源进行更为有效的管理开发，2007年初，分公司总经理把生产部的经理于欣和人力资源部的经理田建华叫到办公室，商量在生产部门设立一个处理人事事务的职位，主要是协调生产部与人力资源部的工作。最后，总经理说希望通过外部招聘的方式寻找人才。

走出总经理的办公室，人力资源部经理田建华开始了一系列工作，在招聘渠道的选择上，他设计了两个方案。一个方案是在本行业专业媒体中做专业人员招聘广告，费用为3 500元，好处是对口的人才应聘比例会高些，招聘成本低；缺点是企业宣传力度小。另一个方案是在大众媒体上做招聘广告，费用为8 500元，好处是企业宣传力度很大；缺点是非专业人才的应聘比例很高，前期筛选工作量大，招聘成本高。他拟初步选用第一方案。总经理看过招聘计划后，认为公司在大陆地区处于初期发展阶段，不应放过任何一个宣传企业的机会，于是选择了第二种方案。

其招聘广告刊登的内容如下：

您的就业机会：NLC化学有限公司下属的耐顿公司

职位：发展迅速的新行业的生产部人力资源主管

主管：生产部和人力资源部两部门协调性工作

抓住机会！充满信心！

请把简历寄到：耐顿公司人力资源部

任务1：说明应该选用大众媒体还是专业媒体？

任务2：指出该公司在选择广告招募的媒体时犯了什么错误？应该如何选择？理由有哪些？

案例分析

小王设计的招聘广告

小王刚被聘为北京QM家具企业的人力资源部主管。上班的第一天，人力资源部经理H先生在将小王介绍给各位同事之后，给小王布置了第一项任务。由于近期企业与欧美的一些国家贸易看好，急需懂家具、会外语的国际商务人员。另外，原来的总经理秘书Z小姐和办公室行政主任刚刚离职，一大堆事务急需处理，H经理希望10天内落实人员事宜。

小王思虑片刻，决定采用在《北京晚报》做招聘广告的形式完成H经理交给的任务。

他立刻打电话给H经理，H经理说："我只要尽快到位，至于采用什么方式，你自己决定。"小王很高兴，立即打开电脑，设计了一份招聘广告，内容如下。

诚　聘

北京QM家具企业是一家集设计、生产、销售为一体的大型家具企业，注册资金300万元人民币，为民营企业，成立已经10年。因业务发展需要，经北京市人事局人才管理办公室批准，诚邀有志之士加盟，共创QM的未来。

国际贸易主管3名

国际贸易专业大学本科以上学历，3年以上实际工作经验，良好的沟通能力，具有从事家具行业经历者优先考虑。

总经理秘书1名

大学本科以上学历，英语专业毕业优先，优秀的英语听、说、读、写能力；具有3年以上相关工作经验，熟悉外资企业的运作方式；具有很强的亲和力，做事积极主动；善于协调企业内外关系，具有很强的处理复杂事务的能力。

办公室行政主任1名

3年以上家具行业办公室行政工作经验；大学本科以上学历，MBA优先考虑，40岁以上；优秀的汉语和英语书面及口头表达能力，具有较强的社会活动能力和组织协调管理能力；熟练使用各类办公设备；有驾驶证。

分析：

小王设计的广告内容是否合理？为什么？如果不合适，应如何修改？

培训员工

宝洁（中国）的员工培训与发展

宝洁（P&G）公司（以下简称宝洁）始创于1837年，是世界最大的日用消费品公司之一，在80多个国家设有工厂及分公司，员工接近10万人，所经营的300多个品牌的产品涉及家居护理、美容美发、婴儿及家庭护理、健康护理、食品及饮料等行业，畅销160多个国家和地区。2003—2004全年销售额为514亿美元，利润额为64.8亿美元。在《财富》杂志2004年评选出的全球500家最大工业／服务业企业中，宝洁以2002—2003财政年度销售额434亿美元排名第86位。

1988年，宝洁在广州成立了在中国的第一家合资企业——广州宝洁有限公司。2004年宝洁在华投资总额已逾10亿美元，设有十几家合资、独资企业，拥有约4 000名员工。

曾经担任宝洁公司董事长的理查德·杜普利有一句名言："如果你把我们的资金、厂房及品牌留下，把我们的人带走，我们的公司会垮掉；相反，如果你拿走我们的资金、厂房及品牌，而留下我们的人，十年内我们将重建一切。"优秀的人才加上良好的培训及开明的工作环境，是宝洁成功的基础。传承了这一传统，宝洁（中国）高度重视员工的培训与发展。

内部提升制

内部提升制是宝洁文化的重要组成部分，几乎所有的经理人都是从新人做起，一步一步成长起来的。只有少数部门，如法律部、公共关系部例外，因为这些经理人很难在企业内部培养。在宝洁，基本的哲学就是告诉员工"你优秀，就提拔你"，任何人都不必担心

公司会从外面招来一个人做自己的上司。这样，就从根本上留住了优秀的员工，使得他们可以长久地为企业效力。

作为一家大型跨国公司，宝洁有足够的空间让员工描绘自己未来的职业发展蓝图。无论是技术型人才还是管理型人才，员工未来的职业发展空间都足够大。以从事人力资源管理的员工为例，最初的职位是人力资源专职管理培训生，然后升为负责培训、招聘或工资福利的助理经理，进一步则升为人力资源部某一专业领域经理，再进一步则升为分公司人力资源部经理，最后，成为人力资源部经理。市场部、财务部、信息技术部、研究开发部、产品供应部等部门的员工也都有非常清晰的职业发展路径。

内部提升制的唯一依据是员工的贡献和能力，员工的国籍并不影响提升。在1989年到2004年的15年里，在宝洁（中国）所招聘的1500多名应届毕业生（不含中专毕业的技术工人）中，已产生1位总监、18位副总监和150位高级经理。

全员、全程、全方位培训

内部提升制的确立，使得宝洁十分注重员工的培训工作。对于宝洁的每一位经理人而言，发展生意和发展部属是其两大基本职责。为了强化员工培训工作，宝洁建立了专门的“P&G学院”，由高层经理参与授课，每年大约有4 000名员工在学院接受培训。

像宝洁在其他国家的分支机构一样，宝洁（中国）注重员工和经理层的本土化，相信在不远的将来，中国员工将领导本地公司，而且在全球宝洁公司担当重任。从1989年开始，宝洁（中国）已培训出大批精明能干的本地员工。在培训中，宝洁非常重视训练员工解决问题、领导、设定优先顺序、采取行动、追踪及合作的能力。

员工培训是宝洁（中国）人力资源部最重要的工作之一。宝洁的培训项目具有全员、全程、全方位的特点，所有员工在整个职业生涯中都必须参加各种形式的培训活动，以不断提高自己的素质和技能。所有的培训项目都注重突出个性化和针对性，针对每一位员工个人的长处和待改善的地方，配合业务的需求来设计。

（案例来源：张伟钢．宝洁的新晋员工培训之道．天津WTO咨询服务中心世天网，2005-1）

任务一　制订员工培训计划

知识目标

❖ 了解员工培训计划的基本内容与制订流程；

❖ 熟悉员工培训工作的组织流程；

❖ 掌握员工培训方法和步骤。

技能目标

❖ 能够制订员工培训计划；
❖ 能够使用不同的员工培训方法；
❖ 能够完成培训全过程的组织工作。

任务引入

小张是某建筑设计公司的人力资源部刚上任的培训主管，公司刚刚去校园招聘了 15 个不同专业的毕业生，有建筑专业的，有广告设计专业的，还有管理类专业的。人力资源部总监要求小张用一个星期的时间完成这 15 个新员工的入职培训，使新员工迅速进入工作角色，顺利融入企业。

任务 1：制订新员工入职培训计划。

任务 2：组织完成整个新员工入职培训工作。

任务分析

入职培训是企业对新员工在开始工作之前所进行的培训，所以要非常明确入职培训主要针对的各项培训内容。组织完成一次培训，需要考虑培训时间、培训场所、培训师资、评估考核等因素并且能够机动调整。

知识链接

一、制订员工培训计划的方法

培训计划的制订是一个系统工作，在制订培训计划时要综合考虑各方面因素，尽可能地突出培训计划的可操作性。因此在编制员工培训计划时，要注重以下几点。

1. 培训计划制订的依据

培训计划按不同的划分标准，有不同的分类。以培训计划的时间跨度为分类标准，可将培训计划分为长期、中期和短期培训计划三种类型。按计划的层次可分为公司培训计划、部门培训计划与培训管理计划。不同层次、时期的培训计划其内容有所不同，但在制订培训计划时应先考虑制定培训计划的依据，再根据现实情况进行相应的修正。一般来说，培训计划制订依据有以下几点。

（1）以培训发展需求为依据。

（2）以企业发展规划为依据。

（3）以各部门的工作计划为依据。

（4）以可以掌控的资源为依据。

2. 培训计划的内容

一个完整的培训计划应包含培训目的、培训对象、培训课程、培训形式、培训内容、培训师资、培训时间、培训地点、考评方式、培训预算、培训出现问题时的调整方式等内容。表4-1是员工培训计划编制时必须涉及的一些基本内容。

表4-1 培训计划的内容

项　目	具体内容
培训目的	每个培训项目都要有明确目的（目标），为什么培训？要达到什么样的培训效果？怎样培训才有的放矢？培训目的要简洁，具有可操作性，最好能够衡量，这样就可以有效检查员工培训的效果，便于以后的培训评估
培训对象	哪些人是主要培训对象？这些人通常包括中高层管理员工、关键技术员工、营销员工以及业务骨干等。确定了培训对象就可以对培训对象进行分组或分类，把同样水平的员工放在一组进行培训，这样可以避免培训浪费
培训课程	培训课程一定要遵循轻重缓急的原则，分为重点培训课程、常规培训课程和临时性培训课程三类。其中重点培训课程主要是针对企业的共性问题、未来发展大计进行的培训或者是针对重点对象进行的培训
培训形式	培训形式大体可以分为内训和外训两大类，其中内训包括集中培训、在职辅导、交流讨论、个人学习等；外训包括外部短训、高校进修、专业会议交流等
培训内容	培训计划中每一个培训项目的培训内容是什么？培训内容涉及管理实践、行业发展、企业规章制度、工作流程、专项业务、企业文化等课程。对员工来说，中高层管理员工、技术员工的培训以外训、进修、交流参观等为主；而对于普通员工来说则现场培训、在职辅导、实践练习更加有效
培训讲师	讲师在培训中起举足轻重的作用，讲师分为外部讲师和内部讲师，涉及外训或者内训中关键课程以及内部讲师不能讲授的，就需要聘请外部讲师
培训时间	包括培训执行的计划期或有效期、培训计划中每一个培训项目的实施时间，以及培训计划中每一个培训项目的课时等。培训计划的时间安排应具有前瞻性，时机选择要得当，以尽量不与日常的工作相冲突为原则，同时要兼顾学员的时间

续表

项 目	具体内容
培训地点	包括每个培训项目实施的地点和实施每个培训项目时的集合地点或召集地点
考评方式	采用笔试、面试还是操作或是绩效考核等方式进行
调整方式	计划变更或调整的程序及权限范围
培训预算	包括整体计划的执行费用和每一个培训项目的执行或实施费用。预算方法很多，如根据销售收入或利润的百分比确定经费预算额或根据公司人均经费预算额计算等

3. 培训计划制订程序

任何计划的编制都要遵循一定的程序，这如同开发一种新产品一样。企业培训不能盲目进行，否则会给企业带来不必要的损失。企业培训需要有完善的计划，其计划制定程序如下。

（1）指定编制员工培训计划的人员。员工培训计划的编制是一个系统工程，应该由固定人员来协调各部门的工作。

（2）切实了解情况。进行深入调查研究，切实了解和掌握企业的情况；通过员工培训需求调查，选择培训项目。

（3）制定培训的总体目标。总体目标制定的主要依据是：企业的总体战略目标、企业人力资源的总体计划和企业培训需求分析。

（4）确定目标项目的子目标。子目标包括实施过程、时间跨度、阶段、步骤、方法、措施要求、评估方法等。

（5）分析培训资源。对培训的各子项目或阶段性目标按轻重缓急分配培训资源，以确保各项目目标都有相应的人力、物力和财力的支持。

（6）优化平衡各项指标。对培训事业的发展与师资来源进行平衡、对企业正常生产与培训需求进行平衡、对受训人员与企业职业生涯进行平衡，以及对培训投资与培训事业发展方向进行平衡。

二、培训工作的组织

1. 培训对象的选择

准确地选择培训对象，不仅能降低培训费用，而且能够大幅度提高培训效果。在选择培训对象时，应重点考虑以下这些员工。

（1）新进员工。对新进员工进行培训，可以使他们顺利地进入工作状态，有一个良

好的工作开端，更好地为企业的发展做出贡献。

（2）有能力且符合企业发展的人。他们可能是企业的技术骨干，为更新知识或发展成为复合型人才需要而进行培训；或是由于转岗的需要进行培训，以使他们担当或胜任新岗位的工作。

（3）有潜在能力的人。有潜在能力的人，具有一定的创新能力和创造力潜质。对他们进行培训，目的是进一步挖掘和激发其潜在的才能。企业往往期望他们通过培训，掌握不同的管理知识和岗位技能，让其进入更复杂、更重要或更高层次的工作岗位。

（4）有特殊需求的人。一种是指能为企业各种突发情况提供应急技能的人；另一种是指对自己有特殊需求，有很强的培训参与欲望的人。

以上是培训对象的重点来源，在具体的培训过程中，应根据企业生产经营的实际需要选择相应的培训对象。

2. 培训内容的选择

培训内容选择的合理与否，一方面会影响培训进度，另一方面则会影响到培训质量，好的培训内容和培训课程应符合以下要求。

（1）与培训目标一致。要有一种既定的、连续性的政策和计划目标，以此来避免内容设计的分散，保证培训课程的整体性。

（2）照顾多数受训员工的需求。课程内容设计应尽最大可能地提供使多数学员感兴趣的课程。

（3）可操作性强。培训要在计划好的时间内达到目标要求，就必须增强课程设计的可操作性，否则只会空对空，使一份好的培训计划落空。

（4）契合企业与员工的实际情况。培训也要计算成本收益账，那种为追时髦而设立的，对企业、员工并无实质帮助的课程应坚决删除。

（5）设计固定与机动两种课程。培训应当以员工和企业的需要为基础开设一些固定的课程为核心课，而且为了满足其新的需求和兴趣，还应开设一些可能是临时加设的机动课程，使培训课程不致沉闷。

3. 培训方法的选择

（1）讲授培训法。讲授培训法属于传统模式的培训方式，指培训师通过语言表达，系统地向受训者传授知识，期望这些受训者能记住其中的重要观念与特定知识的培训方法。

（2）研讨法。研讨法，是指由培训师有效地组织研习员工以团体的方式对工作中的课题或问题进行讨论，并得出共同的结论，由此让研习员工在讨论过程中互相交流、启发，以提高研习员工知识和能力的一种教育方法。

（3）案例研究法。案例研究法为美国哈佛管理学院所推出，目前广泛应用于从事企业管理工作的员工（特别是中层管理员工）的培训。它是指为参加培训的员工提供员工或组织如何处理棘手问题的书面描述，让员工分析和评价案例，提出解决问题的建议和方案的培训方法。目的是训练他们具有良好的决策能力，帮助他们学习如何在紧急状况下处理各类事件。

此方法针对某一具有典型性的事例进行分析和解答，应始终保持同一个主题，即“你将怎么做？”，参加者的答案必须是切实可行的和最好的。培训对象组成小组来完成对案例的分析，做出判断，提出解决问题的方法。随后，在集体讨论中发表自己小组的看法，同时听取别人的意见。讨论结束后，公布讨论结果，并由教员对培训对象进行引导分析，直至达成共识。

（4）角色扮演法。角色扮演法是指在一个模拟的工作环境中，在未经预先演练且无预定的对话剧本而表演实际遭遇的情况下，指定参加者扮演某种角色，按照其实际工作中应有的权责来担当与其实际工作类似的角色，模拟性地处理工作事务，借助角色的演练来理解角色的内容，从而提高处理各种问题的能力的培训方法。

（5）操作示范法。操作示范法是专业技能训练的通用方法，一般由部门经理或管理人员主持，由技术能手担任培训员，在现场向受训员工简单地讲授操作理论与技术规范，然后进行标准化的操作示范表演。利用演示方法把所要学的技术、程序、技巧、事实、概念或规则等呈现给员工。员工则反复模仿练习，经过一段时间的训练，操作逐渐熟练直至符合规范的程序与要求，达到运用自如的程度。

（6）头脑风暴法。头脑风暴法是一种通过会议的形式，让所有参加者在自由愉快、畅所欲言的气氛中，针对某一特殊问题，在不受任何限制的情况下，提出所有能想象到的意见，自由交换想法或点子，并以此激励与会者的创意及灵感，以产生更多创意的方法。

头脑风暴法主要用于帮助员工尝试解决问题的新措施或新办法，用以启发员工的思考能力或开阔其想象力。此方法重在集体参与，靠许多人一起努力，协作完成某项任务或解决某一问题。集体参与增加员工的团队协作精神，增强个人的自我表现能力以及口头表达能力，使员工在集体活动中变得更为积极活跃，在集体参与的过程中会有很多新的思想产生。

（7）视听教学。视听教学是指针对某一特殊议题所设计，利用现代视听技术设备（如投影仪、录像、电视、电影、电脑等工具）对员工进行培训。现在的视听教学多强调应用计算机科技，配合光碟设备以满足员工个别差异、自学步调与双向沟通的需求。

（8）企业内部计算机网络培训法。企业内部计算机网络培训法是一种新型的计算机网络信息培训方式，主要是指企业通过内部网，将文字、图片及影音文件等培训资料放在网上，形成一个网上资料馆，供员工进行课程的学习。这种方式由于具有信息量大，新知识、新观念传递优势明显的特点，更适合成人学习。因此，特别为实力雄厚的企业所青睐，也是培训发展的一个必然趋势。

（9）游戏法。游戏法是当前一种较先进的高级训练法，是指通过让员工参与到小游戏的过程中来进行培训，了解游戏的实质内容。游戏法具有更加生动、更加具体的特点。游戏的设计使员工在决策过程中会面临更多切合实际的管理矛盾，决策成功或失败的可能性同时存在，需要受训员工积极地参与训练，运用有关的管理理论与原则、决策力与判断力对游戏中所设置的种种问题进行分析研究，采取必要的有效办法去解决问题，以争取游戏的胜利。

（10）自我培训。自我培训的一般含义是自己做自己的老师，自己给自己讲课，对自己进行训练，达到教与学的统一。自我培训的根本含义是激励员工的自我学习、自我追求、自我超越的动机，这同时也能激发员工超越自我、实现自我的愿望。

要想真正实现员工的自我培训，企业必须全面做好各方面的准备，建立健全培训激励机制，从制度上对员工的自我培训进行激励。例如，对员工的技能改进、学业晋升实施奖励，对技能水平达到一定高度的员工进行晋升，通过各种形式的竞赛、活动，对员工进行确认和表扬等，都是些不错的手段。自我培训的方法很多，员工可以根据自己的实际情况具体实施。

4. 培训讲师的选择

培训讲师的选择是培训项目取得成功的关键。培训管理者应根据每个培训项目的具体需求选择德才兼备的培训讲师。培训讲师既可以在企业内部选择，又可以从企业之外进行选聘。内选和外聘的比例应依据培训的实际需求，尽可能做到内外搭配合理，相互学习、相互促进形成一个和谐高效的精英团队。

（1）选择合适的外部培训讲师。就目前国内企业的培训现状来看，企业培训师是一个新兴的职业，对个人综合素质和实战经验的资历要求极高，优秀的培训讲师还相当缺乏，企业自己的培训师就更是凤毛麟角。因此，许多企业都选择外聘培训师。那么，怎

样才能外聘到优秀的培训师呢？

① 广开门路，不拘一格。要通过各种渠道获取相关的信息，信息越多，范围越广，选择到优秀培训师的机会就越多。如：参加各种培训班，旁听高等院校专家、教授的讲座，熟人、中介服务机构和专业培训组织的介绍，还可以通过网络或者借助媒体广告联系和招聘培训师等。

② 多方考察，慎重选择。鉴于目前市场上培训师的水平参差不齐，在选择培训师时必须认真考察和评估其能力、素质。最好的办法是让培训师做一次培训试讲，从而了解其知识、经验、培训技能和个人魅力；还可以让培训师填写一份工作简历，从中了解其从事过什么工作，主持过什么培训，并且可以通过面试了解培训师对企业培训相关方面的熟悉程度，从而判断培训师的实际水平；另外，还可以要求培训师制订一份培训大纲，并从中了解其对培训目标、培训方法、培训技能等的把握。

（2）造就培养企业内部培训师。内部培训师，指的是除人力资源部之外的其他部门的兼职培训师。从中选拔聘用兼职培训师是一项具有创造力的工作，做好这项工作，将对人力资源的开发和培训具有巨大的推进作用。若比较外部培训师和内部培训师，前者的培训技能要略胜一筹，但是在业务知识和技能，包括培训的内容方面，其针对性、适用性一般小于后者。

5. 培训教材的选择

培训教材是影响培训效果的关键因素，培训主管可以通过以下途径准备和选择培训教材。

（1）提供讲义。提供有讲授要点的大纲，可以使员工集中精神听讲；准备复印资料，会使员工对讲授者的能力产生良好印象，从而有助于员工与讲授者建立良好关系进而形成学习同盟。

（2）改编教材。现实中很难找到能直接使用而无须修改的现成教材，因此应根据员工的不同需要对教材进行某些修改。

（3）自编教材。如果要进行大量培训工作或者希望自编高质量的教材，就要到高等院校收集相关资料，请教专业人员，把资料、想法和经验转变成具体的教材。

（4）制作幻灯片或透明胶片。幻灯片是现今培训资料的常用形式，采用幻灯片、透明胶片等多媒体工具，可以丰富培训方法，提升员工的接受效果，从而提高培训成效。

（5）提供参考资料。准备一份参考资料书目，在其中标明主要文章或参考书，方便

员工的查找与参考使用。

6. 培训地点的选择

选择和布置一个适宜的培训环境是提高培训效果的内在要求。培训主管在选择和布置培训地点的时候，应该考虑以下方面。

（1）能容纳全部学员与有关设施的足够大的面积。

（2）培训讲师的工作区是否有足够大的面积放置材料与其他器材。

（3）避免后排的人看不清屏幕。

（4）检查休息室与卫生间等服务设施。

（5）场地不宜过大或过小，否则将会影响培训气氛。

通常将选择与布置的要求事先明确通知提供场所者，随后要实地检查，这是保证场所环境符合要求的一个必要措施。

三、培训效果的评价

如何划分培训类型并不重要，关键在于要使培训具有成效，为此要进行培训效果的评估。

1. 培训效果与培训评估的含义

培训效果是指企业和受训者从培训当中获得的收益。对于企业来讲，培训效果是因为进行了培训而获得的绩效和经济效益的提升；对于受训者来讲，培训效果则是通过培训学到的各种新知识和技能，培训所带来的绩效的提高以及获得担任更高岗位的能力。

培训评估是一个系统的收集有关人力资源开发项目的描述性和评判性信息的过程，其目的是有利于帮助企业在选择、调整各种培训活动以及判断其价值的时候做出更明智的决策。培训评估是一个完整的培训流程的最后环节，它既是对整个培训活动实施成效的评价和总结，同时评估结果又是后续培训活动的重要凭证，为下一个培训活动培训需求的确定和培训项目的调整提供重要的依据。

2. 培训评估的模型

美国威斯康星大学教授柯克帕特里克于1959年提出的培训效果评估的四层次模型是最有影响力的，它是被全球职业经理人广泛采用的模型。该模型认为评估培训效果，必

须回答四个方面的问题，从四个层次分别进行评估，即受训者的反应（受训者满意程度）、学习（知识、技能、态度、行为方式方面的收获）、行为（工作中行为的改进）、结果（受训者获得的经营业绩）对组织的影响。

反应评估是指参与者对培训项目的评价，如培训材料、培训师、设备、方法等。受训者反应是培训设计需要考虑的重要因素。

学习评估是测量原理、事实、技术和技能获取程度。评估方法包括纸笔测试、技能练习与工作模拟等。

行为评估是测量在培训项目中所学习的技能和知识的转化程度，受训者的工作行为有没有得到改善。这方面的评估可以通过参与者的上级、下属、同事和参与者本人对参与者接受培训前后的行为变化进行评价。

结果评估是在组织层面上绩效是否改善的评估，如节省成本、工作结果改变和质量改变。

柯克帕特里克的培训评估模型见表 4-2。

表 4-2　柯克帕特里克的培训评估模型

评估层次	内　容	可询问的问题	衡量方法
反应层	观察学员的反应	• 学员喜欢该培训课程吗？ • 课程对学员有用吗？ • 对培训师及培训设施等有何意见？ • 课堂反应是否积极主动	问卷、评估调查表填写、评估访谈
学习层	检查学员的学习结果	• 学员在培训项目中学到了什么？ • 培训前后，学员知识、技能等方面有多大程度的提高	评估调查表填写、笔试、绩效考试、案例研究
行为层	衡量培训前后的工作表现	• 学员在学习基础上有无改变行为？ • 学员在工作中是否用到培训所学的知识、技能	由上级、同事、客户、下属进行绩效考核、测试、观察和绩效记录
结果层	衡量公司经营业绩变化	• 行为改变对企业的影响是否积极？ • 企业是否因培训而经营得更好	考察事故率、生产率、流动率、士气

总之，培训的安排不能搞形式主义，培训后的考核、评估都是必要的配合手段，而且评估要与企业的人力资源开发相关联，为人力资源的含量分析提供量化依据。

四、培训与实践安排

无论采用演示培训、传递培训还是团队建设培训，在受训者获得技能、理念上的进步之后，需要用实践来巩固，通过实践使培训成果在生产、管理、开发中得到体现。经过一段时间，行为习惯固定之后，培训才真正达到了目的。

培训与实践的关系，本身就体现在实践对培训的需求上，原始动机就是因为实际工作中存在瓶颈，需要通过培训加以改善。那些针对个体行为提升方面的培训，实践配合比较容易安排，其实际工作内容在培训前后的变动不大。一些进行团队建设、角色扮演的培训，往往需要在调整工作后才有实践的机会。一些公司在轮换工作方面有很好的安排，可以为员工创造出各种表现和发展的机会，经过数个岗位之后，使员工真正理解公司的整体运作，建立起多方面的人际关系。

培训有两个根本的意义，一是为企业培训出合格的生产、管理或开发人员；二是提升员工的工作能力，使个人有所发展。实践应该说是培训的延伸而不是终结。

思考与讨论

1. 你会通过什么方法去调查员工的培训需求？
2. 你在准备培训工具时主要考虑哪些因素？
3. 你认为受训员工在进行讨论准备时应该做好哪些工作？

实训题

1. 制订一份员工培训计划。
2. 制订一份培训效果反馈表。

案例分析

企业培训如何做

小王来到了远在郊区的鸿达洁具公司的销售部，粗略打量下四周，公司面积约 $200m^2$，组织架构图中所罗列的部门却达15个之多，与销售相关的部门就有销售中心、营销中心、

市场开发部、售后服务部。人力资源部林经理向小王简单介绍后大家就进入了主题。

林经理说："我们的要求很简单，因为明天公司各个办事处的业务经理、业务员都要回公司参加三天的产品知识培训，所以我们希望能够利用一个上午的时间，对他们进行一次系统的销售技能培训，让他们在公司培训完以后，回到办事处，将所培训的内容灵活运用，真正解决工作中的难题。"

小王一听，笑了笑说："林经理，恕我说话冒昧，我做培训这么长时间以来，还没遇见过像您这样急切对待培训的，培训不是简单的照本宣科，将一些文字性、书本性的东西说出来就算了的，培训必须根据您公司销售人员的实际情况、产品的销售性质、销售工作中碰到的具体问题等有针对性地制订和实施。再者一个上午的培训是如何也系统不起来的，我想先了解一下明天参加培训的销售人员的基本资料、公司的业务性质、售后服务跟踪资料，还有您公司的基本情况。"

林经理有些尴尬，说："公司办事处分布在各地，所以我对销售人员的情况也不熟，相应的客户投诉等资料也没有。"

小王想了想，说："我先写一个培训纲要给你，培训的日期能不能往后推迟一天，我想尽可能地依照公司的实际情况来安排这次培训课。"林经理："培训日期不可以改，因为都已安排好了。"

小王没再说什么，15 分钟后，小王将培训纲要交到了林经理手上，培训纲要上的内容分两大块。

1. 如何开发新市场

主要含以下内容：业务员的基本素质培养；如何寻找目标客户；如何接近目标客户；让你的客户喜欢你；管理好你的客户；促成缔结的几要素；从拒绝中寻找新商机。

2. 关系营销

主要含以下内容：先将做人的方式推销出去；四字法宝：勤、精、忠、诚；服务好20%的客户，稳定80%的销量；客户关系管理。

小王在旁解释："培训课总共 3 小时，分两节进行，中途休息 20 分钟，最后会有 20 分钟自由讨论，课内会结合案例分析、现场讨论、小游戏等。"

看得出来，林经理对小王这样的安排很满意，连说："按你说的办，按你说的办。"小王忍不住再次提醒他："这样的培训课并没有太大的意义，如果公司真的重视培训，那么最好能有系统的培训计划，让培训与管理结合起来。"

第二天按约定，8 点钟小王准时到了该公司，9 点半时参加培训的人员还没到齐，10 点过 10 分时，培训课正式开始，来自东莞、广州、深圳三个办事处的销售人员坐了满满

一会议室，课堂上大家反应热烈，在联系一些实际案例进行分析时，大家纷纷举手参与，培训课很成功，课后林经理再三要求下午继续安排培训课，小王婉拒了。

分析：

1. 企业决定开展员工培训时应该考虑什么因素？
2. 培训是作为一门独立的工作还是应该和日常管理密切联系？
3. 从企业外部请来培训师真有这么好吗？

任务二 制订人才储备和晋升制度

知识目标

❖ 了解企业人才储备工作的重要作用；
❖ 熟悉员工储备、晋升与调动的基本操作；
❖ 掌握企业人才储备制度的基本内容。

技能目标

❖ 能够依据企业要求选拔储备人才；
❖ 能够制订人才储备和晋升制度；
❖ 能够进行员工储备、晋升与调动的基本操作。

任务引入

有一家IT公司，目前200余人，公司主要从事IC研发、方案提供及代理销售。近几年发展非常快，公司的总监们也非常重视人力资源的发展，前几天遇到了这样的问题。

公司目前是“一个萝卜一个坑”，每个人的工作量都比较饱和，而且存在一定的不可替代性。目前很多优秀的员工都是公司从刚毕业的学生培养起的，培养一两年能在工作中游刃有余的时候就跑到竞争对手那里去了，所以是在给对手培养人才。虽然公司去年在校园招聘了一批优秀毕业生，但培养起来太慢，不能满足现在的人才需求；公司培养了两三年的一位主管，现在要走，却没有人能接替他的工作，导致这个职位现在需要急招，但人力资源部却很难立即补充到合适的人员。

任务 1：储备人才如何选拔并实施培养？

任务 2：如何防止人才流失？

任务分析

公司需要强大的人力资源来解决人才问题以及后续发展中的问题。如何为企业将来储备好人才是人力资源主管必须思考的一个问题。要做好此项工作，首先是选拔人才，在选拔之前又必须考虑人才培养和使用制度。

知识链接

一、战略性人才储备

人力资本是企业最重要的资产。正是基于这种考虑和认识，企业高层开始把人力资源管理放到了战略的高度。

所谓战略性人才储备，是指根据企业发展战略，通过有预见性的人才招聘、培训和岗位培养锻炼，使得人才数量和结构能够满足企业扩张的要求。一个企业的管理层明显感到在用人上捉襟见肘、顾此失彼，企业发展后劲不足，发展速度趋于下降，其原因就在于缺乏战略性人才储备，以致人才不能满足企业发展的需要，人力资源与企业发展脱节。人才储备不足，轻则会减慢企业发展速度，重则可能被企业自己的快速成长拖垮。

由此可见，战略性人才储备是为企业的长远发展战略服务的，它建立在企业发展战略的基础上，以企业战略为指导，同时又是构成企业战略的重要组成部分。

二、如何进行企业人才储备

1. 储备人才的选拔

（1）严进严出的原则。储备人才是为自己的企业培养备用人才，因此一定要在入口上严格把关，保证最后录用的人能满足企业的用人要求。关于入口有的人认为可以宽进，虽然入口的宽进原则会让更多的人了解企业，会在最后的选用上有更多的选择和比较，但是实践证明是存在弊端的，而且弊大于利。一方面培养后没能进公司的人会带来负面的影响，这些负面的影响不利于公司品牌形象；同时从培养的角度来看，也是人力、物力、财力的巨大浪费。所以，在储备人才的选拔上应该坚持严进严出的原则。

（2）德才兼备的标准。储备人才要满足公司用人的技能要求，因此在储备人才的选拔上，一定要注重专业的素养和潜质，但这只是最基本的要求，因为在企业里不是一个人工作，而是一个团队工作。企业注重的不仅仅是个人的绩效，更是团队绩效，如果一个人个人专业能力非常强，但是不能融入到团队中，或者对于团队有负面的影响，那么这种人能力再强，企业也不能选用，因为他会让团队的绩效降低。所以，储备人才的选用标准首先是德，然后是才，这样才能保证企业的用人目标——绩效导向而非能力导向。

2. 储备人才的培养

（1）全面培养的原则。储备人才若要满足企业的用人要求，需要具备岗位胜任能力。企业需要的人是企业人、职业人、专业人三者的统一。要求企业人认同公司文化，能够融入公司环境；要求职业人具有职业的态度、职业的操守、职业的工作方法等；要求专业人在专业技能上能胜任岗位的要求。

（2）按照岗位要求进行培养。根据企业岗位用人要求，进行培养项目的设计，采用多种方式培养所需要的人才。企业人的角色可以通过宣导、授课、工作环境模拟等方式实现；职业人要通过授课与和管理相结合等方式来实现；专业人通过学习、实际训练、工作场景模拟等方式实现。

3. 储备人才的管理

（1）划分组织单元进行管理。为了便于管理，需要将学员分成一个个组织单元进行管理，每20～30人为一个组织单元，组织单元下可以再设更小的组织单元，具体的形式可以是项目组的管理形式，可以是部队的管理形式，也可以是班级的管理形式。

（2）让学员进行自我管理。真正地实现学员的自我管理，由企业制定相关的管理规范和准则，然后由组织单元中的相关管理人员进行管理。采用企业的真实管理形式，不是虚拟的组织结构，相关的管理人员切实地履行自己的管理职责。一方面解决自我管理与发展的问题；另一方面是在学员中锻炼并培养一批未来的管理者。

（3）真实的环境再现。培养学员的过程，是一个真实的环境体验的过程，训练项目、组织架构、工作压力、考核评估、学习发展等都按照企业真实的情况进行，培养出来的人才是能为企业工作的人。

（4）既要培养专业人才，又要培养管理人才。对于受训人员，一方面要培养他们的专业技能；另一方面对于在组织单元中进行管理工作的人员，同样按照企业对管理人员培养的模式进行培养，以使其更好地对所在的组织单元进行管理，同时为企业培养未来

的管理者。对这些人可以在培养专业技能之外，进行教练式的培训，除了能达到培养的目的，还可以发现并解决一些储备人才的管理问题。

4. 储备人才的评估

（1）按照企业人、职业人、专业人三个维度进行评估。从这三个维度对储备人才进行评估，每个维度设定一些关键指标。企业人为认同企业文化、宣导企业文化等；职业人为敬业、执行、分享等；专业人为知识、技能、绩效等。可以根据公司的岗位要求来设定，也可以针对特定人群的特定要求来设定，比如针对“80后”的易变化、易放弃等特点设定。

（2）采用学员评估和企业评估相结合的方式。企业制订评估指标和考核办法，由学员自己按照相应的组织单元进行评估（与企业真实的评估一样），最后企业的相关负责人对评估的结果进行核定，并对评估结果有最终决定权。这样可以更好地发挥学员中管理人员的积极性，也能让他们感受到真正的企业管理方法，而企业相关负责人的最终决定权是为了防止学员评估过程中出现的方法不得当及私人关系问题。

（3）选拔合适的人。企业要求绩效，所以考核结果是要应用的，即企业最后选用的是考核结果好，能胜任岗位要求的人；对那些考核结果不好，不能胜任企业要求的人，企业是不予录用的。

三、制订人才储备和晋升制度

制订人才储备与晋升制度，是企业进行人才储备工作的关键。人才储备与晋升制度一般包含以下基本内容。

（1）公司储备干部的目的。

（2）公司对于储备干部的界定。

（3）储备干部具备的条件。

（4）储备干部的选取。

（5）储备干部的职业规划。

（6）储备干部的发展培训。因储备干部自身经验和能力距职位要求存在一定的差距，要想做到人适其岗、岗得其才、人岗相适，就必须对储备干部进行系统性、连续性、全面性的培训和教育。

（7）储备干部的考核评估。储备干部在整个见习期内要经过一系列的严格考核和评估，只有考核评估结果达到晋升标准方能给予转正和晋升。

（8）储备干部岗位变动规定。

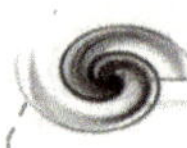

思考与讨论

1．人才储备对企业的重要性表现在哪些方面？

2．储备人才培养与日常企业培训如何融合？

3．储备人才与非储备人才的人际关系处理有什么特殊性？

实训题

1．制订人才储备与晋升制度。

2．制订储备人才能力评估表。

案例分析1

联合利华的管理培训生制度

联合利华以独特的管理发展和商业教育计划而闻名，其每年都会在知名高校应届毕业生中选择少量的管理培训生加盟管理培训生计划，招聘的具体步骤为：在线申请、笔试、面试和最终评估。具体做法如下。

首先，人力资源部将考察网上申请表，给每一项指标打分，包括学习成绩、奖学金情况、社会实践等，根据总分进行筛选。

其次，对通过初步筛选的申请者进行书面测试，包括考察语言、数理逻辑等；然后是举行首轮面试，主要采用面谈的方式。公司资深的高级经理人担当主考官，他们根据联合利华出众才能模型的每个层次的要求，评估应试者。

最后还有第二轮面试，采用“评估中心”的方式，考官是公司董事会成员，整个过程包括案例分析、小组讨论和一对一面试。

招聘到了满意的培训生后，接着就是让其参加管理培训生计划。联合利华的管理培训生计划由职业规划、指导、发展和经验分享等四个方面组成，既有不同部门的工作轮换，也有同一部门的工作轮岗，以公司管理培训为主，网上在线培训和海外培训为辅，通过对商业知识和一般技能、专业技能及领导力等方面的培训来提高管理培训生的综合素质。在刚开始的18个月中，公司为每个管理培训生量身定制一个发展计划，通过不同岗位的轮换、专业的培训课程以及资深经理的工作指导和个人辅导等，使管理培训生完全融

入公司文化和其所在的部门工作中，并为自己职业生涯的继续发展奠定一个扎实的基础。

在培养管理培训生的过程中，联合利华公司会指定一个负责人帮他制定个人前程规划，一个直属经理负责具体培训和制作专门的培训课程，一个年轻经理作为合作伙伴。在联合利华的管理培训生制度下，管理培训生还可以充分利用公司内部网，获得更多信息，同时，在3年中，最具潜质的管理培训生还有6个月海外培训机会，参与联合利华国际业务。当然，进入了管理培训生行列并不意味着从此就可以“高枕无忧”了，联合利华管理培训生计划实行“晋升或出局”的原则，3年内表现良好的将有机会被提升为经理人，否则就有被淘汰的可能。

分析：

联合利华的管理培训生制度给我们的启示。

案例分析 2

蒙牛的晋升制度化

蒙牛非常重视梯队化人才队伍的建设和培养，以保证人力资源体系的安全和稳定，任何岗位有了空缺，都能有合适的接班人顺利接手。在蒙牛，几乎所有中层以上干部都有“接班人”。一般来说每个岗位的接班人有2~3个，其中两个在蒙牛企业内部，已经确定且告诉本人，另外一个是不确定的，准备“空降”。而且，“是否培养了接班人”这也是蒙牛管理者的重要考核指标之一。

但是什么样的人才能获得晋升，在蒙牛并不是领导一个人说了算，想提拔谁就提拔谁。蒙牛有着标准的晋升流程，严格的、完善的评价体系以及全面的培养制度，已经形成了一套制度化的方法。

1. 晋升前的培养

蒙牛的晋升人员在正式上岗前，必须接受相应的培训，这个培训是晋升的前提和通行证，不管你的能力有多强，如果拿不到培训结业证书，就没有晋升的机会。

在蒙牛商学院，人员培训分成七个阶梯，每一阶梯的员工要上哪些培训课程都有严格的规定。例如，当员工的绩效排在前几名的时候，他就成为了公司的骨干。骨干有资格去参加一门课程，叫主管培训。主管培训需要五天时间，培训完后，要参加结业考试，拿到证书的人才具备晋升的资格。而主管升为经理需要经过18天的培训，培训完后同样也要参加考试。

2. 人才评价

当然，接受过培训的人也不一定就能成功晋升，还必须通过蒙牛的人才评价系统的

考核，看他有没有能力胜任新的职位。蒙牛的人才评价体系主要有五个指标，这是蒙牛考核一个人是否具备晋升资格的重要标准。第一，最重要的指标就是绩效，只有绩效优秀的人才能获得晋升，这是硬条件；第二，评估晋升者是否符合岗位说明书的要求；第三，评估晋升者是否符合该岗位的胜任力模型；第四，EQ、IQ等心理测评；第五，应聘人员是否适应具体流程的要求。蒙牛人力资源部主要利用这五个指标对人才进行综合的测评，测评结果优秀者才可以获得晋升的机会。

3. 实践锻炼

接受了培训，通过了人才评价系统的考核，就证明此人具备了晋升到新职位的能力，这时他就成为了“候补队员”，等有职位空缺，他就可以顺补。但是，这些人还要经过实践的培养和锻炼。根据他是专业人才还是复合型人才，蒙牛有两条不同的培养之路。

专业人才的培养方式就是挂职锻炼。在蒙牛任何一个职位都有助理岗位，有总经理助理、副总经理助理、总监助理，这个助理不是秘书，助理岗位的设置就是为了培养梯队人才，给这些人一个锻炼的机会，接触他们即将升任的工作，为顺畅交接做好准备。但是，在这个阶段，挂职人的工资是不变的。

复合型人才的培养方式是轮岗。蒙牛挑选几个有潜力的好苗子，提供给他们在各个岗位锻炼的机会，让他们轮岗，可能在人力资源部工作半年，在财务部工作三个月，在技术、生产等部门工作三个月，让他们充分了解各个岗位的流程、工作方法，这些人未来就可以培养成复合型的干部。

整个蒙牛有七阶人力资源的晋升体系，每一阶都要对他们进行理论培训，人才测评以及实践锻炼，整个过程已经成为一个制度化的流程。通过这一流程，蒙牛能够全面地考察每一位晋升者，而且能保证晋升的有效性。

（案例来源：刘钢. 蒙牛的人力资源管理与企业文化. 深圳：海天出版社，2007）

分析：

结合蒙牛的案例，简要分析企业应该如何储备人才、培养人才。

任务三 制订员工职业生涯规划

知识目标

❖ 了解企业员工职业生涯规划的重要作用；

- 熟悉员工职业通道选择的原则；
- 掌握职业生涯规划的制订步骤及方法。

技能目标

- 能够进行自我分析；
- 能够对职业通道进行选择；
- 能够制订完整的员工职业生涯规划。

任务引入

刘迪三年前毕业于某著名大学，除具备计算机专业知识外还写得一手漂亮的文章，他认为自己很清楚人生应该做的事，对自己想过的优雅、浪漫和尊贵的生活方式也拟订了具体的目标。但刘迪毕业三年后换了三四家公司，做过秘书、编辑等，都不能实现自己的生活目标，因此感觉气馁。

任务 1：刘迪需要做的是自我分析，自我分析应该包含哪些方面？

任务 2：如果你是刘迪现在公司的人力资源部经理，你将对他采取什么措施？

任务分析

不管从员工个人自身角度，还是企业人力资源管理角度，员工职业生涯规划都非常重要。刘迪出现职业困惑，主要是对自我分析不清，职业定位不明确。因此作为人力资源主管，必须在平时就注意引导员工进行职业生涯规划，并使之与企业发展目标一致。

知识链接

一、员工职业生涯规划的概念

职业生涯又称职业计划、职业发展，始于 20 世纪 60 年代，90 年代中期从欧美传入中国，最早对职业生涯系统进行研究的是美国麻省理工学院的施恩教授。职业生涯是指一个人一生的工作经历，特别是职业、职位的变迁及工作理想的实现过程。职业发展是人力资源管理的一项重要活动，它与工作分析、人力资源计划、招聘与选拔、绩效评估、培训等有着密切的联系。

企业应根据既定的经营方针和发展战略，预测并做出未来可能存在的岗位以及这些岗位所需的技能类型的规划，实施岗位分析和比较详尽的岗位描述，通过企业网站、局域网、企业报等载体及时向全体员工发布岗位信息，包括员工所在企业的岗位设置的详细情况、人员变动及近期有可能空缺的职位、各种不同岗位的报酬情况、企业的建议，特别是职业生涯发展的建议途径或必要途径，使员工能够了解到更多的有关个人职业生涯机遇的信息。员工职业生涯规划基本内容，可参考表4-3所列的员工职业发展规划简表。

表4-3　员工职业发展规划简表

<table>
<tr><td>工号</td><td></td><td>姓名</td><td></td><td>性别</td><td></td><td>现工作岗位</td><td></td></tr>
<tr><td>学历</td><td></td><td>专业</td><td></td><td>职称</td><td></td><td>职业资格及等级</td><td></td></tr>
<tr><td>职业经历</td><td colspan="7"></td></tr>
<tr><td>职业目标</td><td colspan="3">一年：</td><td colspan="2">三年：</td><td colspan="2">五年：</td></tr>
<tr><td>综合能力自述</td><td colspan="3"></td><td>综合能力评价</td><td colspan="3">直接主管领导：　　年　月　日</td></tr>
<tr><td colspan="8">能力提升计划</td></tr>
<tr><td rowspan="4">培训计划</td><td colspan="2">计划培训项目</td><td colspan="2">计划培训时间</td><td colspan="3">预期培训目的</td></tr>
<tr><td colspan="2"></td><td colspan="2"></td><td colspan="3"></td></tr>
<tr><td colspan="2"></td><td colspan="2"></td><td colspan="3"></td></tr>
<tr><td colspan="2"></td><td colspan="2"></td><td colspan="3"></td></tr>
<tr><td rowspan="3">轮岗</td><td colspan="4">岗位：</td><td colspan="3">时间：</td></tr>
<tr><td colspan="4">岗位：</td><td colspan="3">时间：</td></tr>
<tr><td colspan="4">岗位：</td><td colspan="3">时间：</td></tr>
<tr><td>规划审核</td><td colspan="7">直接主管领导：　　年　月　日</td></tr>
</table>

二、员工职业生涯路径

职业生涯发展体现了一个人在机遇面前所选择的不同发展路径，这些路径类型如下所示。

1. 传统路径

传统路径是指员工在一个层级组织中经过不断努力，从下向上纵向发展的一条路径。必须看到，由于兼并、重组、收缩、组织再造等行为的日趋增多，管理层的数目正在大

量地减少，这使纵向发展的机会大大减少。

2．网络路径

网络路径是指员工在纵向层级和横向岗位上都具有发展机会。在这条路径上发展的人或组织认为，一个人如果在纵向晋升的过程中能够多一些横向的工作经历，将有助于员工的成长。由于比传统路径有更多的发展机会，因此也减少了路径堵塞的可能性和由此所带来的失落感。

3．横向技术路径

横向技术路径是指员工通过努力不断地拓宽专业技术知识，可以促使员工在不同的工作领域经受锻炼，可以调动员工不断创新的积极性，最终提升自己在组织中的价值。

4．双重职业路径

双重职业路径是指组织通过设计技术发展路径让那些有一技之长的技术专家能够专心于技术贡献，而让那些有管理能力的人走传统的升迁和发展路径。双重职业路径的优点在于避免了从合格的技术专家中选拔出不合格的管理者，使那些具有高技能的技术人员和管理者都能沿着各自不同的路径发展。

三、员工职业生涯规划的步骤

职业生涯规划的目的是帮助员工真正了解自己，并且在进一步详细衡量内在与外在环境的优势、限制的基础上，为员工设计出合理且可行的职业生涯发展目标，协助员工达到和实现个人目标的同时实现组织目标。职业生涯是一个逐步展开的过程，它能够促进员工学习新的知识、掌握新的技能、养成良好的工作态度和工作行为。

职业生涯规划一般经过以下四个步骤。

1．对员工进行分析与定位

（1）员工个人评估。职业生涯规划的过程是从员工对自己的能力、兴趣、职业生涯需要及其目标的评估开始的。个人评估的重点是分析自己的条件，特别是个人的性格、兴趣、特长与需求等，至少应考虑性格与职业的匹配、兴趣与职业的匹配以及特长与职业的匹配。个人评估是职业生涯规划的基础，直接关系到员工职业成功与否。个人评估可采取多种方法，同时也可以应用相关的计算机软件。

（2）组织对员工的评估。组织对员工的评估是为了确定员工的职业生涯目标是否现

实。企业可以通过获取员工基本信息，利用当前的工作情况，包括绩效评估结果、晋升记录以及参加各种培训的情况等，结合个人评估的结果对员工的能力和潜力进行评估。目前，许多国际著名的公司都建立或使用评估中心来直接测评员工将来从事某种职业的潜力。

（3）环境分析。人是社会的人，任何一个人都不可能离群索居，必须生活在一定的环境中。环境为每个人提供了活动的空间、发展的条件、成功的机遇。环境分析主要是通过对组织环境、社会环境、经济环境等有关问题的分析与探讨，弄清环境对职业发展的作用、影响及要求，以便更好地进行职业选择与职业目标规划。

2. 帮助员工确立职业生涯目标

职业发展必须有明确的方向与目标，目标的选择是职业发展的关键，主要包括职业选择和职业生涯路线的选择两个方面的内容。职业选择是事业发展的起点，选择正确与否，直接关系到事业的成败。组织应开展必要的职业指导活动，通过对员工的分析与组织岗位的分析，为员工选择适合的职业岗位。职业生涯路线是指一个人选定职业后从什么方向上实现自己的职业目标，是向专业技术方向发展，还是向行政管理方向发展。发展方向不同，要求也就不同。因此，生涯路线选择也是人生发展的重要环节之一。生涯路线选择的重点是组织通过对生涯路线的选择要素的分析，帮助员工确定生涯路线。值得注意的是，组织帮助员工设立的职业生涯目标可以是多层次、分阶段的，这样既可以使员工保持开放灵活的心境，又可以保持员工的相对稳定性，提高工作效率。

3. 帮助员工制定职业生涯策略

职业生涯策略是指为实现职业目标而采取的各种行动和措施。企业应该在企业战略目标的指导下为员工提供各种职业发展的条件。

4. 职业生涯规划的评估与修正

由于种种原因，最初组织为员工制订的职业目标往往都是比较抽象的，有时甚至是错误的。因此，经过一段时间的工作以后，企业有意识地回顾员工的工作表现，检验员工的职业定位与职业方向是否合适。这样，在实施职业生涯规划的过程中评估现有的职业生涯规划，组织就可以修正对员工的认识与判断，通过反馈与修正，纠正最终职业目标与分阶段职业目标的偏差，同时，通过评估与修正还可以极大增强员工实现职业目标的信心。

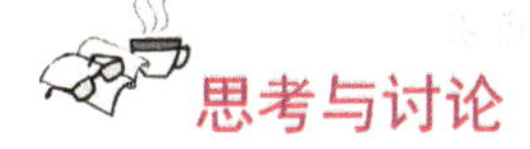

思考与讨论

1. 简述员工职业生涯规划的重要性。
2. 评估自己现在的各方面条件。

实训题

1. 请描述自己的职业发展通道。
2. 为自己设计一份职业生涯规划。

案例分析

员工为什么离职

浙江某科技公司，经过十余年的发展，在国内市场已经处于领先地位，公司员工由创业时的十几人发展到近千人。然而，其华南区分公司的业务却始终不尽如人意，在一年时间里，华南分公司已有数位高管相继离职。

对此，总公司十分不解。在公司总部，人员规模一直在增加，公司员工队伍却十分稳定。总公司特意派人飞赴广州，在一番考察之后，却并未发现华南分公司在公司架构、工作流程与销售渠道上存在任何不妥，那么究竟是什么原因使该公司面临如此严重的人力资源危机呢?

原来，在这家公司创业初期，无论是技术人员还是市场销售人员，面对的都是一个全新的事物，但公司的骨干员工却是相关行业的精英人士，他们是在认同产品市场前景、对个人的职业发展有明确方向的情况下加入该公司的；虽然一般的员工面对一个全新的产品无成熟案例可循，但是该公司十分注重对员工的培训发展规划，使员工在企业中有足够的职业发展空间。尽管当时该公司薪水与相关行业相比处于中下水平，但由于员工职业规划与企业发展目标一致，员工对公司有强烈的归属感和认同感，所以员工一直保持创业初期的昂扬斗志。

而该公司华南区情况就大不相同了。一方面同类产品已得到了充分的市场认可，产品市场已有多家企业进入；另一方面，新员工要么冲着该公司的名气和薪资而来，要么对这个行业缺乏了解。显然，他们中的大多数人都不明白自己在该企业的发展方向，自

然也不会有明确的职业目标，在经历一些挫折后，部分员工选择了离开。

分析：

1. 该公司华南区员工为什么大量离职？
2. 员工职业生涯规划设计应该注意哪些因素？

激励并考核员工绩效

通用电气（中国）公司的考核秘笈

把简单的事情做好才是又“红”又“专”。

通用电气公司（GE）名列全球五百强第一位，它完善的管理、辉煌的业绩使其得到全球范围的尊敬，被评为世界超级 100 家公司首位（《福布斯》1998，1999，2000）；通用电气公司原总裁韦尔奇被评为“世纪经理人”。

通用公司这艘企业界航空母舰的管理之道，一直被人们奉为管理学的经典之作，而通用的考核制度则是其管理典籍中的重要篇章，从通用（中国）公司的考核制度可以发现通用考核秘笈的重点所在。

通用电气（中国）公司的考核内容包括“红”和“专”两部分，“专”是工作业绩，指其硬性考核部分；“红”是考核软性的东西，主要是考核价值观。这两个方面综合的结果就是考核的最终结果，可以用二维坐标来表示，如图 5-1 所示。

员工的综合考核结果在二维表中不同区域时的处理：

（1）如果员工的综合考核结果是在第 I 区域，即业绩考核与价值观考核都优秀，那他（她）就是公司的优秀员工，将会有晋升、加薪等发展的机会。

（2）如果员工的综合考核结果是在第 II 区域，即业绩好但价值观考核一般时，员工就不再受到公司的保护，公司会请他走。

（3）综合考核结果在第 III 区域，即业绩一般但价值观考核良好时，公司会保护员工，给员工第二次机会，包括换岗、培训等，根据考核结果制订一个提高完善的计划，3 个月后再根据提高计划考核一次。在这3个月内员工必须提高和完善自己、达到目标计划的要求。如果3个月后的考核不合格，员工必须走人。当然这种情况比较少，因为人力资源部在招聘时已经对员工做过测评，对员工有一定的把握与了解，能够加入通用公司的都是比较优秀的。

（4）当员工的综合考核结果是在第IV区域时，即价值观和工作业绩都不好时，处理非常简单，这种员工只能离开。

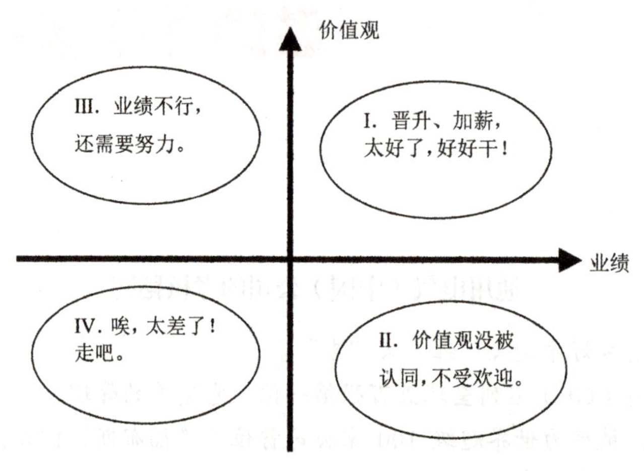

图 5-1　业绩—价值观考核图

考核采用全年的过程考核与年终考核结合，贯穿在工作的全年，对员工的表现给予及时的反馈，在员工表现好时及时给予表扬肯定，表现不好时及时与其沟通。

这就是通用的考核秘笈！

（案例来源：通用电气（中国）公司的考核管理秘笈．民营经济报，2006-07-13）

任务一　制订员工激励方案

知识目标

❖ 了解激励的作用；
❖ 理解激励的过程；
❖ 掌握激励的类型和方法。

技能目标

❖ 能够运用激励方法有效激励员工。

任务引入

尖端公司是一家生产软件的公司，是由一群大学毕业生创立的。在创业初期，大家志同道合、不怕苦、不怕累，从早到晚拼命干。公司发展迅速，几年之后，员工由原来的几个人发展到十几人再发展到几百人，业务收入由原来的每月十几万元发展到每月上千万元。因为扩展过快，公司更多地注重业务的发展，管理制度并没有随之完善。与此同时，公司领导明显感觉到，员工的工作积极性越来越低，离职率也逐年增加。

随着软件市场竞争越来越激烈，尖端公司的老总意识到员工较低的工作效率和较高的离职率会影响公司的发展，于是召开高层会议，希望能够扭转公司当前不稳定的状况，稳定军心。在会议上，各高层各抒己见，但大家都同意一个观点，就是通过高薪来留住和激励员工，他们相信：重赏之下必有勇夫。公司老总也想，公司发展了，确实应该考虑提高员工的待遇，一方面是对老员工为公司辛勤工作的回报，另一方面是吸引高素质人才加盟公司的需要。于是，尖端公司重新制订了报酬制度，大幅度提高了员工的工资，并且对办公环境进行了重新装修。

高薪的效果立竿见影，尖端公司很快就吸引了大批有才华、有能力的人。一时间所有的员工都很满意，大家热情高、工作积极，公司发展势头也逐步高升。但好景不长，不到半年，公司的状况又回到了从前。

尖端公司的高工资没有换来员工工作的可持续的高效率，公司领导陷入两难的困惑境地，既苦恼又彷徨不知所措。到底该如何提高员工的积极性呢？

任务：分析尖端公司高薪激励方案失效的原因，并为尖端公司制订一个新的激励方案。

任务分析

传统观念一直认为，高薪水能够带来高效率，但是上面的案例说明，高薪的激励作用是快速的，但也是短暂的，那么，如何才能使员工受到的激励是长期的呢？除了高薪，企业还应该如何激励员工呢？要回答这些问题，必须具备以下知识：激励的概念和激励的本质；激励理论与激励的基本原则；常用的激励手段等。

知识链接

一、激励概述

在管理工作中，一般把“激励”定义为调动人们积极性的过程。学者对激励的定义有很多，目前较为普遍的定义是：激励是激发人的行为动机并使之完成组织特定的目标的过程。

一个人的行为必然受到外界的推动力或吸引力的影响，并将这种影响转化为自身的一种内在动力，由消极的“要我做”转变为主动的“我要做”。图5-2表明了激励中自身动力与外部动力之间的关系。

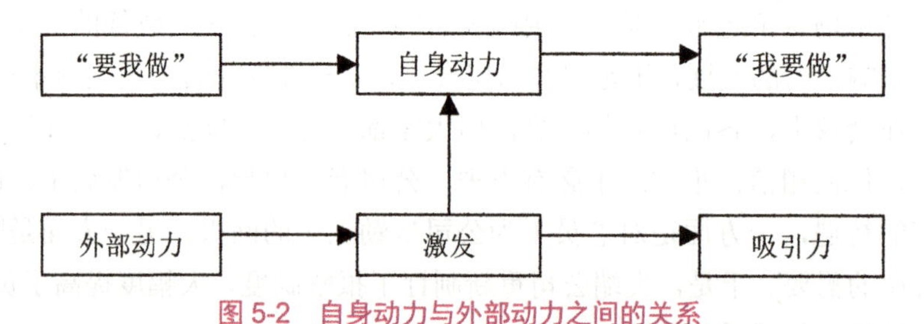

图5-2　自身动力与外部动力之间的关系

然而，人的这种内在动力的转化是需要一个过程的，我们把这种转化过程称为激励过程。激励是从人的需要，如吃、穿、住、行、成就、社交等开始的，当人的这些需要不能得到满足时，人的内心就会感到不安、不满足，这种状态会促成一种导向某种行为的内在驱动力，这就是动力。随后人会在这种动力下进行一系列寻找、选择、接近或获得这种需要的行为，当人的行为达到某个既定目标时，就会产生一种心理和生理上的满足。随后，会有新的需要，引起人新的动力和行为。激励模式的基本过程如图5-3所示。

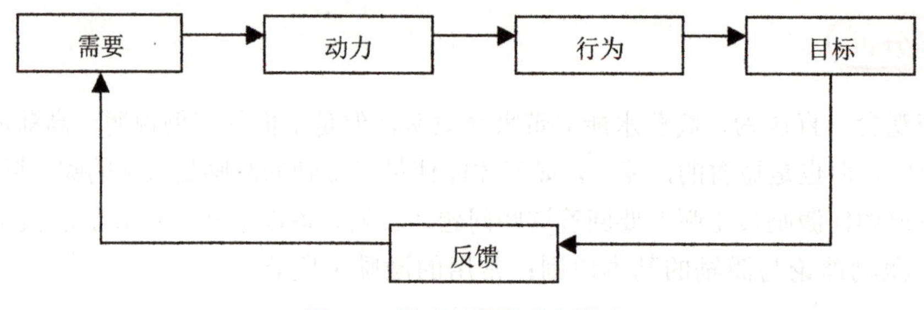

图5-3　激励过程的基本模式

在企业的实践中，通过某些激励可以使员工更主动地工作，更积极地参与企业的管理和业务的运作，从而提高工作效率，激发员工的创造力和革新动力，从而使企业获得很好的发展。但我们也要注意激励的效力会随时间衰减，也会受到其他事件的影响而加速激励效力的衰减或抵消激励效力；另外激励也应该是有限的，激励所花费的成本必须是在公司可承受的范围之内，过高的激励成本对公司是一种伤害。

二、激励的基本理论

随着管理学理论的发展，对于激励的研究也有了长足的发展，虽然对于如何有效地激励，仁者见仁，智者见智，但是在基本激励理论方面是有共识的。了解一些基本激励理论，是有效制订激励方法的基础。

1. 马斯洛的需求层次理论

美国社会心理学家马斯洛的需求层次理论有两个基本论点：一是人是有需求的动物，其需求取决于他已经得到什么，还缺少什么，只有尚未满足的需求才能影响行为；二是人的需求都有轻重层次，某一层需求得到满足之后，另一层需求才会出现。马斯洛认为，在特定时刻，人的一切需求如果都未能得到满足，那么满足最主要的需求就比满足其他需求更迫切。

马斯洛将人类这种需求由低到高分为五个层次：生理需求、安全需求、归属与爱的需求、尊重需求和自我实现需求，如图 5-4 所示。

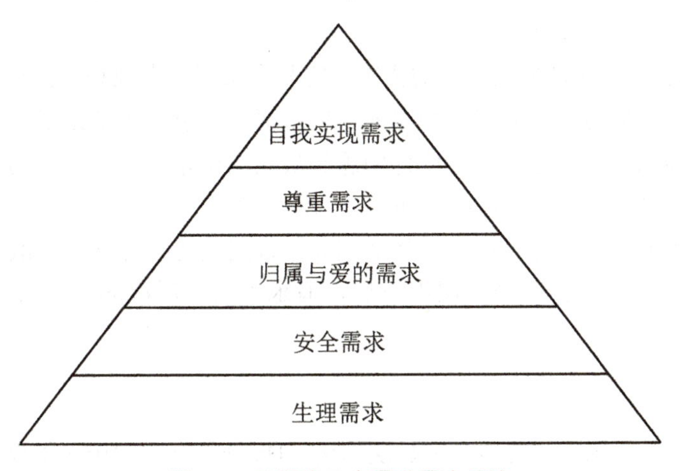

图 5-4　马斯洛五个需求层次理论

各个需求层次的基本内容如下。

（1）生理需求。这是人类维持自身生存的最基本要求，包括吃、喝、衣、住、行等方面的要求。马斯洛认为，只有这些最基本的需求满足到维持生存所必需的程度后，其他的需求才能成为新的激励因素。例如，如果公司发的薪水长期无法满足员工的衣食住行，则这家公司无论采取什么激励措施，都无法留住人才。

（2）安全需求。这是人类要求保障自身安全、摆脱事业和财产威胁、避免职业病的侵袭等方面的需求。马斯洛认为，整个有机体是一个追求安全的机制，人的感受器官、效应器官、智能和其他能量主要是寻求安全的工具，甚至可以把科学和人生观都看成是满足安全需求的一部分。当员工在工作中连最起码的安全感都没有时，还能继续全身心地投入工作吗？

（3）归属与爱的需求。这一层次的需求包括两个方面的内容。一是归属的需求，即人都有一种归属于一个群体的感情，希望成为群体中的一员，并相互关心和照顾。二是爱的需求，即人人都需要伙伴之间、同事之间的关系融洽或保持友谊和忠诚；人人都希望得到爱情，希望爱别人，也渴望被别人爱。感情上的需求比生理上的需求来得细致，它和一个人的生理特性、心理、教育、宗教信仰都有关系。当一个人达到第一、二层次需求后，他就需要寻找感情上的依托，寻求大家的理解和支持，为他在工作上提供动力源泉。

（4）尊重需求。人人都希望自己有稳定的社会地位，个人的能力和成就得到社会的承认。马斯洛认为，尊重需求得到满足，能使人对自己充满信心，对社会满腔热情，感受到自己活着的用处和价值。

（5）自我实现。这是最高层次的需求，它是指实现个人理想、抱负，最大程度地发挥个人的能力，完成与自己的能力相称的一切事情的需求。也就是说，人都希望做能最大发挥他们潜能的工作，这样才会使他们感到最大的快乐。自我实现的需求是努力发掘自己的潜力，使自己逐渐成为自己所期望成为的人物。

马斯洛认为五种需求像阶梯一样从低到高，按层次逐级递升。一般来说，某一层次的需求相对满足了，就会向高一层次发展，追求更高一层次的需求就成为驱使行为的动力。

2. 双因素理论

双因素理论是美国的行为科学家赫茨伯格（Herzberg）于1959年提出来的，又叫做“激励、保健因素理论”。

双因素理论把影响员工工作积极性的因素分为两类：保健因素和激励因素。这两种因素彼此独立并且以不同的方式影响人们的工作行为。

所谓保健因素，就是那些造成员工不满的因素，它们的改善能够消除员工的不满，但不能使职工感到满意并激发起员工的积极性。它们主要指企业的政策、行政管理、工资发放、劳动保护、工作监督以及各种人事关系处理等因素，这些因素只起维持工作现状的作用。

所谓激励因素，就是那些使员工感到满意的因素，只有它们的改善才能让员工感到满意，激励员工，并调动其积极性，提高劳动生产效率。这些因素主要有工作表现机会、工作本身的乐趣、工作上的成就感、对未来发展的期望、职务上的责任感等。

赫茨伯格认为满足各种需要所引起的激励程度和效果是不一样的。物质需求的满足是必需的，没有它会导致不满，但是即使获得满足，它的作用往往也是很有限的、不能持久的。要调动人的积极性，不仅要注意物质利益和工作条件等外部因素，更重要的是要注意工作的安排，量才录用，各得其所，注意对人进行精神鼓励，给予表扬和认可，注意给人以成长、发展、晋升的机会。随着温饱问题的解决，内在激励的重要性越来越明显。

3．期望理论

1964 年，弗鲁姆提出了管理中的期望理论。此理论的基本观点是：人的积极性被激发的程度（M），取决于他对目标价值估计的大小（V）和实现此目标概率大小（E）的乘积。用公式表示为：

$$M=V\cdot E \tag{5-1}$$

式（5-1）实际上提出了在进行激励时，要处理好三方面的关系，这也是调动人们工作积极性的三个条件。

（1）努力与绩效的关系。人总是希望能够通过一定的努力达到预期的目标，如果个人主观认为通过自己的努力达到预期目标的概率较高，就会有信心，就可能激发出很强的工作热情，但如果他认为再怎么努力目标都不可能达到，就会失去内在的动力，导致工作消极。而能否达到预期的目标，不仅仅取决于个人的努力，还同时受到员工的能力和上级支持的影响。

（2）绩效与奖励的关系。人总是希望取得成绩后能够得到奖励，这种奖励既包括提高工资、多发奖金等物质奖励，也包括表扬、自我成就感、同事的信赖、提高个人威望等精神奖励，还包括得到晋升等物质与精神兼而有之的奖励。如果他认为取得绩效后能

够得到合理的奖励，就可能产生工作热情，否则就可能没有积极性。

（3）奖励与满足个人需要的关系。人总是希望获得的奖励能够满足自己某方面的需要。然而由于人们各方面的差异，他们需要的内容和程度都可能不同。因而，对于不同的人，采用同一种奖励能满足需要的程度不同，能激发出来的工作动力也就不同。

4．ERG 理论

ERG 理论是奥德弗（C. P. Alderfer）于 1969 年提出的一种与马斯洛需求层次理论密切相关但有些不同的理论。他把人的需要分为三类，即存在需要、关系需要和成长需要。

（1）存在需要。这类需要关系到机体的存在或生存，包括衣、食、住以及工作组织为使其得到这些因素而提供的手段。这实际上相当于马斯洛理论中的生理需要和安全需要。

（2）关系需要。这是指发展人际关系的需要。这种需要通过工作中的或工作以外与其他人的接触和交往得到满足。它相当于马斯洛理论中的归属与爱的需要和一部分尊重需要。

（3）成长需要。这是个人自我发展和自我完善的需要。这种需要通过发展个人的潜力和才能，才能得到满足。这相当于马斯洛理论中的自我实现的需要和一部分尊重需要。

他认为各种需要可能同时具有激励作用，如果较高层次的需要未得到满足，就会出现倒退，对满足较低层次需要的欲望就会加强。也就是人们可以同时去追求各种层次的需要，或者在某种限制下，在各种需求之间进行转化。

5．成就动机理论

麦克利兰提出个人在工作环境中的需要主要有成就需要、权力需要和归属感需要三种。

（1）成就需要。它指想超过或达到一系列标准，希望把事情做得比以往更好的需要，即达到标准、追求卓越、争取成功的愿望。具有高成就需要的人，宁愿为个人成就而不是成功后得到的奖赏而奋斗。高成就需要者不同于他人之处在于他们都有把事情做得更好的愿望，同时，他们又规避那些他们认为很容易或很困难的任务。

（2）权力需要。具有高权力需要的人，喜欢承担责任，爱教训别人，倾向于追求竞争性的和领导者地位取向的工作环境，力求对他人施加影响，比较喜欢竞争性的工作。

（3）归属感需要。归属感需要是指建立友好亲密关系的愿望。具有较高归属激励需求的人通常是从别人的喜爱中获得欢乐，感到被集体、社会排斥是莫大的痛苦。作为个人，他们往往比较注重保持一种融洽的关系，高归属需要者通常喜欢合作性而不是竞争性的工作。

麦克利兰认为成就动机具有挑战性，可以引发人的成就感，增强奋斗精神，从而对人的动力产生影响。

6. 公平理论

公平理论又称社会比较理论，它是美国行为科学家亚当斯提出来的一种激励理论。公平理论的基本观点是：当一个人做出了成绩并取得了报酬以后，他不仅关心自己所得报酬的绝对量，而且关心自己所得报酬的相对量。因此，他要进行种种比较来确定自己所获报酬是否合理，比较的结果将直接影响今后工作的积极性。这种比较可以通过下式进行：

$$\frac{O_P}{I_P}=\frac{O_a}{I_a}\text{或}\frac{O_P}{I_P}=\frac{O_H}{I_H} \tag{5-2}$$

其中：O_P 为对自己报酬的感觉；O_a 为对别人所获报酬的感觉；I_P 为对自己所投入的感觉；I_a 为对别人所投入的感觉；O_H 为对自己过去所获报酬的感觉；I_H 为对自己过去投入的感觉。

亚当斯认为，人一般从两个方面进行比较。第一种是横向比较，即将自己获得的“报偿”（包括金钱、工作安排以及获得的赏识等）与自己的“投入”（包括教育程度、所做努力、用于工作的时间、精力和其他无形损耗等）的比值与组织内其他人作社会比较，只有相等时，他才认为公平；当这个比值小于 1 时，他可能要求增加自己的收入或减少自己今后的努力程度，以便使左方增大，趋于相等，或是要求组织减少比较对象的收入或者让其今后增大努力程度以便使右方减少，趋于相等。此外，他还可能另外找人作为比较对象，以便达到心理上的平衡；当这个比值大于 1 时，在这种情况下，他可能要求减少自己的报酬或在开始时自动多做些工作，但久而久之，他会重新估计自己的技术和工作情况，最后觉得他确实应当得到那么高的待遇，于是工作和绩效便又会回到过去的水平。

第二种是纵向比较，即把自己目前投入的努力与目前所获得报偿的比值，同自己过去投入的努力与过去所获报偿的比值进行比较。只有相等时他才认为公平。当这个比值小于 1 时，他会有不公平的感觉，这可能导致工作积极性下降；当这个比值大于 1 时，

他不会因此产生不公平的感觉，但也不会觉得自己多拿了报酬，从而主动多做些工作。

7. 强化理论

强化理论是美国的心理学家和行为科学家斯金纳提出的一种理论。强化理论认为，人的行为是对外部环境刺激做出的反应，只要改变外部环境刺激，就可达到改变行为的目的。

强化包括正强化、负强化和自然消退三种类型。

（1）正强化，又称积极强化。当人们采取某种行为，能从他人那里得到某种令其感到愉快的结果时，这种结果反过来就会成为推进人们趋向或重复此种行为的力量。例如，企业用某种具有吸引力的结果（如奖金、休假、晋级、认可、表扬等），表示对职工努力进行安全生产的行为的肯定，从而增强职工进一步遵守安全规程进行安全生产的行为。正强化用于加强所期望的个人行为。

（2）负强化，又称消极强化。它是指对某种不符合要求的行为所引起的不愉快的后果予以否定。若职工能按所要求的方式行动，就可减少或消除令人不愉快的处境，从而也增大了职工符合要求的行为重复出现的可能性。例如，企业安全管理人员告知工人不遵守安全规程，就要受到批评，甚至得不到安全奖励，于是工人为了避免此种不期望的结果，而认真按操作规程进行安全作业。惩罚是负强化的一种典型方式，即在消极行为发生后，以某种带有强制性、威慑性的手段（如批评、行政处分、经济处罚等）给人带来不愉快的结果，或者取消现有的令人愉快和满意的条件，以表示对某种不符合要求的行为的否定。

（3）自然消退，又称衰减。它是指对原先可接受的某种行为强化的撤销。由于在一定时间内不予强化，此行为将自然下降并逐渐消退。例如，企业曾对职工加班加点完成生产定额给予奖酬，后经研究认为这样不利于职工的身体健康和企业的长远利益，因此不再发放奖酬，从而使加班加点的职工逐渐减少。负强化和自然消退的目的是为了减少和消除不期望发生的行为。

这三种类型的强化相互联系、相互补充，构成了强化的体系，并成为一种制约或影响人的行为的特殊环境因素。

强化的主要功能，就是按照人的心理过程和行为的规律，对人的行为予以导向，并加以规范、修正、限制和改造。它对人的行为的影响，是通过行为的后果反馈给行为主体这种间接方式来实现的。人们可根据反馈的信息，主动适应环境刺激，不断地调整自

己的行为。

三、激励的基本原则

1. 因人而异，实现差别激励

不同员工的需求不同，即便是同一位员工，在不同的时间或环境下，也会有不同的需求。所以，激励要因人而异，并且因员工不同时期的需要而异。在制订和实施激励政策时，首先要调查清楚每个员工真正需求的是什么，并将这些需求整理归类，然后制订相应的激励政策，达到“你所给予和激励的正是他最需要的”，否则效果不大。

2. 公平公正原则

员工感到的任何不公的待遇都会影响他的工作效率和工作情绪，并且影响激励效果。取得同等成绩的员工，一定要获得同等层次的奖励；同理，犯同等错误的员工，也应受到同等层次的处罚。如果做不到这一点，管理者宁可不奖励或者不处罚。管理者在处理员工问题时，一定要有一种公平的心态，不应有任何的偏见和喜好。对于管理者来说，无论自己喜欢某员工与否，在工作中，一定要一视同仁，不能有任何不公的激励行为。

3. 奖励正确的事情

如果我们奖励错误的事情，错误的事情就会经常发生。这个问题虽然看起来很简单，但在具体实施激励时却常常被管理者所忽略。管理者实施激励最忌讳的，莫过于他奖励的初衷与奖励的结果存在很大差距，甚至南辕北辙。

4. 激励的时效性

激励要把握好时机。人在做出努力并取得成就以后，都有渴望得到社会承认的心理，因此，激励越及时，就越能促进人的积极性的发挥，使积极行为不断得到强化。不要等到发年终奖金时，才打算犒赏员工。在员工有良好的表现时，就应该尽快给予奖励。等待的时间越长，奖励的效果越可能打折扣。

5. 物质激励和精神激励相结合的原则

物质激励是基础，精神激励是根本。在两者结合的基础上，逐步过渡到以精神激励为主。

四、常用的激励手段

1. 目标激励

联系员工自身的需求，制订科学的发展目标，能激励员工的行动时刻与这些目标联系起来，为之奋斗，最终达到目标，满足自我实现需要。确立了发展目标，就明确了工作方向，促使广大员工在实现发展目标的过程中，不断提高自身素质，实现自身价值。

2. 任务激励

让个人肩负起与其才能相适应的重任，如职位的晋升，使个人获得成就和发展的机会，激发其献身精神，满足其事业心与成就感。

3. 物质激励

物质激励是最为直接有效的激励方式，而收入分配机制是否科学合理则是决定物质激励成效的关键。要通过建立科学的绩效考核体系，严格考核，实施公正的绩效考核，并把考核结果直接与员工工资收入挂钩，逐步实现全员同工同酬，真正体现按劳分配的收入分配原则，用利益杠杆激励员工加倍努力，取得更好的业绩。

4. 强化激励

正强化：对良好行为给予肯定。负强化：对不良行为给予否定与惩罚，使其减弱、消退。批评、惩处、罚款等属于负强化。对人的行为进行强化激励时，一是坚持正强化与负强化相结合，以正强化为主；二是要坚持精神强化与物质强化相结合，以精神强化为主。

5. 情感激励

情感是影响人们行为的最直接的因素之一。情感激励就是通过强化感情交流沟通，协调领导与员工的关系，让员工获得感情上的满足，激发员工工作积极性的一种激励方式。一是尊重员工，尊重也是员工希望得到的一种需要，要真正把员工看做是企业的主人，切实把尊重员工落实到实际行动上，尊重员工的选择，尊重员工的创造，尊重员工的劳动，切实维护好员工的自尊；二是信任员工，同事之间，特别是上下级之间相互信任是一种巨大的精神力量，这种力量不仅可以使人们结成一个坚强的战斗集体，而且能激发出每个人的积极性和主动性，要学会适度放权、授权，放手让员工去做；三是要关

心支持员工，要时刻关注员工的工作和生活，积极为他们办实事、做好事、解难事，大力支持、鼓励和帮助员工做好日常工作。

此外还有荣誉激励，即给予员工一定的荣誉，满足其自尊的需要；学习激励，帮助员工实现自身价值的提升等。

激励的方式多种多样，而且各有侧重。在实际运用中，企业要结合实际，遵循民主、公正的激励原则，综合运用多重激励方式，充分调动员工工作积极性、主动性，发掘员工潜能，提高员工工作绩效，促进企业健康、快速发展。

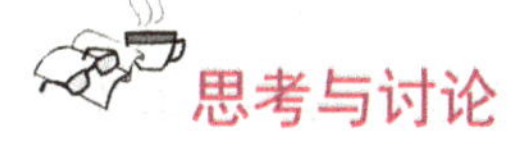

思考与讨论

1. 马斯洛层次需求理论的主要内容是什么？
2. 激励的基本原则是什么？
3. 常用的激励手段有哪些？

实训题

王明已经在一家软件公司工作了 6 年，在这期间，他从普通程序员晋升到资深的系统分析师。一直以来，他对自己所服务的这家公司相当满意，很为工作中的创造性要求所激励。

一次同事聚会中，王明了解到他所在的部门新雇的 1 位刚从大学毕业的系统分析师的起薪仅比他现在的工资少 100 元，尽管王明是个好脾气的人，但当他听到这个消息时，不禁发火了。

随后一上班，王明找到了人事部张主任，问他自己听说的事是不是真的？张主任带有歉意地说，确有这么回事。但他试图解释公司的处境："王明，系统分析师的市场相当紧俏，为使公司能吸引合格的人员，我们不得不提供较高的薪水。我们非常需要增加 1 名系统分析师，因此我们只能这么做。"

王明问能否相应调高他的工资，张主任回答说："你的工资需按照正常的绩效评估时间评定后再调。你干得非常不错！我相信老板到时会给你提薪的。"王明向张主任道了声"打扰了！"，便离开了他的办公室，但心里却很为自己在公司的前途感到担忧。

问题：

1. 本案例描述的事件对王明的工作动力会产生什么样的影响？哪一种激励理论可以更好地解释王明的困惑？为什么？

2. 你认为公司应当对王明采取什么措施？为什么？

案例分析

加了薪，她为什么还想辞职?

林欣是一家化妆品公司的销售主管，工作能力强，对自己的工作也很热爱，工作成绩显著。2008年7月，她被派到自己喜欢的北京分公司，升任销售经理，薪水也增加了。但是，近期她工作不但没有热情，甚至有辞职的念头。

为什么林欣获得升职、加薪之后反而要辞职呢？后经了解，林欣的上司对林欣刚到北京工作颇不放心，担心她做不好，总是安排一些很简单的工作，并且在林欣工作时也经常干预。林欣工作能力较强，习惯独立思考、解决问题，对上司的频繁干预，非常不习惯，也很难很好地开展工作，后来逐渐失去了对工作的热情，产生了换工作的念头。

分析：

1. 你认为是什么原因使林欣产生了辞职的念头？

2. 如果你是林欣的上司，你认为该如何留住林欣呢？

任务二 设计绩效考核方案

知识目标

❖ 了解绩效考核方案设计的原则；

❖ 理解绩效考核的方法；

❖ 掌握绩效考核方案设计的要求和内容。

技能目标

❖ 能够运用绩效考核方法设计绩效考核方案。

任务引入

在任务一的基础上，为尖端公司的销售人员设计一套绩效考核方案。

任务分析

要设计一套绩效考核方案，首先要了解什么是绩效考核方案以及为什么要进行绩效考核，理解绩效考核方案设计的原则，理解和运用绩效考核方法并用于绩效考核方案中。

知识链接

一、绩效考核方案概述

绩效考核就是对员工的工作状况和工作成果进行考察、测定和评价的过程。通过有效的绩效考核，能为员工的薪酬调整、职务调整、工作培训等提供依据，也可以为上级和员工之间提供一个正式沟通的机会，促使他们相互了解和信任，同时也能让员工更好地了解自己及企业对他的期望，进行自我管理，而在这个过程中，企业也可以及时、准确地获得员工的工作信息，了解员工对企业的贡献程度，为改进企业政策提供依据。

在考核的过程中，员工的绩效考核受到员工自身无法控制的随机因素等方面的影响，如果考核缺乏客观依据，这种考核不但很难给企业带来好处，而且还会给企业目标带来损害，影响员工的工作积极性。为保证考核的公平、公正，企业需要针对工作类型制订一套绩效考核方案，使得考核有章有据，也使被考核的对象在工作中有所参考，更好地认同考核结果。

二、绩效考核方案设计的原则

（1）绩效考核指标必须简单、明确、清晰和尽量便于计量。

（2）绩效指标的处理要灵活，应尽可能用最少的绩效指标获得最大的绩效考核结果，绩效指标并不是越多越好。

（3）要尽量寻找素质指标、基本技能指标和发展潜力指标之间的平衡，尽可能简化绩效评价体系。

（4）要寻求量化指标、基本技术指标之间的平衡，两者之间没有绝对的优劣，但要相适合。

（5）要重视绩效指标设计的“本土化”问题。在引进国内外先进的指标设计理念的同时，要结合本企业的实际情况，设计合适的绩效考评指标体系。

（6）在制订绩效考核方案的时候要做反复的反馈和修正，积极听取员工的意见，依据员工的意见做相应的修改。

三、绩效考核的内容

绩效考核方案中涉及的内容很多，一般来说，员工的工作绩效包括完成工作的数量、质量、经济效益和社会效益。对不同的职位，考核的侧重点也有所不同，但效益应该处于中心地位。在考核员工的工作数量、质量时，更应注重员工所带来的经济效益和社会效益。但是不同职位类型的员工由于其工作的内容、性质、结果不同，针对其制订的绩效考核方案的内容也就不同。常见的几种工作类型的考核内容如下。

1. 一般营销人员的绩效考核内容

（1）年度和月度业绩考核，主要是营销部门和财务部门联合统计得到的营销员的月度和年度的销售业绩，包括销售额、利润率、回款率和回款日期等。

（2）服务能力考核，主要包括顾客当月和全年的投诉率。

（3）能力考核，主要包括沟通能力、创新能力、信息收集和利用能力等。

（4）工作态度考核，主要包括出勤率、旷工率、其他纪律的遵守以及团队协作能力和敬业精神等。

一般营销人员的考核用表见表5-1。

表5-1　营销人员考核用表

考核内容	考核权重	综合得分
业绩指标	40%	总分为100分，考核得分为各项考核得分之和
服务能力	30%	
能力考核	15%	
态度考核	15%	

2. 中层管理人员考核的主要内容

（1）专业和技术能力考核，主要是根据中层管理人员的不同管理内容设计考核项目。

（2）工作经验，包括处理问题的方式和方法等，因为中层管理人员的工作经验能在工作中发挥重要作用。

（3）能力考核，主要包括管理能力、指导能力、创新能力、沟通协调能力等，这些能力是中层管理人员有效完成管理工作所必须具有的。

（4）业绩指标，主要是指管理人员所在部门的年度或月度业绩。

（5）工作态度考核，主要包括责任感、工作态度和考勤情况等。

中层管理人员的考核用表见表5-2。

表5-2　中层管理人员考核用表

考核内容	考核权重	综合得分
管理能力	30%	总分为100分，考核得分为各项考核得分之和
业绩指标	30%	
沟通协调能力	20%	
态度考核	20%	

3．高层管理人员的考核内容

对高层管理人员的考核更侧重于对其能力的考核。所考核的能力主要包括：领导能力、决策能力、计划能力、预见能力、危机处理能力、管理能力、创新能力、人才培养能力等，此外也对其年度业绩、工作态度等进行考核。

高层管理人员的考核用表见表5-3。

表5-3　高层管理人员考核用表

考核内容	考核权重	综合得分
业绩指标	35%	总分为100分，考核得分为各项考核得分之和
管理能力	30%	
领导能力	20%	
工作态度	15%	

4．技术研发人员考核内容

对于技术研发人员的考核一般应重结果而轻行为，重外评轻内评，重价值评估轻产出评估。因此研发人员的考核内容主要是年度成果、产出价值、技术能力、创新精神、工作态度和工作纪律等。

技术研发人员的绩效考核用表见表5-4。

表 5-4 技术研发人员考核用表

考核内容	考核权重	综合得分
年度成果	30%	总分为100分，考核得分为各项考核得分之和
产出价值	50%	
技术能力	10%	
创新精神	10%	

【例 5-1】 对某企业的品管部门经理进行考核的内容及标准。

（1）制订部门月工作计划（10分）。

要求每月28日前准时报送本部门下月工作计划；未按时报送扣5分。计划应依据本部门工作职责和公司运作需要，且安排的主要工作没有遗漏，计划的工作目标、责任人、完成时间明确，方法、步骤和所需资源得当，对可能出现的问题和困难有足够的估计和解决措施，以此为标准对工作计划的质量进行评估；根据实际酌情扣0～5分。

（2）月工作计划的完成情况（60分）。

要求能保质、保量、按时完成部门月工作计划和总经理交办事项，保证质量目标实现。每有一项当月应完成任务而没完成扣5分（属于下属负责的工作负领导责任扣2分）；每有一项工作任务没能按计划进度进行扣2分（属于下属负责的工作负领导责任扣1分）；工作质量不高，每有一次正确的批评意见或投诉扣2分；发生一般质量责任事故，每次扣1分；重大质量责任事故酌情扣30～60分。

（3）个人日常工作（20分）。

要求及时认真、慎重审核有关质量文件，评估、仲裁、处分有关质量问题，凡公司质量体系文件规定的由品管部经理审核、会审的质量文件没及时正确办理，每有1例扣2～5分；凡公司质量体系文件规定的由品管部经理提出（做出）评估、仲裁、处分报告（或意见）的质量问题（事项）没有及时、正确办理，每有1例扣2～5分。

（4）客户服务（5分）。

要求及时协调有关部门工作，3天之内妥善处理客户品质投诉案件，每有1例品质投诉案件没处理好扣3～5分。

（5）组织纪律（5分）。

要求严格遵守公司各项规章制度，每有1次违反扣1分。

四、绩效考核方案的内容

绩效考核方案中所包含的学习情境主要有以下几个部分。

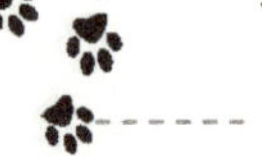

（1）考核目的。

（2）考核方案适用的范围。

（3）考核的内容。

（4）绩效考核的周期和考核的时间安排。

（5）绩效考核方案执行的步骤。

（6）绩效管理工作中各部门或管理人员的责任划分。

（7）绩效考核申诉制度。主要是针对员工对考核结果提出异议时，该如何解决问题。

（8）绩效管理与绩效考核应该达到的效果。

（9）绩效考核结果的处理。

（10）附则。

（11）各种附表等。

五、绩效考核方案设计的基本类型

1．品质导向型的考核

品质导向型的考核主要考核的是员工的个人特性，如忠诚度、主动性、创造力、自信心、合作精神和沟通能力等内容，而不是工作能力。这种考核类型主要回答的是“人”怎么样，而不是“事”做得怎么样。这种考核简单易行，但有效性差、主观性强、不具体、不准确，评价过程中所衡量的员工的特性与其工作行为和结果中间缺乏确定的联系。

2．行为导向型的考核

行为导向型的考核是多维的，并且每个维度都需要设计标准的尺度以供定量性的测定。一般用优、良、中、合格等量度。这种考核类型有利于为员工提供有助于改进工作绩效的有效信息，但是无法涵盖员工达成理想工作绩效的全部行为。它适用于绩效难于量化考核、以脑力劳动为主的管理人员和工程技术人员等专业工作者的考核。

3．效果导向型的考核

效果导向型的考核侧重考核的是员工的工作成绩。给员工设定一个最低的工作成绩标准，然后将员工的工作结果与这一明确的标准比较。考核的重点是产出和贡献，而不在于行为与活动。这种方式可能会强化员工的短期行为和不择手段的倾向，加剧员工之间的不良竞争，妨碍彼此之间的协作和帮助，不利于整个组织的工作绩效。它一般适用于从事具体生产操作、体力劳动的工人。

【例5-2】 泰山集团绩效考核方案。

（1）考核目的。

① 考核的最终目的是改善员工的工作表现，以达到企业的经营目标，并提高员工的满意程度和未来的成就感。

② 考核的结果主要用于工作反馈、报酬管理、职务调整和工作改进。

（2）考核的原则。

① 一致性：在一段连续时间之内，考评的内容和标准不能有大的变化，至少应保持1年之内考核的方法具有一致性。

② 客观性：考核要客观地反映员工的实际情况，避免由于光环效应、偏见等带来的误差。

③ 公平性：对于同一岗位的员工使用相同的考核标准。

④ 公开性：员工要知道自己的详细考核结果。

（3）适用范围。本办法适用于与公司签订劳动合同的所有员工。控股、参股公司下属企业、下属关联企业或公司参照执行。

（4）考核依据及内容。考核依据为员工的岗位，共分为五类人员，即管理人员、工程技术人员、基本生产人员、辅助生产人员、服务人员。由各部门的二级工资管理委员会负责本部门的具体考核办法，公司工资管理委员会负责监督管理，各部门可以结合单位具体情况制订相应的考核细则并实施。

① 对管理人员以岗位工作职责为依据，认真核定每个岗位的工作量，具体到每一项工作的分值。考核的指标主要有：工作目标、质量、方法、进展、反馈等，创新、执行、决策、应变能力等，廉洁奉公、团结互助、责任心等实行量化考核。

② 对工程技术人员按技术项目，以技术的领先程序、难易程度、完成时间、完成质量等因素核定工作量，制订出易于操作的量化标准、量化分值实行考核。

③ 对基本生产人员量化的考核，以每个岗位的工时定额、质量、物耗、安全、劳动纪律等为主要依据实行量化考核。

④ 对辅助生产人员的量化考核，以工作任务、质量、物耗、安全、劳动纪律等为主要依据实行量化考核。

⑤ 对服务人员的量化考核，以岗位工作目标和责任为主要依据，在工作任务、质量、廉洁奉公、团结互助、责任心等方面实行量化考核。

实施员工的考核必须与本人所从事的岗位相对应，严禁员工拿高岗位的报酬而从事低岗位的工作，凡发现此违章行为将对部门和员工进行处罚。

（5）考核管理。

① 个人月度业绩综合考核：

- 月度考核根据考核者当月工作计划完成情况、工作质量、工作态度、工作协作等 4 个方面、16 个考核要素等因素综合评分，考核指标应尽可能合理量化，易于操作，考核力求客观、真实、公正、公开。
- 个人考核由所在单位（部门）自行组织，考核结果上报公司人事劳动部，确认后，在单位（部门）张榜公布。
- 当个人考核得分小于 50 分时，岗位业绩工资为零。
- 岗位业绩工资按月发放，由单位（部门）根据个人考核结果进行二次分配，余额作为单位（部门）奖励基金。
- 考核基本生产工人时，当月完成工时数超过定额的部分，可由各单位（部门）制订相应的奖励条例。

② 单位（部门）月度综合考核：

- 单位（部门）月度综合考核由公司综合管理部责成有关部门制订具体考核细则并负责实施。
- 分厂管理项目综合考核分数满分为 100 分，其中生产管理 40 分，成本管理 30 分，质量管理 15 分，质量控制 15 分。
- 部室管理项目综合考核分数满分为 100 分，其中分厂对相关工作作风考核 20 分，管理费用 30 分，工作效率 20 分，质量体系（工作质量）30 分。
- 考核结果由综合管理部负责评审确认，金额由人事劳动部负责计算，财务部负责发放。
- 当单位（部门）综合考核分数小于 60 分时，单位所有人员的岗位业绩工资为零。

（6）考核及调薪管理。

① 员工实行考核晋档制度，每年调整一次。

② 根据岗位靠竞争、收入靠贡献的原则，实行考核晋级、降级制度和末位淘汰制度。

③ 本年度年终考核成绩为“优”的员工，可在本岗位上晋升一档工资。

④ 连续两年考核成绩为“良”的员工，可在本岗位上晋升一档工资。

⑤ 连续两年考核成绩为“中”或本年底年终考核成绩为“差”的员工，在本岗位降低一档工资。

⑥ 对于已达到岗位最高档次工资的员工，年度考核时不再晋档。

⑦ 本年度年终考核成绩为“差”并进入末位淘汰的员工，按公司的有关规定执行。

（7）本制度自颁布之日起实行。

（8）本制度由人力资源部负责解释。

思考与讨论

1．绩效考核方案设计的基本原则是什么？

2．绩效考核方案包括哪些内容？

3．绩效考核方案设计的基本类型有哪些？

实训题

远足公司原来是一家以出口为主的大型肉制品企业，近年来开始做国内市场，未来3年的目标是做到行业前列。N市是远足所在省的省会城市，消费潜力大、辐射能力强，而且特别看重本省企业在省内的影响力，因此，N市自然被列为远足公司的战略性市场，第一个销售办事处也就在N市设立了，统一管理除公司总部所在地区以外的所有省内市场。但一年多过去了，其他起步较晚的省份办事处无论是销售量、销售网络还是产品知名度都有大幅提高，甚至一些不被看好的边远省份销售量都日益增长，N市的办事处却不仅销售量没有上去，而且经销商换来换去，销售人员流失严重、没有信心，投入产出严重失衡，俨然做成了一锅“夹生饭”。问题何在？通过分析，远足公司发现其主要症结在于N市的办事处的绩效考核政策有问题。

N市办事处的销售人员绩效考核方案是2007年年初制订的，由于当时市场问题没这么多，管理者认为最大限度地提高销售量是中心工作，要解决的主要是销售人员的积极性问题，因此在设计绩效考核方案时偏重的是“绩”，即工作结果，考核体系要点如下（以销售人员为例）。销售人员全部收入为：档案工资（固定工资+绩效考核工资）+销售提成+年终评奖，其中档案工资中固定工资占50%作为底薪，只与考勤挂钩；绩效考核工资占50%；销售提成为销售收入的1%，按月兑现。

绩效考核工资的计算公式：绩效考核工资=当月完成量÷当月任务量×当月个人得分，其中当月个人得分为上一级主管人员依据个人平时表现评定，分数为0.85～1.1。

问题：

1．请分析远足公司的销售人员绩效考核方案存在什么问题？

2．请针对现有考核方案存在的问题，为远足公司的销售人员制订一个新的绩效考核方案。

案例分析

赛特购物中心 B2（该楼层主要经营家电、日用品等）过去考核员工是把他（她）的销售业绩、卫生环境、柜台陈列、账册管理等方面的情况汇总在一块考评，根据综合考评的结果来发放奖金。这样就可能出现销售业绩单项突出，最后综合评价分数不一定高、奖金不一定拿得多的情况，严重影响了员工的积极性。1998 年 9 月份起，中心推出了一套新的改革措施。具体地说，一是把总奖金的 40%提出来，作为销售奖金，按销售业绩排序分档，第一名拿一档，第二名拿二档……最后一名拿最低档。如果是有客观原因（如生病、事假等）而排在最后一名，则可以按序拿最后一名的奖金，如果没有客观原因而排在最后一名，则不能按序拿最后一名的奖金，而是直落到底，拿收底奖金 50 元；二是再把总奖金的 20%提出来，作为销售服务奖，按服务态度分档排序；三是拿出总奖金的 5%作为领班奖，奖励领班分配的一些临时性的、不能进入业绩考核的工作；四是剩下的总奖金的 35%按过去的办法进行销售、卫生、陈列、账册综合考评，发放出去。不难看出，新方案与过去最大的不同是突出了员工的销售业绩，并把每个人的业绩摆在明处。

新措施实施后，确实极大地调动了员工销售的积极性，员工都能主动迎客、热情服务。9、10 月份销售额连续增长 20%。同时也引出了负效应：一些员工争抢销售，在一定程度上影响了团结（如来了顾客，两人同时争着上去迎接介绍情况，顾客要掏钱了，这个说是我先迎上去的，那个说是听了我的介绍他才买的）；也有一些员工平时劳动态度好，只因为不擅长与顾客沟通表达而销售业绩不突出，被排在了末档上，感到很委屈；排在后面的员工觉得没面子，心理压力较大。

（案例来源：光明日报，1998-12-14）

分析：

赛特购物中心的这项绩效考核改革措施的优缺点以及激励效果，并针对存在的问题进行修正。

任务三 实施绩效考核方案

知识目标

❖ 了解绩效考核的组织工作及绩效考核实施过程中应该注意的问题；
❖ 理解绩效考核沟通、绩效面谈等方法；
❖ 掌握常见的绩效考核方法。

技能目标

❖ 能够实施绩效考核方案。

任务引入

在任务二的基础上，对完成的绩效考核方案进行实施。

任务分析

要有效地实施考核方案，必须采用一定的绩效考核方法，首先我们必须了解绩效考核的组织工作，了解如何才能有效进行绩效沟通和绩效面谈，同时掌握并学会应用绩效考核方法。

知识链接

一、绩效考核的组织工作

制订完绩效考核方案后，就要对绩效考核方案进行实施。在实施绩效考核方案时，需要一系列的组织工作，以保证绩效考核方案顺利地实施。

1. 绩效考核频率的设计

企业绩效考核的频率设计主要涉及两个方面：一是进行绩效考核的时间；二是进行绩效考核的不同时间所采用的绩效考核的内容和技术手段。

一般来说，生产企业可以按照日、周、旬、月、季度、半年、全年这样的频率来设

置绩效考核时间，贸易型企业则可以按照季度、半年、年度来设置考核时间。而对于不同性质的部门的员工，考核时间的设置也有不同，对于销售人员来说，可以按照日、周、旬、月、半年、全年这样的频率来设置绩效考核时间；对于财务或技术开发人员，则可以按照季度、半年、年度来设置考核时间；对于高级管理人员，则一般按照半年或全年为考核周期；对于一线基层员工，一般可以采用月、半年、全年这样的频率来设置绩效考核时间。

不同时间段进行的绩效考核内容和方法也有不同，一般来说，全年度考核时，考核比较全面，企业管理者也希望借助年度考核来全面衡量和分析企业的发展状况；半年度或季度考核指标相对要少些，操作方法也相对简单；按月、周或日进行的考核，通常企业也会按照某个固定格式进行，考核指标相对少一些，内容标准化和操作规范化程度都比较高。

2. 绩效考核前的准备工作

（1）实施绩效考核应考虑的问题。

① 员工对绩效考核是反对还是支持？如果反对，则应查明原因，并且针对绩效考核方案进行修改，或针对绩效考核的操作做相应的修正。只有大部分员工都能支持绩效考核时，绩效考核才能顺利实施。

② 考核的进行时间和时间间隔的确定。

③ 绩效考核与工作考核、表彰、优点评价及薪水之间的关系如何？只有正确处理好了他们之间的关系，才能保证考核的有效实施。

（2）考核主体的选择。在实施绩效考核方案时，由谁对被考核人进行考核，也是绩效考核方案成功实施的关键因素。在考核主体的选择上，常用的方式有以下几种。

① 上级考核，即上级对下级的考核，因为直接上级对员工的工作业绩最为了解，并且有责任提高下属的业绩，所以考核一般比较认真，直接上级也往往是绩效考核的最佳人选，但易受个人偏好即心理影响，且无法理解自身监控之外的员工表现。

② 同事考核，即一起共事的同级员工对被考核人进行考核。同事考核适用于同事间关系融洽、相互信任，并且有很强协作性和依赖性的专业性组织或专业性很强的部门。因同事之间接触频繁，评价比较全面，易发现深层次的问题。但工作量大，易受私心、感情、人际关系等的影响。

③ 自我考核，即由被考核者对其自身工作业绩进行描述、评价和总结，一般用于绩效反馈和面谈之前，员工对其绩效的自我评价。自我考核由于自己对自己认识更清楚，

评价比较客观，也有利于增强参与性，提高工作热情，对有关问题达成共识，降低抵触情绪。但是也容易高估自己，夸大业绩、隐瞒失误，为自己找借口进行开脱。

④ 下级考核，即由下属对自己的上级主管进行评价。员工对上级主管的授权、计划、组织和沟通能力及工作表现有切身的体会，可以很好地反馈上级的管理行为。通过下级考核有利于管理民主化，调动员工的工作积极性，并容易发现上级的不足，对上级的工作进行监督，对其行权进行制衡。但是容易拘泥于细节，并产生下级取悦上级或上级为取悦下级而放松对下级管理的现象。

⑤ 相关客户的考核，即由有业务往来的企业内外部客户对服务质量进行考评。客户考评所受干扰少，评价客观真实，有利于强化服务意识，提高服务能力，发现自身的优势和劣势，但操作难度大、耗时长、成本高、考评资料不易取得。

表5-5是不同考核主体的权重配比表。

表5-5　不同考核主体权重配比表

被考核人	不同考核主体权重配比表			
	上级考评	同事考评	下级考评	客户考评
管理人员	60%		30%	相关部门10%
财务人员	70%	10%		相关部门20%
研发人员	80%	10%		相关部门10%
人事人员	70%	10%		相关部门20%
生产人员	100%			
生产辅导人员	70%	10%		相关部门20%
营销人员	70%			外部客户满意度30%
营销服务人员	60%	10%		外部客户满意度30%
行政人员	70%			相关部门30%

（3）考核者的培训。考核者不仅拥有权力，还承担着责任。为了使考核者能够很好地担当这个责任，需要对考核者进行训练。一般有四个环节：第一步是设定绩效标准；第二步是进行绩效观察，做出正确的判断；第三步是绩效考核，为避免打分差不多的情况，可以从几个方面来做，一是强制性分配优秀、良好、一般、差的比例，二是按职位考核，三是绝对考核法，即阶段性目标是否达成；第四步是绩效面谈，要完成绩效面谈必须在面谈前做好准备工作，确定合适的时间和地点并要求员工写好个人总结和述职报告。

二、绩效沟通面谈

沟通在绩效实施中起着决定性的作用。它贯穿了绩效管理循环的始终——制订绩效计划与目标需要沟通，帮助员工实现目标需要沟通，年终评估需要沟通，分析原因寻求进步需要沟通。总之，绩效管理的过程就是员工和经理持续不断沟通，以提升绩效的过程。离开了沟通，企业的绩效管理将流于形式。

在进行沟通时，应该注意以下几个原则：沟通要真诚、及时；沟通的问题要有针对性，保证沟通的有效性；注意沟通的连续性，做到定期沟通。此外，沟通应该具有建设性，应该有助于员工提高绩效水平。

常用的沟通方式主要是正式沟通和非正式沟通两类。正式沟通是事先计划和安排好的，如定期的面谈、会议等；非正式沟通是随机进行的，如闲聊、走动式交谈等。在绩效管理沟通中一般以正式沟通为主，并且是以面谈为主。通过这种方式可以让员工感觉受到尊重，同时也可以保持绩效考核实施的严肃性。在绩效管理沟通过程中，可以每月或每周让员工简短地进行情况汇报交流；也可以定期召开例会，了解员工的工作情况和任务完成情况；在日常工作中收集员工行为或结果的关键事件或数据，督促员工定期进行简短的书面报告。

绩效管理沟通的内容主要有七部分：阶段工作目标；任务完成情况；完成工作过程中的优良表现；指出需要改进的地方；描述公司领导或他人对下属工作的看法和意见；协助下属制订改进工作的计划；下一阶段绩效工作目标、计划的制订和确认。

为了达到沟通的目的，在实施绩效考核时要掌握好两大沟通技术，即倾听技术和绩效反馈技术。

（1）倾听技术。倾听是一种双向式沟通，目的是为了做出最贴切的反应，通过倾听了解别人的观点、感受，倾听时要注意以下几点。

① 要呈现恰当而肯定的面部表情。肯定性点头、恰当的表情并辅之以恰当的目光接触，表明你正在用心倾听，对谈话感兴趣。

② 避免出现隐含消极情绪的动作。例如看手表、翻报纸、玩弄钢笔等动作表明你很厌倦，对交谈不感兴趣。

③ 呈现出自然开放的姿态。可以通过面部表情和身体姿势表现出开放的交流姿态，不宜交叉胳膊和腿，必要时上身前倾，面对对方，去掉双方之间的物品，如桌子、书本等。

④ 不要随意打断。不要轻易打断，一定要鼓励他讲出问题所在；在倾听中保持积极回应，但不要急于反驳和下定论，要在清楚并准确理解员工反馈过来的所有信息后再做出判断，并表达自己的想法。

（2）绩效反馈技术。

① 要做到多问少讲。在沟通过程中，要多提问题，引导被考核者自己思考和解决问题，自己评价工作进展，而不是发号施令，居高临下地告诉员工应该如何如何。

② 沟通的重心放在“我们”。在绩效沟通中，多使用“我们”，少用“你”。如“我们如何解决这个问题？”，“我们的这个任务进展到什么程度了？”，或者说，“我如何才能帮助你？”。只有这样才能让沟通对象感觉沟通双方是一起的，才能达到沟通的目的。

③ 反馈应具体。管理者应针对员工的具体行为或事实进行反馈，避免空泛陈述，如：“你的工作态度很不好”或是“你的出色工作给大家留下了深刻印象”，这些模棱两可的反馈不仅起不到激励或抑制的效果，反而易使员工产生不确定感。

④ 对事不对人，尽量描述事实而不是妄加评价。应避免用评价性语言，如“没能力”、“失信”等，而应当客观陈述发生的事实及自己对该事实的感受。

⑤ 应侧重思想、经验的分享，而不是指手画脚地训导。当下属绩效不佳时，应避免说“你应该……，而不应该……”这样会让下属体验到某种不平等，可以换成“我当时是这样做的……”

⑥ 把握良机，适时反馈。员工犯了错误，最好等其冷静后再做反馈，避免“趁火打劫”或“泼冷水”；如果员工做了一件好事则应及时表扬和激励。

⑦ 反馈谈话的内容要与书面考评意见保持一致，不能避重就轻，否则会带来不好的效果。对下属在工作中表现出来的问题，不能回避，上司要抓住问题的要害，谈清楚产生问题的原因，指出改进的方法。

此外，在沟通时应该尽量创造有利于沟通的环境，让被考核者感到自在。如确定最恰当的时间，避免在刚下班、快上班或明显时间不够的时间段内；也不要选择星期五、节假日的前一天；选择最佳的场所，不宜让别人看到里面进行的面谈过程；布置好面谈的场所，应当保持室内的干净、整齐。

三、绩效考核方案实施的基本方法

1. 行为导向型主观考核方法

（1）排列法。排列法又分为简单排列法和选择排列法两种。

① 简单排列法，是绩效考核中比较简单易行的一种综合比较的方法。在考核之前准备好考核的学习情境，但不确定要达到的工作标准。根据相同职务的所有员工在同一考核学习情境中的工作状况进行排序。优点：它简单易行，所需时间少，减少考核中过宽或趋中的误差。缺点：建立在主观比较基础上，有一定的局限性，不能用于比较不同部门的员工，员工也不能得到关于自己的优缺点的反馈。

② 选择排列法，也称交替排列法。评价者在所需考核的员工中首先挑选出最好的员工，然后挑出最差的员工，分列第一名和最后一名。然后在余下的员工中挑选出第二名和倒数第二名，依此类推，直至所有的员工排列完毕。这是一种有效的排列方法，上级可以直接完成排序工作，还可以扩展到自我考核、同级考核和下级考核等其他考核的方式中。

（2）配对比较法，也称两两比较法，是根据某一标准将每一名员工与其他员工进行逐一比较，并将每一次比较中的优胜者选出，最后根据每一名员工的净胜次数进行排序的方法。优点是能够发现每个员工在哪些方面比较出色，哪些方面存在不足和差距，在涉及人员范围不大、数量不多的情况下宜采用本方法。表 5-6 和表 5-7 是配对比较法的一个例子。

表 5-6　配对比较法的评价过程

员　工	玛　丽	杰　克	琼　斯	吉　姆
玛丽		杰克	琼斯	吉姆
杰克			琼斯	吉姆
琼斯				吉姆
吉姆				

表 5-7　配对比较法的比较结果

员　工	胜出的次数	排　名
吉姆	3	1
琼斯	2	2
杰克	1	3
玛丽	0	4

（3）强制分布法，也称强迫分配法、硬性分布法，即按照“两头小中间大”的正态分布规律，提前确定一种比例，如可分为优、良、中、劣、差五个等级，可以划分各个等级的人数分别占总数的 15%、20%、30%、20%、15%，然后将各个被评价者分别分布

到每个工作绩效等级中去。它的优点是可以避免考评者过分严厉或过分宽容的情况发生，克服了平均主义。但是若员工的能力呈偏态，该方法就不适合。

2. 行为导向型客观考核方法

（1）关键事件法，也称重要事件法。将有效或无效的行为称为“关键事件”，这些关键事件是导致评价员工令人满意和令人不满意的绩效的工作行为，将这些事件记录下来形成书面报告，用于讨论被考核者的工作业绩。本方法具有较大的时间跨度，可以贯穿考评期的始终，与年度、季度计划密切结合在一起。优点：为考核者提供了客观的事实依据；考核的内容不是员工的短期表现，而是一整年的表现；以事实为依据，保存了动态的关键事件记录，可以全面了解下属是如何消除、改进和提高不良绩效的。缺点是对关键事件的观察和记录费时费力；只能做定性分析，不能做定量分析；不能具体区分工作行为的重要性程度，很难使用该方法在员工之间进行比较。正因为这种方法本身的不足，一般将它与其他方法结合起来使用。

（2）行为锚定等级评价法，也称行为定位法、行为决定性等级量表法或行为定位等级法。它是关键事件法的进一步拓展和应用。它将关键事件和等级评价有效地结合在一起，通过一张行为等级评价表可以发现，在同一个绩效维度中存在一系列的行为，每种行为分别表示这一维度中的一种特定的绩效水平，将绩效水平按等级量化，可以使考评的结果更有效，更公平。

行为锚定等级评价法工作步骤如下。

① 进行岗位分析，获取本岗位的关键事件，由其主管人员做出明确简洁的描述。

② 建立绩效管理评价的等级，一般分为5～9级，将关键事件归并为若干绩效指标，并给出确切定义。

③ 由另一组管理人员对关键事件做出重新分配，把它们归入最合适的绩效要素指标中，确定关键事件的最终位置，并确定出绩效考核指标体系。

④ 审核绩效考评指标登记划分的正确性，由第二组人员将绩效指标中包含的重要事件由优到差、从高到低进行排列。

⑤ 建立行为锚定法的考评体系。

这种方法的缺点是设计复杂，实施费用高，费时费力；优点是对员工的绩效考核更加准确。

（3）行为观察法，也称观察评价法、行为观察量表法。它是在关键事件法的基础上发展起来的，与行为锚定等级评价法大体接近，只是在量表的结构上有所不同。它不是

首先确定工作行为处在何种水平上，而是确认员工某种行为出现的概率，它要求评定者根据某一工作行为发生频率或次数多少来对被评定者打分，如：从不（1分），偶尔（2分），有时（3分），经常（4分），总是（5分）。实际应用行为观察法，既可以将不同工作行为的评定分数相加得到一个总分数，又可按照对工作绩效的重要程度赋予工作行为不同的权重，加权后再相加得到总分。

3. 结果导向型考核方法

（1）目标管理法。由员工与主管共同协商制订个人目标，这个个人目标应依据企业的战略目标及相应的部门目标而确定，并与他们尽可能一致。该方法用可观察、可测量的工作结果作为衡量员工工作绩效的标准，以制订的目标作为对员工考核的依据，从而使员工的个人目标与组织目标保持一致，降低管理者将精力放到与组织目标无关的工作上的可能性。其主要优点在于结果易观测，评价失误少，适合对员工进行反馈和辅导，能够提高员工积极性，增强其责任心和事业心。缺点是难以对各员工和不同部门间的工作绩效做横向比较，不能为以后的晋升决策提供依据。

（2）绩效标准法。采用更直接的工作绩效衡量的指标，通常适用于非管理岗位的员工，要求所采用的指标要具体、合理和明确，要有时间、空间、数量、质量的约束限制，要规定完成目标的先后顺序，保证目标与组织目标的一致性。优点是更详细、具体，能对员工进行全面的评估，对员工有明确的导向和激励作用。缺点是需要用较多的人力、物力和财力，需要较高的管理成本。

（3）直接指标法。这种方法是在员工的衡量方式上，采用可监测、可核算的指标构成若干考评要素，作为对下属的工作表现进行评估的主要依据。其优点是简单易行，能节省人力、物力、财力、管理成本。但运用本方法时，需要加强企业基础管理，建立健全各种原始记录，特别是一线人员的统计工作。

（4）成绩记录法。这是一种新开发的方法，一种以主管人员的工作成绩记录为基础的考核方法，比较适合于从事科研、教学及具有相同工作性质的人员，即他们每天的工作内容不尽相同，无法用完全固化的衡量指标进行考量。缺点是需要从外部请来专家参与评估，人力、物力耗费高，所需时间长。

成绩记录法的步骤如下。

① 由被考评者把自己与工作职责有关的成绩写在一张成绩记录表上。

② 由其上级主管来验证成绩的真实准确性，最后由外部的专家评估这些资料，从而对被考核人的绩效进行评价。

表5-8是一张成绩考核卡，实际应用时可作参考。

表5-8　成绩考核卡

单　位	姓　名	职　务	时　间
项目			
工作目标			
完成情况			
与去年同期相比			
本月主要工作			
存在的主要问题			

四、360度绩效考核法

360度绩效考核法又称全方位绩效考核法，是指从与被考核者发生工作关系的多方主体那里获得被考核者的信息，以此对被考核者进行全方位、多维度的绩效评估的过程。这些信息的来源包括：上级监督者的自上而下的反馈；下属的自下而上的反馈；平级同事的反馈；企业内部的支持部门和供应部门的反馈；公司内部和外部的客户的反馈；本人的反馈。这种绩效考核过程与传统的绩效考核和评价方法最大的不同是它不仅仅把上级的评价作为员工绩效信息的来源，而且将在组织内部和外部与员工有关的多方主体作为提供反馈的信息来源。

1. 360度反馈绩效评价的主体与客体

（1）自我评价。指让员工针对自己在工作期间的绩效表现，或根据绩效表现评估其能力并据此设定未来的目标。当员工进行自我评价时，会降低自我防卫意识，从而了解自己的不足，能够自发改进自己的不足之处。

（2）同事评价。指由同事互评绩效的方式，来达到绩效评估的目的。对一些工作而言，有时上级与下属相处的时间与沟通机会反而没有下属彼此之间多。在这种上级与下属接触的时间不多、彼此之间的沟通也非常少的情况下，上级要对部属做绩效评估也就非常困难了。但同事彼此间工作在一起的时间很长，所以他们相互了解的机会多。此时，他们之间的互评，会比较客观。而且，同事之间的互评，可以让彼此知道自己在人际沟通这方面的能力。

（3）下属评价。由员工评估其上级主管的绩效，此过程称为向上反馈。而这种绩效评估的方式对上级主管发展潜能上的开发，特别有价值。管理者可以通过下属的反馈，

清楚地知道自己的管理能力有什么地方需要加强。若自己对自己的了解与部属的评价之间有太大的落差，主管也可针对这个落差，深入了解其中的原因。

（4）客户的评价。这对从事服务业、销售业的人员特别重要。因为只有客户最清楚员工在客户服务关系、行销技巧等方面的表现与态度如何。所以，在类似的相关行业中，在绩效评估的制度上不妨将客户的评价列入评估系统之中。

（5）主管评价。这是绩效考核中最常见的方式，即绩效考核的工作由主管来执行。因此身为主管必须熟悉评估方法，并擅长用绩效评估的结果作为指导部属、发展部属潜能的重要武器。

2. 操作过程

（1）准备阶段。准备工作影响着评估过程的顺利进行和评估结果的有效性。准备阶段的主要目的是使所有相关人员，包括所有评估者与受评者，以及所有可能接触或利用评估结果的管理人员，正确理解企业实施 360 度考核的目的和作用，进而建立起对该评估方法的信任。

（2）考核阶段。组建 360 度绩效反馈队伍。必须注意评估要征得受评者的同意，这样才能保证受评者对最终结果的认同和接受。对评估者进行 360 度评估反馈技术的培训。为避免评估结果受到评估者主观因素的影响，在执行 360 度评估反馈方法时需要对评估者进行培训，使他们熟悉并能正确使用该技术。此外，理想情况下，企业最好能根据本公司的情况建立自己的能力模型要求，并在此基础上，设计 360 度反馈问卷。

实施 360 度评估反馈，分别由上级、同级、下级、相关客户和本人按各个维度标准进行评估。评估过程中，除了上级对下级的评估无法实现保密之外，其他几种类型的评估最好是采取匿名的方式，必须严格维护填表人的匿名权以及对评估结果的保密性。大量研究表明，在匿名评估的方式下，人们往往愿意提供更为真实的信息。

（3）反馈和辅导阶段。向受评者提供反馈和辅导是一个非常重要的环节。通过来自各方的反馈（包括上级、同事、下级、自己以及客户等），可以让受评者更加全面地了解自己的长处和短处，更清楚地认识到公司和上级对自己的期望及目前存在的差距。根据经验，在第一次实施 360 度评估和反馈项目时，最好请专家或顾问开展一对一的反馈辅导谈话，以指导受评者如何去阅读、解释以及充分利用 360 度评估和反馈报告。另外，请外部专家或顾问也容易营造一种“安全”（即不用担心是否会受惩罚等）的氛围，有利于与受评者深入交流。

3. 360度绩效考核优缺点

（1）360度绩效考核法优点。该方法打破了由上级考核下属的传统考核制度，可以避免传统考核中考核者极容易发生的“首因效应”、“居中趋势”、“偏紧或偏松”、“个人偏见”等现象。一个考核者想要影响多个人是困难的，所以管理层获得的信息更准确。它可以反映出不同考核者对于同一被考核者不同的看法，防止被考核者急功近利的行为（如仅仅致力于与薪金密切相关的业绩指标）。另外，较为全面的反馈信息有助于被考核者多方面能力的提升。

360度绩效考核法实际上是员工参与管理的方式，能增加他们的自主性和对工作的控制，提高员工的工作积极性和组织忠诚度以及工作满意度。

（2）360度绩效考核法的不足。考核成本高，当一个人要对多个同伴进行考核时，时间耗费多，由多人来共同考核所导致的成本上升可能会超过考核所带来的价值；而且该方法还可能成为某些员工发泄私愤的途径，某些员工不能正视上司及同事的批评与建议，将工作上的问题上升为个人情绪，利用考核机会“公报私仇”；考核培训工作难度大，组织要对所有的员工进行考核制度的培训，因为所有的员工既是考核者又是被考核者。

4. 360度绩效考核法应用须注意的问题

（1）正确看待360度绩效考核法的价值。360度绩效反馈法的价值不是考核本身，而在于能力开发。其价值主要包括两个方面：一是可以帮助人们提高对自我的洞察力，清楚自己的强项和需要改进的地方，进而制订下一步的能力发展计划；二是可以激励人们不断改进自己的行为，尤其是当360度评估和反馈与个人发展计划的制订结合起来时效果更明显。360度绩效考核法正是将这种差距明确地呈现给受评人，从而激发起他们积极向上的动力。简单地将360度绩效考核法用于评估目的（无论是人才评估还是绩效考评），不仅不能给企业带来预期的效果，而且还有可能产生许多诸如人际关系矛盾、浪费资源、降低人力资源部和高层领导的威信等负面影响。

（2）管理层的支持。360度绩效考核涉及企业中各个层面的人，甚至还包括企业外部的人员。因此，实施360度绩效考核只有得到管理层的全力支持，才有可能真正顺利地开展起来，开展过程中出现的问题也才能及时解决。否则，就可能使员工之间存在的问题升级，影响员工正常工作绩效，甚至造成不可控制的混乱局面。

（3）企业的稳定性。实施360度绩效考核法的企业应该是比较稳定的。这种考核方法很可能会成为一把双刃利剑，当企业面临重组、裁员或者合并时，员工的不安全感本身就比较高，这时采用360度反馈很可能加重这种影响，从而起到负面作用。

（4）建立信任。在操作细节和整个实施过程中不断沟通，使员工建立起对上级的信任和对反馈中组织所承诺的程序公平的信任，从而对反馈保持开放接受的态度，克服对该考核方法的抵触情绪。因此，刚开始实施 360 度绩效反馈时，最好只以能力开发为目的，不作为考核、晋升的依据。这样，员工能较容易地接受并认同这种考核方法。然后，再逐步将其向应用领域（如考评、提升等人事决策）拓展。

（5）建立长期的人员能力发展计划。在将 360 度绩效考核法应用于员工能力发展时，企业应具备相应的能力模型，实现对现有管理层能力的合理评估。许多企业不重视这个前期工作。实际上，360 度绩效考核只是一种绩效考核方法，而根据能力模型编制的问卷才是实施考核的内容，是 360 度绩效考核法能否在企业中起到作用的决定因素之一。许多企业往往忽视建立长期的人员能力发展计划。能力发展不是一朝一夕就能实现的事情，也不是一劳永逸的，需要不断地提高，不断地发展完善。因此，在完成 360 度绩效反馈之后，必须与受评者一起探讨有关他能力发展的长期计划。

五、绩效考核实施应该注意的问题

员工绩效考核过程中的误差主要有以下几个方面。

1. 首因效应

首因效应指考核者对被考核者的第一印象的好坏对考核结果影响过大。如果第一印象好，则对被考核者各方面的评价比较高；如果第一印象不好，则对其各方面的评价较低。

2. 晕轮效应

考核人在对被考核人的工作业绩进行考核时，对被考核人某种与业绩考核无关的特性看得过重，进而以偏概全，产生考核误差。例如，有的考核人因看不惯被考核女性员工的衣着打扮而降低对她的工作业绩的评价。

3. 过宽、过严、趋中

过宽误差是一些考核人出于各种主客观原因，总是以评定量表的高分来进行评价，这就是所谓的过宽评价导致过宽误差；过严误差是一些考核人总是以评定量表的最低分数来进行评价，这就是所谓的过严评价导致过严误差；趋中误差就是一些考核人不管员工的表现存在多大差异，总是将他们归入一般或者高于一般。在使用考核量表法的时候，

容易出现这类问题。导致这类问题出现的原因有如下。

（1）考核人对考核制度认识不够；

（2）考核人对考核工作不重视；

（3）考核人不愿意做出严格的评定，怕影响员工个人的报酬、晋升和职业机会；

（4）考核人不能正确区分员工之间表现水平的差异；

（5）考核人对被考核人情况不熟悉等。

要克服考核人这类误差除了要激励他们正确实施考核外，还应控制考核结果的分布状况，使考核结果接近正态分布，还要努力降低评定量表本身的模棱两可程度，制订多维的、清晰的考核标准。

4．近因效应

对他人最近、最新的认识占主体地位，掩盖了以往形成的对他人的评价。例如，因为推销人员在考核前的两周时间销售情况优异，而认为该销售人的销售业绩优秀，实际上他的销售表现只是一般水平。当确定了一定的考核周期（半年、全年等），考核人的评价必须严格控制在整个周期内，而不是仅仅考核近期发生的事件。考核人要对周期内员工的表现进行全面的了解，注意防止近因效应的误差。

5．感情效应

考核人与被考核人通常是在同一组织中，考核人与被考核人之间也存在着一种感情关系。考核人可能会因他与被考核人的感情好坏程度而自觉或不自觉地对被考核人的工作业绩评价偏高或偏低。为了避免感情效应造成对被考核者工作业绩评价中的误差，考核者一定要避免在工作业绩评价中加入个人情感因素，要努力站在客观的立场上，力求公正，真正做到对事不对人，即“内举不避亲，外举不避仇”。

6．暗示效应

所谓暗示，即指用含蓄、间接的方法对人的心理状态产生直接而迅速影响的过程。这种影响是深刻而有效的，权威暗示尤为如此。考核人在领导者或权威人士的暗示下，很容易接受他们的看法而改变自己原来的看法。例如，在对某一员工考核时，领导可能会先发言，说：“在座的评委们都是专家，我也没有什么说的。据我了解，某某人的业务水平很不错，能力很强，我不多说了，请专家们评议吧。”这位领导人讲的几句话，可能是有意暗示，也可能是无意暗示。即使领导可能无意，评定人员也会揣测领导的意图，对这位领导人所提的某某人的业绩评价就会高一些。在考核中，暗示效应引起的误差很难避免。为了防止这种误差产生，有个办法

很有用，那就是评委在评定时，主持会议的人一开始就说明先请评委们发言、投票，最后再请领导或权威人士总结或讲话。这样，领导或权威最后的讲话就难以起到暗示的作用了。

7. 偏见误差

由于考核人对被考核人的某种偏见影响对被考核人工作业绩的评价而造成的误差就称为偏见误差。例如，考核人对某一群体具有强烈的反感情绪，这种偏见就会使他很难在考核时坚持客观性和公正性。

8. 定势误差

定势误差是指人们根据过去的经验和习惯的思维方式，在头脑中形成对人或事物的不正确看法，从而导致考评中出现误差。例如，一些年轻的考评者根据自己的生活经历，总认为老年人墨守成规，缺乏进取心，压制年轻人；而一些老年的考评者则按照自己的经验，总觉得年轻人缺乏经验、爱冲动、办事不可靠。在这种思维定势的影响下，做出的评价结果必然会产生误差。

为了防止或减小在工作绩效考核中的误差，提高工作绩效考核的信度和效度，必须严格地挑选和培训考核人员。首先，要挑选政策性强、坚持原则、办事公道的人来担任考核工作；其次，要对考核人员进行有关考核政策、原则和纪律的教育；最后，要对考核人进行有关考核标准、考核程序和考核方法的训练。在培训中组织考核人员对有关考核的标准和方法进行反复的讨论和模拟试评，对在试评中造成的误差要反复地讨论，以取得一致或较接近的看法。培训考核人员要确保考核人员真正掌握考核的标准、原则、方法和有关的纪律。只有这样，才能减少在实际绩效考核中的误差。

思考与讨论

1. 绩效考核方案实施之前需要做哪些准备工作？
2. 常用的绩效考核方法有哪些？
3. 在实施绩效考核时要注意哪些问题？

实训题

请走访当地的一个企业，调查该企业的绩效考核实施情况。

案例分析

公司年终的绩效考评结束了，小王的绩效考评分数低于她的同事小何。

小王和小何是同时应聘进入这家公司的，两个人又被分配到同一部门，做着同样的工作。这是她们进入公司后接受的第一次绩效考评，而且这一次的绩效考评结果，可能会影响到下一年度谁能够被提升的问题。

从进入这家公司开始，小王一直勤勤恳恳地工作，并希望自己的付出能够得到上司的认可。并且，无论从学历来讲，还是工作能力方面，小王都优于小何，这一考评结果令小王产生了困惑。

这时，邻座的电话响了，电话铃声不由得使她想起了一件事情。刚刚进入这家公司后不久的一个周末，她和小何都在加班，因为有事情需要请示领导，所以小何拨通了上司家的电话。刚开始接电话的可能是上司的儿子，上司接了电话后，小何并没有直接谈工作，而是先问："刚才接电话的是亮亮吗，真可爱，让他再和阿姨说几句话？贝贝在叫啊，是不是着急让你带它出去了？"小王觉得奇怪，她怎么会知道上司儿子的名字？贝贝又是谁？

事后她才知道贝贝原来是上司家的一条宠物狗。小王当时的感觉是这件事情很无聊，也很浪费时间，如果是她打电话，一定会直接和上司谈工作，上司的儿子和狗与工作又有什么关系？

现在小王开始明白了，自己恐怕是在人际关系方面出了问题，不仅仅是和上司，和同事之间也是这样。因为自己过于关注工作，忽视了很多和同事之间的这种沟通，并且在工作中过于认真的态度，也可能会令同事感觉紧张，会给人不够随和的感觉。但是，人际关系和工作质量有什么关系呢？小王自认为自己的工作质量和业绩是无可挑剔的，从到公司以来，承担了大量的工作，并且工作一直勤勤恳恳，这也是有目共睹的，为什么最后的考评结果仍然很低呢？毕竟人际关系也只是考核内容中的一方面呀。是不是搞好人际关系是获得较高考评结果的大前提？如果是这样的话，也许自己和公司的想法是不一样的。那么究竟是应该适应公司的这种方式，改变自己的个性，还是应该考虑重新找工作呢？

对绩效考评结果产生困惑的不止小王一个人。广告部的员工对金融部员工的成绩普遍高于自己而不满，而公司里有些年纪较大的员工认为他们的成绩低于年轻人是因为上司认为自己年纪大绩效就一定低的缘故。

绩效考评结束了，公司却开始变得不平静了。员工的这些抱怨也传到了老总的耳朵里，他在思考，究竟问题出在哪里？

分析：

1. 为什么小王会得到这样的绩效考核结果？
2. 公司里其他员工对绩效考核结果抱怨的原因是什么？
3. 在绩效考评中如何避免以上问题的发生？

学习情境六 设计和管理员工薪酬

白秦铭在大学时代所学专业是日语，毕业后被一家中日合资公司招为销售员。他对这个岗位挺满意，不仅工资高，而且尤其令他高兴的是这个公司给销售业务员发的是固定工资，而不采用佣金制，这就避免了“拿佣金时，比别人少，自己感觉很没面子”的情形发生，因为自己没有受过这方面的专业训练，肯定比不过训练有素的销售精英。

刚上岗的前两年，小白虽然兢兢业业，但销售成绩只属一般。可是随着他对业务的逐渐熟练，又跟那些零售商客户们逐渐搞好了关系，销售额渐渐上升。到第三年年底，他觉得自己已算是全公司几十名销售员中前20名之列了。不过公司的政策是不公布每人的销售额的，也不鼓励互相比较，所以他还不能很有把握地说自己一定是坐上了第几把交椅。

去年，小白干得特别出色。尽管定额比前年提高了25%，可到了9月初他就完成了全年销售定额。10月中旬时，日方销售经理召他去汇报工作。听完他用日语做的汇报后，经理对他说：“公司要有几个像你一样棒的推销明星就好了。”小白只微微一笑，没说什么，不过他心中思忖，这不就意味着承认他在销售员队伍中出类拔萃、独占鳌头吗?

今年，公司又把他的定额提高了25%。尽管一开始不如去年顺手，但他仍是一马当先，比预计干得要好。他根据经验估计，10月中旬前准能完成自己的定额。不过他觉得自己心情不舒畅。最令他烦恼的事，也许莫过于公司不告诉大家谁干得好坏，没个反应。他听说本市另两家中美合资的化妆品制造企业都搞销售竞赛和奖励活动，其中一家是总经理亲自请最佳销售员到大酒店吃一顿饭，而且人家还有内部发行的公司通信之类的小报，让人人都知道每人的销售情况，还表扬每季和年度的最佳销售员。想到自己公司这套做法，他就特别恼火。其实，在开始他干得不怎么样时，他并不太关心排名第几的问

题，如今可觉得这对他越发重要了。不仅如此，他开始觉得公司对销售员实行固定工资制是不公平的，一家合资企业怎么也搞“大锅饭”？应该按劳付酬嘛。

上星期，他主动找了那位日本经理，谈了他的想法，建议改行佣金制，至少实行按成绩给予奖励的制度。不料那位日本上司说这是既定政策，母公司一贯就是如此，这正是公司的文化特色，从而拒绝了他的建议。昨天，令公司领导吃惊的是，小白辞职而去，听说他被挖到另一家竞争对手那儿去了。

（案例来源：幸福校园论文网，2004-05-26）

任务一 制订基本薪酬体系

知识目标

- 熟悉薪酬和薪酬管理的概念；
- 掌握基本薪酬体系设计的方法和步骤。

技能目标

- 会制订基本薪酬体系；
- 能对薪酬进行调整。

任务引入

A 公司是一家民营企业，随着企业的发展，原来的薪酬体系已经不适应企业的发展，现在要求设计一个符合公司发展的基本薪酬体系。公司的人员基本资料见表 6-1 和表 6-2。

表 6-1 人员基本资料（职位等级）

等　级	职　位	人　数
等级 1	总经理	1
等级 2	部门经理	5
等级 3	部门主管	14
等级 4	班组长、行政人员	40
等级 5	普通员工	400

表6-2 人员基本资料（学历、职称）

学 历	人 数	职 称	人 数
研究生	2	高级	5
本科	18	中级	10
专科	30	初级	55
高中及以下	410	无职称	390

任务1：请进行实地薪酬调查。

任务2：根据薪酬调查的结果，制订A公司的基本薪酬体系。

任务分析

实地薪酬调查很难取得全面的资料，而且需要一定的调查费用，耗费时间也较长，建议采用网上查询的方式获得薪酬调查的资料。

制订薪酬体系主要需要确定薪酬等级与薪酬标准，制订薪酬水平和薪酬结构，使薪酬体系既能实现薪酬的功能，又能体现薪酬管理的基本原则。

知识链接

一、薪酬的构成及功能

1. 薪酬（compensation）的构成

薪酬是一个综合性的范畴，也就是报酬体系中的经济性报酬，涵盖了员工由于为某一企业工作而获得的所有直接和间接的经济收入，其中包括薪资、奖金、津贴、养老金以及各种福利保健收入。换言之，所谓薪酬，就是指员工因为雇佣关系的存在而从雇主那里获得的所有各种形式的经济收入以及有形服务和福利。它通常包括以下内容：

（1）基本薪酬（Basic Compensation）。它是以员工的劳动熟练程度、工作的复杂程度、责任大小、工作环境、劳动强度为依据，并考虑劳动者的工龄、学历、资历等因素，按照员工实际完成的劳动数量、工作时间或劳动消耗而计付的劳动报酬。基本薪酬虽然能帮助员工避免收入风险，但它与员工的工作努力程度和劳动成果联系不多。它包括等级薪酬、岗位薪酬、结构薪酬、技能薪酬和年终薪酬等几种主要类型。

基本薪酬是一位员工从企业获得的较为稳定的经济报酬，因此，这一薪酬组成部分

对于员工来说至关重要。它不仅为员工提供了基本的生活保障和稳定的收入来源，而且还往往是可变薪酬确定的一个主要依据。员工基本薪酬的确定依据通常是员工所从事的工作本身或者是员工所具备的完成工作的技能或能力，而基本薪酬的变动则主要取决于以下三个方面的因素：一是总体生活费用的变化或者通货膨胀的程度；二是其他雇主支付给同类劳动者的基本薪酬的变化；三是员工本人所拥有的知识、经验、技能的变化以及由此而导致的员工绩效的变化。

（2）可变薪酬（Variable Compensation）。可变薪酬是薪酬系统中与绩效直接挂钩的部分，有时也被称为浮动薪酬或奖金。可变薪酬的目的是在绩效和薪酬之间建立起一种直接的联系，而这种绩效既可以是员工个人的绩效，也可以是企业中某一业务单位、员工群体、团队甚至整个公司的绩效。由于在绩效和薪酬之间建立起了这种直接的联系，可变薪酬对员工具有很强的激励性，对于企业绩效目标的实现起着非常积极的作用。它有助于企业强化员工个人、员工群体乃至公司全体员工的优秀绩效，从而达到节约成本、提高产量、改善管理以及增加收益等多种目的。

（3）间接薪酬（Indirect Compensation），也叫员工福利与服务。之所以称为间接薪酬，是因为它与上面所提到的基本薪酬和可变薪酬存在一个明显的不同点，即福利与服务不是以员工向企业供给的工作时间为单位来计算的薪酬组成部分。间接薪酬一般包括带薪非工作时间、员工个人及其家庭服务、健康以及医疗保健、人寿保险以及养老金等。一般情况下，间接薪酬的费用是由雇主全部支付的，但是有时也要求员工承担其中的一部分。

作为一种不同于基本薪酬的薪酬支付手段，福利和服务这种薪酬支付方式有其独特的价值：首先，由于减少了以现金形式支付给员工的薪酬，因此，企业通过这种方式能达到适当避税的目的；其次，福利和服务为员工将来的退休生活和一些可能发生的不测提供了保障；最后，福利和服务亦是调整员工购买力的一种手段，使得员工能以较低的成本购买自己所需要的产品，比如眼镜、健康保险、人寿保险等。因此近些年来，福利和服务成本在国外许多企业中的上升速度相当快，许多企业采取了自助餐或套餐式的福利计划来帮助员工从福利和服务中获取更大的价值。

2. 薪酬的功能

薪酬不仅是一种公平的交易，它还可以将企业的组织目标和管理者意图及时、有效地传递给企业员工，促使个人行为与企业目标一致化，调节员工与企业、员工与员工之间的关系。薪酬的调节功能体现在三个方面：一是劳动力流向的合理调节；二是劳动力

素质结构的合理调整；三是劳动力价值取向的有效调节。

（1）劳动力流向的合理调节。人们只要细心就会发现，哪个地方的工资越高，可以获取的劳动力资源就越丰富。在同一个行业、同一个地区中，如果某企业比竞争对手的工资高，在人力资源上就可能拥有更大的竞争优势，人才素质就会高于竞争对手，而更多的劳动力就有可能从其他地方（包括竞争对手）流向这个企业。这里可以看出，薪酬对劳动力的流向调节具有很强的作用力。

（2）劳动力素质结构的合理调整。如果公司的薪酬在同地区具有很强的竞争力，那么，公司就能招到更多适合公司发展的高素质人才，反之，高素质的人才就会偏少。所以薪酬在劳动力的素质结构方面能起到很好的调整作用。

（3）劳动力价值取向的有效调节。劳动力既是客观世界的一部分，也是社会的一部分，具有主观能动性，自身具有价值。马克思主义政治经济学认为，劳动力的价值是由生产、发展、维持和延续劳动力所必需的生活资料的价值来决定的。同时，某种价值一旦对人们认知与行为具有经常的导向性，我们就将这种价值称为价值取向。

薪酬是劳动力价值的货币体现。而薪酬的多少往往决定了劳动力的价值取向。所以，从某种意义上说，薪酬在很大程度上决定了劳动力价值取向。

二、薪酬管理的内容与原则

薪酬管理（Compensation Administration），指一个企业针对所有员工所提供的服务来确定他们应当得到的报酬总额以及报酬结构和报酬形式的过程。在这一过程中，企业必须就薪酬水平、薪酬体系、薪酬结构、薪酬形式以及特殊员工群体的薪酬做出决策。同时企业还要持续不断地制订薪酬计划、拟订薪酬预算、就薪酬管理问题与员工进行有效沟通，并对薪酬系统本身的有效性做出评价，然后不断予以完善。

1. 薪酬管理的内容

（1）薪酬的目标管理，即薪酬应该怎样支持企业战略，又该如何满足员工需要。

（2）薪酬的水平管理，即薪酬要满足内部一致性和外部竞争性的要求，并根据员工绩效、能力特征和行为态度进行动态调整，包括确定管理团队、技术团队和营销团队的薪酬水平，确定跨国公司各子公司和外派员工的薪酬水平，确定稀缺人才的薪酬水平以及确定与竞争对手相比的薪酬水平。

（3）薪酬的体系管理，这不仅包括基础工资、绩效工资、期权期股的管理，还包括如何给员工提供个人成长、工作成就感、良好的职业预期和就业能力的管理。

（4）薪酬的结构管理，不仅包括正确划分合理的薪级，正确确定合理的级差和等差，还包括如何适应组织结构扁平化和员工岗位大规模轮换的需要，合理地确定薪酬带宽。

（5）薪酬的制度管理，即薪酬决策应在多大程度上向所有员工公开和透明化，谁负责设计和管理薪酬制度，薪酬管理的预算、审计和控制体系又该如何建立和设计等。

2．薪酬管理的原则

为使薪酬管理能充分发挥功能，在薪酬管理中要遵循以下原则。

（1）补偿原则。保障员工收入能足以补偿劳动力再生产的费用。

（2）公平原则。考虑员工的绩效、能力及劳动强度、责任、外部竞争性、内部一致性等因素，使员工感受到薪酬的横向公平和纵向公平。

（3）激励性原则。薪酬能激发员工的工作积极性。

（4）适度性原则。薪酬系统应该接受成本控制，在成本许可范围内制订，并要有上限和下限，以便于在一个适当区间内浮动。

（5）合法性原则。薪酬要符合国家相关法律，同时还要使大多数员工知晓并认可。

（6）平衡性原则。薪酬构成中的各个方面要尽量取得平衡，如既要考虑金钱报酬又要考虑非金钱奖励。

3．薪酬调查

（1）调查目的。调查目的包括：寻找薪酬设计的参考依据；比较企业现行薪酬结构与市场结构的差异，进而对本企业薪酬结构进行调整，以保持本企业薪酬的竞争力，避免人才流失；显示不同职级之间的薪酬差异，为本企业制订薪酬政策提供必要的依据；为企业确定合理的人工费用提供必要的参考资料。

（2）调查范围。调差范围主要有：同行业中同类型的其他企业；其他行业中有相似工作的企业；录用同类员工，可构成竞争的企业；工作环境、经营策略、薪酬与信誉均处于一般标准的企业；与本企业距离较近，在同一劳动力市场录用员工的企业。

（3）薪酬调查数据的来源。薪酬调查数据可以通过实地调查获得，实地调查可以由企业自己进行，但是由于企业间竞争和保密的原因，通常很难获得其他企业的详细的薪酬资料。企业也会委托专业的咨询公司进行薪酬调查，或者与咨询公司共同进行。

薪酬调查数据也可以通过查询相关薪酬数据获得，通常以下几个渠道可以获得薪酬调查数据：政府部门公布薪酬数据，媒体公布的薪酬调查数据，咨询机构拥有的薪酬数据库，其他一些机构（如猎头公司、学术研究机构等）拥有的薪酬数据库。后两种数据

通常需要购买。

三、基本薪酬体系设计——职位薪酬体系（Job-based Pay System）

在绝大多数薪酬系统中，基本薪酬都是最基础的薪酬组成部分，它不仅反映了薪酬与企业以及工作设计之间的关系，而且是可变薪酬甚至一些间接薪酬项目（比如企业补充养老保险等）的确定基础。总之，基本薪酬实际上决定了一家企业的薪酬系统的性质，同时也是企业实现薪酬内部一致性的一种主要手段。

1. 职位薪酬体系实施条件与操作流程

职位薪酬体系，就是首先对职位本身的价值做出客观的评价，然后再根据这种评价的结果来赋予承担这一职位工作的人与该职位的价值相当的薪酬的一种基本薪酬决定制度。职位薪酬体系实际上隐含着这样一种假定：担任某一职位工作的员工恰好具有与工作的难易水平相当的能力，它不鼓励员工拥有跨职位的其他技能。

（1）职位薪酬体系的实施条件。企业在实施职位薪酬体系时，必须首先对以下几个方面的情况做出评价，以考察本企业的环境是否适合采用职位薪酬体系。

① 职位内容是否已经明确化、规范化和标准化。职位薪酬体系要求纳入本系统中的职位本身必须是明确、具体的。因此，企业必须保证各项工作有明确的专业知识要求和明确的责任，同时这些职位所面临的工作难点也是具体的、可以描述的。

② 职位内容是否基本稳定，在短期内不会有大的变动。只有当职位的内容保持基本稳定的时候，企业才能使工作的序列关系有明显的界限，不至于因为职位内容的频繁变动而使职位薪酬体系的相对稳定性和连续性受到破坏。

③ 是否具有按个人能力安排职位或工作岗位的机制。由于职位薪酬体系是根据职位本身的价值来向员工支付报酬的，因此，如果员工本人的能力与所担任职位的能力要求不匹配，其结果必然会导致不公平的现象产生。故而企业必须能够保证按照员工个人的能力来安排适当的职位，既不能存在能力不足者担任高等级职位的现象，也不能出现能力比较高者担任低等级职位的情况。

④ 企业中是否存在相对较多的职级。在实施职位薪酬体系的企业中，无论是比较简单的工作还是比较复杂的工作，职位的级数应该相对地多一些，从而确保企业能够为员工提供一个随着个人能力的提升从低级职位向高级职位晋升的机会。

⑤ 企业的薪酬水平是否足够高。这是因为，即使是处于最低职位级别的员工也必须能够依靠其薪酬来满足基本的生活需要。如果企业的总体薪酬水平不高，职位等级又很多，处于职位序列最底层的员工所得到的报酬就会非常少。

（2）职位薪酬体系的设计流程。职位薪酬体系的设计有四个步骤：一是收集关于特定工作的性质信息，即进行工作分析；二是按照工作的实际执行情况对其进行确认、界定以及描述，即编写岗位说明书；三是对职位进行价值评价，即进行职位评价或工作评价；四是根据工作的内容和相对价值对它们进行排序，即建立职位结构，如图 6-1 所示。

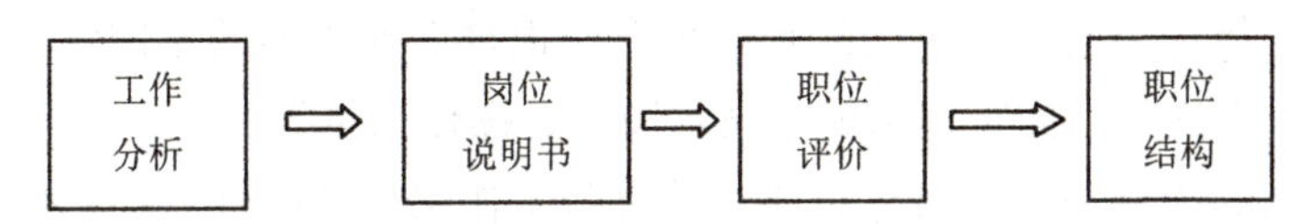

图 6-1　职位薪酬体系的设计流程及步骤

2．工作分析与岗位说明书的编写

工作分析与岗位说明书的编写在学习情境一中已经进行了说明。

3．职位评价与职位结构的确定方法——工作评价法

（1）工作评价法的程序和类型。工作评价是指评定各项工作在实现企业目标中的价值，确定各项工作的等级，进而制定各项工作的报酬，为最后构建薪酬结构提供依据。

工作评价法一般遵循以下步骤：工作分析——选择薪酬补偿因素——确定工作评价的方法——进行工作评价——确定各项工作的薪酬水平。

工作评价方法的类型包括：岗位等级法、岗位分类法、因素分类法、点数法等。

以上步骤中，选择合适的工作评价方法是十分关键的。

（2）四种工作评价方法的操作及其特征。

① 岗位等级法。主要根据不同岗位等级所承担的职责的不同来确定工资的一种工作评价方法。这种方法的操作过程如下。

第一，将所有岗位划分为若干等级，如划分为四个等级，分别为 1 级总经理和副总经理，2 级中级管理层（各部门经理），3 级低级管理层（部门主管），4 级操作工人层（一线员工）。

第二，根据各等级职务所承担的职责的不同合理确定各等级间的工资差距，如确定 1、2 级工资差距为 500 元，2、3 级工资差距为 400 元，3、4 级工资差距为 300 元。

第三，确定其中某一级的工资，如 A 企业确定 2 级的工资为 2 500 元。

第四，按已确定的等级工资差距计算其他级的工资，如：1 级的工资为 3 000 元，3 级的工资为 2 100 元，4 级的工资为 1 800 元。

岗位等级法的优点是简单易行。缺点是岗位等级并不是都能简单、合理地划分；这种方法下，同一等级的工资相同，因而不能起到有效的激励作用。

该方法主要用于科层制企业和小企业中。

② 岗位分类法。这是按岗位工作内容的不同来确定工资水平的一种方法。这种方法的操作与岗位等级法类同，所不同的是这种方法根据工作内容的不同将工作划分为不同性质的若干个工作岗位，如管理岗位、技术岗位、操作岗位等。

岗位分类法的优点是简单易行。缺点是有些工作岗位边缘性、模糊性较强，因而有时难以科学、合理地划分；这种方法认为岗位不同则工资应不同，这有失公平。

目前，岗位分类法在一些中小企业仍被使用。

③ 因素比较法。不同于前两种方法的是，因素比较法用可比较的因素来打乱工作岗位界线，并以这些因素来决定岗位的价值。另外它还运用与工作有关的因素作为制定工资的基础，因而能较好地实现外部公平和内部公平。这种方法的操作过程如下。

第一，选择可比较的因素。通常可选择心理素质、技能知识、生理状态、工作条件等。

第二，根据工作分析对各类工作进行评估。

第三，找出基准岗位。基准岗位是指其他岗位能与其比较并能确定相对价值的那些岗位，因而基准岗位的选择直接影响到其他岗位与之相比较的结果，所以要慎重；基准岗位一般要求具有以下特点：较稳定、被大家所熟悉，在人力资源市场上其工资有可比性，其市场流行工资率公开及可参照的范围广。

第四，将基准岗位的现行薪酬在已选定的各可比较因素上进行分解，得出基准岗位在各比较因素上的分别工资。

第五，确定非基准岗位的分别工资。将各非基准岗位与基准岗位在已选择的各可比较因素上一一进行对比、确定得出各非基准岗位在各可比较因素上的分别工资。若非基准岗位设有 6 个，所选定的可比较因素有 4 个，则最后共得 6×4=24 个级别工资。

第六，根据因素比较结果，得出各岗位的最后工资。即将以上已得出的各非基准工作岗位的分别工资各自相加，见表 6-3。

表 6-3 因素比较表

因素 工资/小时	技 能	努 力	责 任	工作条件
1				岗位 3
2		岗位 1		岗位 1
3		岗位 2	岗位 1	
4	岗位 1		岗位 3	
5	岗位 2			岗位 2
6	岗位 3	岗位 3	岗位 2	

表 6-3 反映了 3 种非基准工作岗位与基准工作岗位做比较分析后所得出的分别在 4 个可比较因素上的分别工资（表中的小时工资），由此得出岗位 1、2、3 最后的岗位工资如下：

岗位 1=4+2+3+2=11（元/小时），岗位 2=5+3+6+5=19（元/小时），岗位 3=6+6+4+1=17（元/小时）

因素比较法的优点是打破岗位界线，有基准作参照，因而较公平合理。缺点是较复杂、工作量大，确定各非基准岗位的分别工资时可能受主观影响较大。

该方法用途比较广泛。

④ 点数法。点数法是把各种因素都以点数进行量化，然后根据每项工作获得的点数决定其相对价值，从而确定每项工作岗位的工资。这种方法的操作过程如下。

第一，确定关键因素。一般以技能、努力、责任和工作条件作为关键因素。

第二，确定关键因素的子因素。如将技能分解为教育程度、经验和知识等子因素。分解关键因素为子因素就是从那些更具体的方面进一步考察和反映关键因素。

第三，确定各子因素的等级。一般划分为五个等级。

第四，确定各子因素各等级的标准和点数。如教育程度子因素的 5 级标准为硕士，点数为 75；1 级为初中及以下，点数为 15，级别高，点数也高。

第五，确定各子因素的权重。根据子因素对企业重要性的不同确定权重，子因素对企业越重要，则权重也越大。

第六，根据子因素各等级标准确定各岗位的等级及相应的点数，然后算得各岗位的总点数，见表 6-4。

表 6-4　两种岗位总点数的计算

子因素	搬运工		电脑工程师	
	等级	点数	等级	点数
教育程度	1	15	5	75
经验	1	20	4	80
知识	1	10	5	50
生理要求	5	50	2	60
心理要求	1	15	4	20
对设备和过程的责任	2	10	5	25
对材料和产品的责任	2	10	1	5
对他人安全的责任	1	10	1	10
对他人工作的责任	1	10	1	10
工作场所条件	4	40	1	10
危险性	4	20	2	10
总点数		210		355

第七，确定点距、级距、级范围和最低工资。

第八，将所有被评价职位根据点数高低排序，建立职位等级结构。待所有职位的评价点数出来之后，按照点数高低加以排列，然后根据等差的方式来将职位进行等级划分，制作成职位等级表。

点数法的优点是因为将因素分解为若干个子因素，并对子因素分别确定等级和点数，因而比因素比较法更客观和公平。缺点是更复杂，工作量也更大；子因素权重的设定和子因素各等级标准的确定都不免受主观因素的影响。

四、薪酬调整

1. 薪酬水平调整

在为不同工作或不同技能水平的员工调整薪酬水平时，一般是以工作为基础或以技能为基础，结合薪酬市场调查的结果分两步来进行的。

（1）通过薪酬调查掌握与本企业相关的劳动力市场的流行薪酬率。

（2）确定各等级的薪酬水平。

其方法是以市场调查得到的薪酬水平为纵轴，以薪酬等级为横轴，建立各种工作的薪酬市场线，如图 6-2 所示。

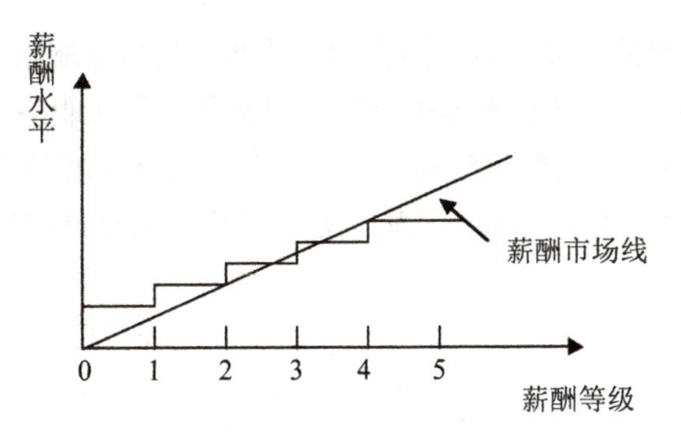

图 6-2　薪酬市场线

2. 薪酬结构调整

（1）薪酬结构调整的方法导向。

① 工作导向法和技能导向法。薪酬结构调整最常用的方法导向是以工作评价为基础，以员工所承担的工作为导向来调整薪酬结构。其中，工作导向法强调工作方面的特征，技能导向法强调员工技能方面的特征。目前，以技能为导向的薪酬结构调整日益普遍。它又包括两种：一种是以知识为基础，即根据员工所掌握的完成工作所需要的知识水平来调整薪酬；另一种是以多种技能为基础，即根据员工能够胜任的工作种类数目或技能的广度来调整薪酬。

② 市场导向法，即根据市场上本企业竞争对手的薪酬水平来调整本企业的内部薪酬结构。表 6-5 是一个薪酬结构市场导向法的示例。

表 6-5　薪酬结构调整的市场导向法

薪酬水平	本公司	公司 I	公司 II	公司 III	公司 IV	外部平均水平	薪酬水平
		A					
	工作 A		A		A		
		B		B			
	工作 B				B	A	
	工作 C					B	
		C					
					C		
	工作 D		C				
			D	D	D	C D	

（2）薪酬结构调整的程序。薪酬结构的调整通常是与薪酬水平的调整结合在一起进行的。其步骤如下所示：调整薪酬等级数目；调整各工作（职务、工种）的薪酬等级；调整薪酬等级线；调整各等级的薪酬水平；综合分析调整薪酬关系（图 6-3）；将调整过的薪酬制成薪酬表，建立正式的薪酬结构。薪酬结构的调整过程如图 6-4 所示。

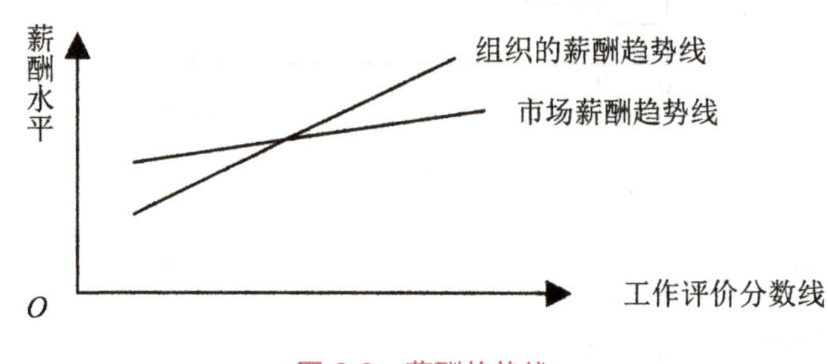

图 6-3　薪酬趋势线

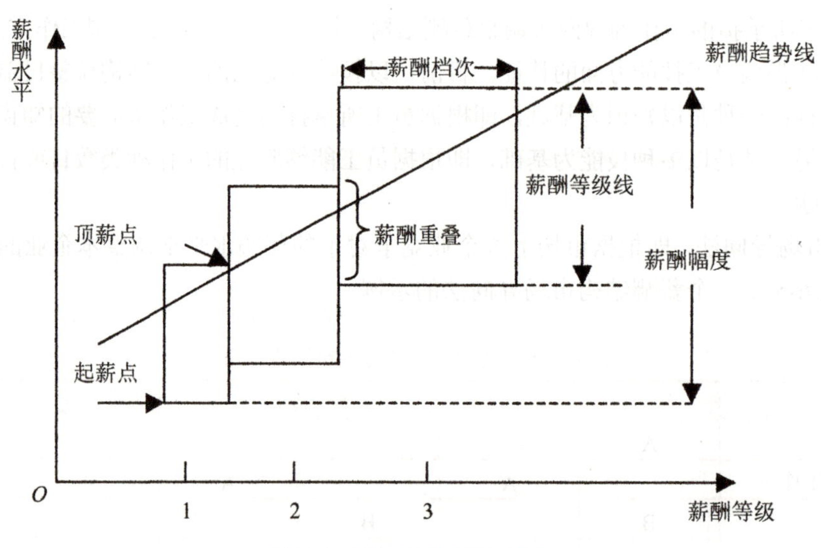

图 6-4　薪酬结构调整过程

（3）薪酬级差参数设计。薪酬级差参数主要指确定薪酬之间的差异所应考虑的因素。

（4）薪酬的调整方式设计。主要是决定薪酬调整的频率及幅度。所谓薪酬调整频率，就是调整薪酬的时间间隔，是每年调整一次还是二、三年调整一次或不定期调整。薪酬调整幅度，就是每次调整的平均薪资额。基本模式有两种，即快频小幅调整与慢频大幅调整。

思考与讨论

1. 什么是薪酬？薪酬管理包括哪些内容？

2. 薪酬方案的设计主要包括哪些步骤？

3. 薪酬结构调整的方法有哪些？

4. 为什么薪酬管理被认为是最不讨好人的工作？

5. 怎样设计一个既保证公平分配，又能同时促进企业发展和员工共同进步的薪酬体系？

实训题

某公司的员工薪酬如下：会计经理（5 年经验），月薪 2 000 元；生产经理（5 年经验），月薪 1 400 元；会计员甲（3 年经验），月薪 1 000 元；会计员乙（3 年经验），月薪 700 元。市场一般薪酬为：经理月薪 1 800 元；会计员月薪 850 元。试就该公司的薪酬结构作一评价，并分析其犯了什么错误，怎样解决。

任务二　制订绩效奖励计划

知识目标

- 熟悉绩效奖励计划的实施要点；
- 掌握绩效奖金的制订方法和步骤；
- 掌握计件工资的制订方法。

技能目标

- 会制订绩效奖励体系；
- 能够正确运用计件工资薪酬管理方法。

任务引入

下午 4 点钟刚过，公司的员工们便三三两两地走出来，有的说去跳舞，有的说去看录像。只有新来的小李还认真地坐在电脑旁修改未做完的表格。

“小李，走吧，咱们一块儿买衣服去。”

“别干了，你拼死拼活地干得再多，薪水也高不到哪儿去。”

“看咱们的处长先生，一个月也没比咱多拿多少。”

“瞧瞧人家小王，真是跳到‘金窝窝’中去了，原来在咱们这儿当个处长，现在虽然只是个科长，可薪水却高出了一大截儿。”

“干多干少也没多大差别！”

“……”

这些话像是在抱怨，其中又透着些许无奈。

任务：如果你是这家公司的人事经理，你最先想到的是什么？

任务分析

在一个企业内部，各级不同的职务之间的薪酬水平应当确定一定的差距，从而不断激励员工掌握新知识，提高业务能力，创造更佳的业绩。因为当他们因业绩突出而被提升时，将获得高出现在职位很多的薪酬水平。适当地拉开不同职务之间的薪酬差距，还可以吸引其他企业，有时甚至是竞争对手中的优秀人才到本企业来工作，不仅增强自身的实力，而且还削弱对方的竞争力，从而使本企业在竞争中处于有利地位，能够不断扩大规模，不断成长。

知识链接

一、绩效奖励和激励

所谓绩效，我们可以定义为员工通过努力所实现的对企业有价值的结果，以及他们在工作过程中所表现出来的符合企业要求的文化和价值观以及有利于企业战略目标实现的行为。员工个人绩效的高低主要取决于四个方面的因素：一是员工的知识，即员工所拥有的关于事实、规则、原则以及程序的知识；二是员工的能力，即员工所具备的技能

以及完成工作任务的能力；三是员工的工作动机，即员工所受到的激励程度；四是机会，即员工和工作之间的匹配性以及其他外部资源的支持。

从薪酬管理的角度来说，薪酬体系与上述四个方面实际上都是有联系的。比如说，较高的薪酬水平有利于吸引知识和技能水平较高的员工；以技能和能力为导向的薪酬体系和报酬方式有利于激励员工不断增强自身的能力和素质；灵活的薪酬体系有利于员工在企业内部的调动和轮换，从而帮助员工在组织内部找到最适合自己的工作；最后，强调绩效的薪酬体系有利于员工对绩效的关注，有利于员工采取对企业有利的行为等。

二、绩效奖励的种类

绩效奖励计划（Pay for Performance Plan）有很多种，选择何种计划取决于企业的经营战略、经济状况、人员情况以及企业想要达到的目标。在企业目标发生变化时，绩效奖励计划的种类也应该随之发生变化。下面我们介绍两种常见的绩效奖励计划类型。

1．绩效奖金（Merit Pay）及其设计方法

（1）绩效奖金发放的目的是激励士气、提高工作效率。

（2）绩效奖金发放的依据。绩效奖金是对员工所做贡献的回报，其确定的依据是员工的职位等级、绩效考核结果、员工所在部门的经营情况和企业的整体经营效益状况。

（3）绩效奖金核发的基数设定。绩效奖金的计算从原则上讲应依据个人的基本薪酬为基础，按其本身基本薪酬额的百分比设定基数。例如，员工 A 的基本月薪为 1 000 元，绩效奖金与基本月薪的比例为 30%，那么员工 A 应得到的绩效奖金为 1 000 元×30%=300 元。

（4）绩效奖金与固定薪酬比例的设定。该比例的设定可以参考表 6-6，结合企业的人力资源政策加以确定。

表 6-6　绩效奖金和固定薪酬比例设定

绩效奖金占固定薪酬的比例	设定说明	优　点	缺　点
10%	给予较高的固定薪酬，绩效奖金占固定薪酬的比例小	员工收入较稳定	激励性不高
30%	固定薪酬满足基本生活水平，具有提供客观奖金的潜力	员工收入的稳定性及激励性均能兼顾	无明显缺点
50%	固定薪酬维持日常开销，但奖金可能很高	激励性很大	员工缺乏安全感

（5）绩效奖金与绩效考核结果挂钩。主要包括绩效考核分数挂钩和绩效考核档次挂钩两方面。

① 绩效奖金与绩效考核分数挂钩。

设计步骤：设定绩效奖金占固定薪酬比例的最高限额，以及最高限额所对应的绩效考核分数，使个人绩效奖金与绩效考核分数成线性关系。

绩效奖金的计算方法：

绩效奖金=固定薪酬×（绩效考核得分/100分）×奖金的比例最高限×100%（6-1）

假设比例最高限额为 25%，此时绩效考核分数为 100 分，那么绩效奖金与绩效考核分数的线性关系如图 6-5 所示。

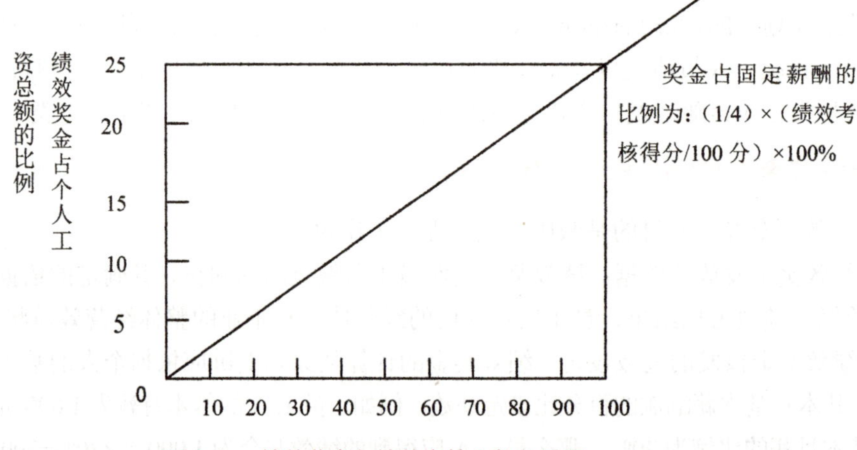

图 6-5 绩效奖金与绩效考核分数关系图

② 绩效奖金与绩效考核档次挂钩。

具体操作方法：企业设定绩效考核系数，并将其用于计算各档次员工实际绩效奖金与固定薪酬的比例。企业公布的绩效奖金占固定薪酬的比例为企业的平均水平，但因每人绩效考核结果不同，实际比例有所不同。应将各档次员工的绩效考核系数换算成实际绩效奖金比例。每一档次对应一个考核系数，见表 6-7。

表 6-7 绩效考核系数设定

绩效考核档次	A	B	C	D	E
绩效考核系数	1.5	1.25	1.0	0.7	0.4

系数级别的多少由企业自定，但综合平均后应与企业公布的绩效奖金占全员固定薪

酬的比例水平一致。

绩效奖金的计算方法：

$$绩效奖金=固定薪酬\times绩效奖金比例\times绩效考核系数 \qquad (6-2)$$

例如，员工 B 固定薪酬为月薪 2 000 元，企业公布的绩效奖金比例为 30%，该员工考核后绩效考核档次为 B 档，其对应的绩效考核系数为 1.25。

则　　该员工的绩效奖金=2 000×30%×1.25=750（元）

（6）绩效奖金发放的时间。一般情况下，绩效奖金发放的频率通常和绩效考核的频率相同，在每次绩效考核后，根据考评成绩发放。特殊情况下，基本薪酬较低，绩效奖金所占薪酬比例较大，且绩效考核期间较长时，可以将应得绩效奖金在后一考核期内分批付清。这样可以保障员工的收入水平。例如，某企业绩效考核频率为每季度一次，绩效奖金与基本薪酬比例为 30%，那么每一次季末考核评定后应得的奖金，在下一季度平均分三次付清，即每月付一次。

2. 计件工资（Piece Rate）设计方法

（1）计件工资计划的分类。

① 直接计件工资计划（Straight Piece Rate Plan）。这是运用最为广泛的一种奖励计划。薪酬直接根据产出水平而变化。先确定在一定时间内应当产出的标准产出数量，然后根据单位产出数量确定单位时间工作率，最后根据实际产出水平计算出实际应得薪酬。显然在这种计件工资计划下，产出水平高于平均水平者得到的薪酬也较高。

② 标准工时计划（Standard Hour Plan）。它是指首先确定正常技术水平的工人完成某种工作任务所需要的时间，然后再确定完成这种工作任务的标准工资率。即使一个人因技术熟练以少于标准工时的时间完成了工作，他获得的依然是标准工资率。举例来说，对于一位达到平均水平的汽车修理工来说，为小汽车补一个轮胎平均需要花费的时间可能是一个小时。但是如果某位修理工的工作效率较高，他可能在半个小时内就能补好一个轮胎，但是企业在支付工资的时候，仍然是根据一个小时来给他支付报酬。对于周期很长、技能要求较高、非重复性的工作而言，标准工时方案是十分有效的。

③ 差额计件工资计划（Differential Piece Rate Plan）。这种工资制度是由科学管理理论的创始人泰勒提出的。其主要内容是适用两种不同的计件工资率：一种适用于那些产量低于或等于预定标准的员工，而另一种则适用于产量高于预定标准的那些员工。举例来说，在一家制衣厂中，对于那些小时产量低于 25 件的员工而言，他们每生产一件衬衣可以获得 10 元；而同样时间内的产量高于 25 件的员工的计件工资率则会更高一些，可

能会达到每件12元。显然这种薪酬体系对于员工达成较高生产率的刺激会更大。

④ 可变计件工资计划（Variable Piece Rate Plan）。这类计件工资计划主要有以下三种。

第一种是海尔塞50—50计件工资计划。其内容是，企业通过时间研究确定完成某项任务的标准工作时间，如果员工以低于标准工时的时间完成工作，从而因节约时间而产生收益，则这种通过成本节约而产生的收益在企业和员工之间以对半的形式分享。

第二种是罗曼计件工资计划。从企业和员工分享因节约工作时间所产生的收益这一点上来看，它与海尔塞计划是类似的，所不同的是，随着节约时间的增加，员工所能够分享的收益所占的比例是上升的。

第三种是甘特计件工资计划。它的主要做法是，在制定标准工时的时候，有意将它定在工人需要付出较大的努力才能达到的水平上，不能在标准时间内完成工作的人将会得到一个有保证的工资率。但是对于那些能够在标准时间内或者少于标准工时的时间内完成工作的员工，计件工资率则定在标准工资率的120%这一较高水平上。因此，一旦达到或者超过标准工时的要求，员工的收入增长会比产量的增长要快。

（2）计件工资单价的确定方法。

方法1：可以采用竞争行业定价方法，即参考同行业普遍的计件工资单价施行标准，确定本企业计件工资单价。

方法2：根据产成品成本与利润测算计件工资单价。

步骤1：计算产成品计件工资单价。计算公式如下：

产成品计件工资单价=产品单价-原料成本-辅料成本-管理成本-预定利润

步骤2：确定每个工序计件工资单价在产成品计件工资单价中的比例。

例如，工序1计件工资单价占产成品计件工资单价的20%；工序2计件工资单价占产成品计件工资单价的60%；工序3计件工资单价占产成品计件工资单价的20%。

步骤3：确定每个工序的计件工资单价。计算公式如下：

工序计件工资单价=产成品计件工资单价×该工序占产成品计件工资单价的比例

（3）生产不饱和情况下计件工资的确定方法。

企业有可能发生暂时性或阶段性由于生产不饱和而员工计件工资过低的现象。为了避免员工流失，企业可以采用保障性工资发放的政策。企业应该制订保障性工资发放标准，如果由于生产不饱和而使计件工资全月低于这一标准时，则按保障性工资发放。

思考与讨论

1. 什么是绩效奖励？决定员工绩效高低的因素有哪些？
2. 绩效奖励对提高企业的效益有哪些积极作用？

实训题

某公司生产A产品，要经过4道工序：工序1、工序2、工序3、工序4，各道工序计件工资单价分别占A成品计件工资单价的20%、30%、35%和15%。其中A产品单价为120元，原料成本50元，辅料成本15元，管理成本15元，预定利润20元，试求A产品在各道工序上的计件工资单价。

任务三 制订薪酬的预算和控制方案

知识目标

- 了解薪酬控制的主要途径；
- 掌握薪酬预算的主要方法。

技能目标

- 能为企业进行薪酬预算；
- 能根据成本定额实行有效薪酬控制。

任务引入

A企业是一家生产洗涤产品的公司。近几年来，洗衣粉市场竞争空前激烈，各种品牌的洗衣粉、洗涤剂纷纷登场。公司之间展开了价格战、人才战、服务战。因此，员工薪酬过高的压力表现得越来越突出。公司总经理决定普遍降薪10%，文件一公布，立刻引起了一场轩然大波。员工们纷纷表示不满，几个业务骨干辞职，士气低落，生产立刻陷入停滞状态，产量和销售量明显下降。

任务1：公司应不应该对过高的员工薪酬加以控制？

任务2：如果你是总经理，你会对公司过高的员工薪酬采取什么措施加以控制？

任务分析

控制员工薪酬，也就控制了企业的成本开支，可以使公司的竞争实力增强，增加市场占有的份额，战胜竞争对手，取得更好的经济效益，公司应该控制过高的员工薪酬。

薪酬是企业人工成本的主要部分，而人工成本的开支是不能永无止境地上升 的。因为这样不但影响企业在市场上的竞争能力，甚至会成为企业生死存亡的关键。优秀的主管肯定会采取措施来对员工薪酬进行有效控制。

降低人工成本的方法有两种：降低员工的薪酬和裁减人员。在目前人们生活水平还不高的情况下，物质利益是人们首要考虑的因素。物价水平的上涨，子女教育费的增加，以及粮食价格的提升，都使人们迫切需要提高薪酬。造成目前后果的主要原因是总经理的降薪做法有问题。人工成本要控制，但任何时候都不适宜采取直接降低薪酬的措施，而应该巧妙地处理，比如可以采取措施提高员工的工作效率，从而提高企业的经济效益，在不降低员工薪酬的情况下使人工成本占企业开支的比率下降，这样既降低了人工成本，又不至于影响员工的积极性。

知识链接

一、薪酬预算

1. 薪酬预算（Compensation Budgetary）的目标

概括地说，预算就是特定的主体决定要实现怎样的目标以及准备以何种成本或代价来实现这一目标的过程。对于任何一种经济活动而言，通过预算来进行成本控制都是不可或缺的一个环节。鉴于薪酬问题在经济上的敏感性及其对于企业财务状况的重要影响，薪酬预算也就理所当然地成为了企业战略决策过程中的一个关键问题。

任何一个企业都是由一定数量和质量的员工组成的集合，这些员工聚集在一起，在实现企业经营目标的同时，也为实现自己特定的个人目标而努力。从这个意义上说，薪酬实际上是企业和员工之间达成的一项隐含契约，它体现了雇佣双方就彼此的付出和给

予达成的一致性意见。正是凭借这一契约，员工个人和企业之间的交换才得以实现。因此，在进行薪酬预算的时候，企业一般希望凭借这一举措实现以下两个方面的目标。

（1）合理控制员工流动率，同时降低企业的劳动力成本。发生在企业和员工之间，就劳动力和薪酬所进行的交换也要遵循经济学中的最基本规律：双方都想在提供最小投入的情况下从对方获得最大的产出。具体到企业方面，当它从员工方面得到的收益逐渐增多的时候，它在购买劳动力时需要支付的成本也在逐渐上升，因此，在企业劳动力成本的变动过程中，一定会出现这样一个点，在该点能够满足这样一个条件，即企业的边际劳动力成本等于它所获得的边际劳动力收益，即达到所谓的均衡状态，而薪酬预算最为重要的目标就在于找到这一均衡点，以实现劳动力成本和企业收益之间的平衡，保证企业所有者的收益最大化的目标能够得以实现。

（2）有效影响员工的行为。具体来说，薪酬预算能够施加影响的员工行为主要包括两个方面，即员工的流动率和他们的绩效表现。

首先，员工的流动率受到雇佣关系中诸多因素的影响，而薪酬水平是其中非常重要的一个影响因素。企业期望与大多数员工建立起长期和稳定的雇佣关系，以充分利用企业的人力资源储备，并节约在招募、筛选、培训和解雇等方面所支出的费用；而员工通常会要求得到至少等于、最好超过其自身的回报，否则员工就有可能终止其与企业的雇佣关系。

其次，员工的绩效表现对于企业而言也至关重要。为促使员工表现出优良的绩效，最简单的方法就是把绩效要求直接与特定职位结合在一起，员工在与企业建立起雇佣关系的同时就已经明确了其需要达到的绩效标准。

2. 薪酬预算的环境

在做薪酬预算之前，首先对企业所处的内部环境和外部环境加以了解。通过这一步骤，企业可以更清楚地了解自己目前的处境、市场和竞争对手的真实状况以及所面临的机遇与威胁，同时还会有助于自己制订相应的应对策略。

（1）外部市场环境。任何一个企业与其所处的市场间都会有着不可分割的联系。通过薪酬调查，企业可以收集到有关基准职位的市场薪酬水平方面的信息；把它们与组织中的现有状况进行比较，会有助于企业判定自己在劳动力市场上的准确位置，从而为企业的预算制订提供准确的依据。不仅如此，随着市场经营环境的不断变化和企业自身情况的改变，可以有目的地进行市场薪酬调查，任何一次薪酬调查的结果所代表的都是调查时的市场状况，而当它们最终被企业获得并被应用时，会不可避免地出现时滞问题。

因此，在根据这些数据对企业的薪酬水平和薪酬结构进行调整的同时，也要把劳动力市场的持续变动情况考虑在内，注意不断地对有关数据进行调整和更新，对于企业依据市场变化保持相对于竞争对手的劳动力市场优势地位，以及确保本企业薪酬预算的时效性也是十分重要的。

（2）企业内部环境。企业制作薪酬预算的内部环境主要取决于企业既有的薪酬决策和它在招募、挽留员工方面所花的费用。为了清楚地把握自身当前的内部状况，企业必须能够回答下面的问题：哪些员工会一直留在企业？他们会得到怎样的薪酬水平？那些离开企业的员工的薪酬水平又是怎样的？企业需要雇佣什么样的新员工，他们应当得到多高的薪酬？事实上，诸如此类的问题有很多，而且都很关键。

概括地讲，企业内部环境的变动情况主要是源于员工队伍本身发生的变化。通常情况下，员工人数的增加和流动的加剧都会降低企业的平均薪酬水平，这是因为资历的缘故，新员工大多会处于薪酬等级的较低层，而资深员工则会位于薪酬等级的上部，当以新员工来代替已有员工或是增加新员工时，就有可能会使得整体的薪酬水平下降。当员工人数减少或是流动速度缓慢时，则会产生相反的效应。

以员工流动为例来说。几乎所有的企业都会因为员工辞职、退休或是被解雇而经历员工队伍的不断更替，由于特定职位上员工更替而导致的薪酬差额被称为“流动效应”。这种流动效应的规模可以用下面的公示来表示：

$$\text{员工流动效应}=\text{年度流动水平}\times\text{计划中的加薪额} \tag{6-3}$$

举例来说，某企业的年度人工成本支出为1 000 000元，劳动力流动率为15%，计划中的平均加薪率为6%，那么整体流动效应就应该是9 000元（1 000 000×15%×6%）。这样，为了达到该年度6%的加薪目标，企业的薪酬预算只要有51 000元就可以了，而不必制作60 000元的预算。

（3）生活成本的变动。企业在进行薪酬预算时，把生活成本的变动情况结合进去考虑是一种很自然的做法，毕竟薪酬的最基本功用就在于满足员工生活开支方面的需求。在通货膨胀比较严重的时候，如果企业对薪酬水平的调整跟不上生活成本的剧烈波动，往往会招致员工的强烈不满，甚至导致企业经营上的危机。

（4）企业现有的薪酬状况。制作企业未来的薪酬预算必然会以现有的薪酬状况作为参考。事实上，所谓现有的薪酬状况所涉及的范围相当广泛，可以说涵盖了企业薪酬管理的方方面面，其中比较重要的几个问题如下所示。

① 上年度的加薪幅度。相对于本年度的薪酬预算而言，上年度的加薪幅度可以充当

一种参照，之所以要根据这样一个参照物，是为了确保企业能够尽量保持不同年份之间薪酬政策的一致性和连贯性，并在年度支出方面进行平衡。在数量上，年度加薪的幅度可以用下面的公式来进行计算：

年度加薪比率=（年末平均薪酬-年初平均薪酬）/年初平均薪酬×100%　（6-4）

② 企业的支付能力。在其他因素一定的情况下，企业的支付能力是其自身财务状况的函数。当企业的财务处境良好的时候，它往往具备保持其在劳动力市场上的优势竞争地位的实力，同时还可以通过收益分享以及利润分享等方案与员工分享企业的良好经营绩效。而当企业在财务方面出现问题的时候，企业则通常会采取裁员、降低基本薪酬上涨幅度或是缩减可变薪酬的做法来确保企业度过难关。

③ 企业现有的薪酬政策。企业的薪酬政策主要可以分为两大类，即现有的薪酬水平政策和薪酬结构政策。前者涉及的问题包括：企业是要做特定劳动力市场上的薪酬领袖、跟随者还是拖后者？哪些职位理应得到水平较高的薪酬？而有关薪酬结构的具体问题则包括：在企业的薪酬水平决策中，外部竞争性和内部一致性所起的作用哪一个更大一些？企业里究竟有多少个薪酬等级？各个薪酬等级之间的重叠范围是否足够大？员工在什么情况下会获得加薪等。此外，对现有薪酬政策的考察可能涉及的其他问题还包括：当前企业员工个人所获薪酬的具体状况是怎样的？员工和管理者对当前薪酬状况的满意度如何？

事实上，正是通过对上述问题的回答和反思，企业才有机会总结经验、正视不足、发现问题并认识到改进的迫切性，从而在其后的薪酬预算和控制中得以有的放矢，提高管理活动的针对性和有效性。比如说，某企业在综合考虑上年的加薪幅度、企业的支付能力、生活成本增长以及外部市场薪酬调查的结果之后得出结论：本公司生产人员的薪酬水平远远超出市场平均薪酬水平，因而下一年度只能根据生活成本的增长情况加薪2%；职能管理人员的现有薪酬水平与市场平均水平大致接近，下一年度的平均加薪幅度定位为6%；销售人员的现有薪酬水平大大低于市场平均水平，因而下一年度的加薪幅度确定为12%。

3. 薪酬预算方法

薪酬预算方法主要有两种，即宏观接近法和微观接近法。

（1）宏观接近法（Macro-approach Method）。宏观接近法是指首先对公司的总体业绩指标做出预测，然后确定企业所能够接受的薪酬总额，最后再按照一定的比例把它分配给各个部门的管理者，由管理者负责进一步分配到具体的员工。特定企业里这一流程

所需的层级次数是与组织结构的繁简程度成正比的。下面，我们来具体介绍采用宏观接近法进行预算控制的三种基本操作方法。

① 根据薪酬费用比率推算薪酬费用总额。在企业采取的各种薪酬预算方法中，这是最简单、最基本的分析方法之一。在本企业的经营业绩稳定且适度的情况下，管理者可以由本企业过去的经营业绩推导出适合本企业的安全的薪酬费用比率，并以此为依据对未来的薪酬费用总额进行预算。若本企业的经营水平不佳，则应参考行业的一般水平来确定出合理的薪酬费用比率，并由此推断合理的薪酬费用。薪酬费用比率的计算公式可以表示如下：

薪酬费用比率=薪酬费用总额/销售额

=（薪酬费用总额/员工人数）/（销售总额/员工人数） （6-5）

由上式可知，如果要维持在一个合理的薪酬费用的前提下使薪酬费用总额能够有所上升，就必须增加销售额，换言之，薪酬水平的提高必须处在员工平均销售额的上升范围之内。应该注意的是，这里所说的薪酬费用是指为雇佣员工所支付的一切费用，不仅包括基本薪酬、可变薪酬，还包括各种福利费用。根据一般经验，薪酬费用总额与销售的比例大致为14%，其具体数值又因企业的规模和行业而异。

现在，我们举例对这种方法加以说明：假设某一公司根据过去数年的经营业绩，得出本企业的合理薪酬费用比率为12%，公司现有员工100名，每人月平均薪酬为4 000元。

年薪酬费用总额=4 000元/月×12月×100 =480（万元），

年销售额=480万元÷12%=4 000（万元）。

此时，假设公司预算年销售额可以增加10%，即：

目标年销售额=4 000万元×(1+10%)=4 400（万元），

则：目标薪酬费用总额=4 400万元×12%=528（万元），

于是，薪酬费用总额增长率=(528−480)÷480×100%=10%。

也就是说，企业销售总额提高10%，其薪酬总额亦可增加10%；反过来，若企业欲加薪10%，则其必须实现销售额增长10%的年度经营目标。

② 根据盈亏平衡点推断薪酬费用比率。所谓盈亏平衡点，是指该点处企业销售产品和服务所获得收益恰好能够弥补其总成本（含固定成本和可变成本）而没有额外的盈利。也就是说，企业处于不盈不亏但尚可维持的状态。如图6-6所示，这种状态可以用图中的点*A*加以表示。

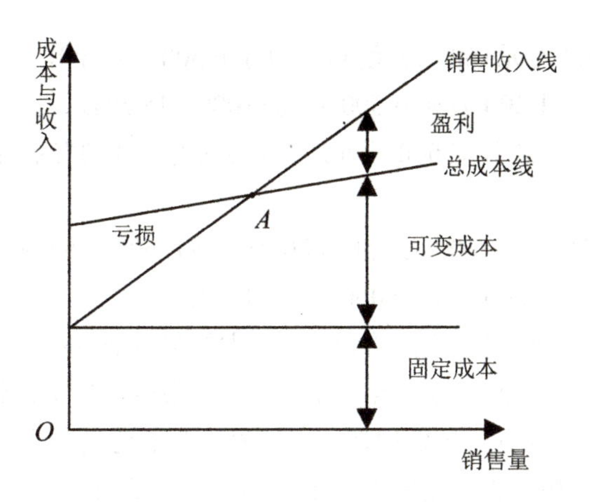

图 6-6　盈亏平衡分析

除了盈亏平衡点之外，我们在这里还要使用到边际盈利点和安全盈利点两个概念。其中，边际盈利点是指销售商品和服务带来的收益不仅能够弥补全部成本支出，而且还可以付给股东适当的股息；安全盈利点则是在确保股息之外，企业还能得到足以应付未来可能发生风险或危机的一定盈余。显然，盈亏平衡点、边际盈利点、安全盈利点这三个点与企业销售量的大小是密切相关的，而可能实现的销售量的多少又直接关系到薪酬费用水平的高低。

盈亏平衡点、边际盈利点和安全盈利点所要求的销售额的计算公式分别是：

盈亏平衡点=固定成本/（1−变动成本比率）　　(6-6)

边际盈利点=（固定成本+股息分配）/（1−变动成本比率）　　(6-7)

安全盈利点=（固定成本+股息分配+企业盈利保留）/（1−变动成本比率）　　(6-8)

根据上面三个公式，我们可以推导出企业支付薪酬成本的各种比率：

薪酬支付的最高比率（最高薪酬成本比率）=薪酬成本总额/盈亏平衡点

薪酬支付的可能限度（可能薪酬成本比率）=薪酬成本总额/边际盈利点

薪酬支付的安全限度（安全薪酬成本比率）=薪酬成本总额/安全盈利点

【例 6-1】　假定某公司的固定成本为 2 000 万元（含薪酬成本 1 200 万元），变动成本比率为 60%。

则在实现盈亏平衡经营时的销售收入时：

盈亏平衡点=2 000/(1−60%)=5 000（万元），

最高薪酬成本比率=1 200 万元/5 000 万元×100%=24%。

在实现边际盈利时，假设公司欲实现 600 万元的微弱盈利，则：

边际盈利点=(2 000 万元+600 万元)/(1−60%)=6 500（万元），

可能薪酬成本比率=1 200 万元/6 500 万元×100%=18.5%。

假设公司除有适当盈余分配 600 万元之外，还欲为企业的发展保留 1000 万元的盈余。则会有：

安全盈利点=(2 000 万元+600 万元+1 000 万元)/(1−60%)=9 000（万元），

安全薪酬费用比率=1 200 万元/9 000 万元×100%=13.3%。

也就是说，成本费用结构像这样的企业，最大的薪酬费用比率应当是 13.3%。如果是 18.5%或者 24%，则说明该企业的经营已经超越常规限度，处于比较危险的状态。

③ 根据劳动分配率推算薪酬费用比率。这里所说的劳动分配率，是指在企业所获得的附加价值中有多少被用来作为薪酬开支的费用。其计算公式是：

劳动分配率=薪酬费用总额/附加价值　　(6-9)

在这里，附加价值是指企业本身创造的价值，在性质上犹如家庭的可支配收入。它是生产价值中扣除从外面购买材料或动力的费用之后，附加在企业上的价值，是企业进行劳动力和资本分配的基础。附加价值的计算方法有两种：一种是扣减法，即从销售额中减去原材料等从其他企业购入的、由其他企业创造的价值；另一种是相加法，即将形成附加价值的各项因素相加而得出。其计算方法分别是：

附加价值=销售额−外购部分=净销售额−当期进货成本−
（直接原材料+购入零配件+外包加工费+间接材料）　　(6-10)

附加价值=利润+薪酬费用+其他形式附加价值的各项费用　　(6-11)
=利润+薪酬费用+财务费用+租金+折旧+税收

通常情况下，在企业附加价值中，大企业的劳动分配部分约占 41%，而小企业则为 55%左右。

下面举例说明如何利用劳动分配率推导出薪酬费用总额的计算方法。

【例 6-2】 假定某公司目标销售额为 5 800 万元，其附加价值比率（附加价值/销售额）为 40%，目标劳动分配率为 45%。则企业可用的薪酬费用总额为：

5 800 万元×40%×45%=1 044（万元）

反之，若此企业欲使薪酬费用总额上涨到 1 570 万元，则其必须实现的销售额为：

1 570 万元÷45%÷40%=8 722（万元）

此外，我们还可以运用劳动分配率求出合理的薪酬调整比率。比如，假定某公司上年度薪酬费用总额为 1 225 万元，附加价值为 2 988 万元，本年度第一季度薪酬费用总额为 423 万元，附加价值为 986 万元。按照惯例，企业拟从四月份起调整薪酬，预计今后

三个月的月平均附加值可达 364 万元。则合理的薪酬调整幅度计算如下：

上年度劳动分配率=1 225 万元/2 988 万元

=102.1 万元（月平均）/249 万元（月平均）

=41%

本年度第一季度劳动分配率=423 万元/986 万元

=141 万元（月平均）/329 万元（月平均）

=43%

可见，本年度第一季度的劳动分配率与上年度相差不大。经营者通过综合考虑各种因素之后，决定本年度第二季度的劳动分配率与第一季度相同，仍为 43%。则：

第二季度月平均目标薪酬费用总额=364万元×43%=156.5（万元）

而公司四月份平均薪酬可调升幅度为：

156.5万元−423万元/3=156.5万元−141万元=15.5（万元）

调升比率为：15.5 万元/141 万元×100%=10.99%。

随着市场环境不断趋于复杂和企业员工构成的日益多元化，现代企业一般都要求薪酬体系能够公平、公正地向员工提供高质量和个性化的服务，这也就意味着应该向不同的部门和员工支付不一样的薪酬。针对这种需要，大多数企业都在薪酬预算时采用了薪酬比较比率这一有效工具。它存在于这样的假设之上，即各部门的平均薪酬水平都应该和企业总体的平均薪酬水平持平，同时这一水平也应恰好是企业的薪酬中值。因此，那些比较比率比 1 低的部门就会加大加薪幅度，而比较比率高于 1 的部门加薪幅度则会相对小一些，从而实现整个企业范围内的大致均衡。

（2）微观接近法（Micro-approach Method）。与宏观接近法相对应，微观接近法指的是先由管理者预测出单个员工在下一年度的薪酬水平，再把这些数据汇总在一起，从而得到整个企业的薪酬预算。在企业的经营过程中，这一做法比宏观接近法更为常见。具体来说，整个过程应该包括以下步骤。

① 对管理者就薪酬政策和薪酬技术进行培训。在采用微观接近法的情况下，各级管理者是决定企业的薪酬预算能否顺利进行的最重要的力量，因此，在实施具体的薪酬预算之前，有必要首先对他们进行培训。通过培训，使他们具备根据绩效表现向员工支付薪酬的意识，并掌握加薪和预算等方面的常规性薪酬技术。因此，培训的主要内容应该包括公司的薪酬政策、薪酬增长政策、预算技术以及薪酬等级划分的原则等。

② 为管理者提供薪酬预算工具和咨询服务。在实际的薪酬管理工作中，向管理者提

供一定的工具是十分必要的。这些工具应该包括薪酬预算说明书和工作表格。前者是对薪酬预算需要应用到的技术以及这些技术的具体使用方法做出的简要说明，它对管理者起到了引导性的作用，同时也有助于提高管理效率、降低管理成本；而工作表格则主要是提供特定员工在薪酬方面的一般性信息，这些数据有助于管理者针对特定员工所采取的薪酬管理举措保持一致性和连贯性，更好地实现内部公平。

③ 审核并批准薪酬预算。在管理者就各个部门的薪酬预算形成初步意见之后，就需要对这些意见进一步审核和批准。首先，要对这些预算意见进行初步的审核，使它们与企业已经制订出来的薪酬政策和薪酬等级相符合；其次，把企业内部各个部门的薪酬预算意见汇总在一起，进行总体上的调节和控制，确保内部公平性和外部一致性的实现，保证各个部门之间的平衡；最后，管理层进行集体决议，确定出最终的预算意见，并确保得到决策层的批准。

④ 监督预算方案的运行情况，并向管理者进行反馈。制订出薪酬预算方案以及得到决策层的认可并不意味着薪酬预算控制的完结，从某种意义上讲，这一过程才刚刚开始。在预算方案下达至各个具体部门并加以执行的整个过程中，管理者必须对该方案的执行状况进行严密监控，一方面要保持与员工的畅通交流，了解他们的看法和态度，并对他们的反应做出积极、快速的反馈；另一方面也要从企业全局的角度出发，做好因时因地对方案进行调整的准备。

二、薪酬控制

1. 薪酬控制（Compensation Control）的作用和难点

（1）薪酬控制的作用。所谓控制，是指为确保既定方案顺利落实而采取的种种相关措施。在企业的实际经营中，正式的控制过程往往包括下面几步：① 确定相关标准以及若干衡量指标；② 将实际结果和既定标准进行比较；③ 明确并落实补救性措施。对薪酬体系的运行状况进行监控，其主要目的在于对之前的预期和之后的实际状况进行对比，但究竟采取什么样的补救措施，就因具体情况而定了。

我们同时还要意识到的一点是，薪酬预算和薪酬控制应该被看成是一个不可分割的整体：企业的薪酬预算需要通过薪酬控制来加以实现，薪酬控制过程中对薪酬预算的修改则意味着一轮新的薪酬预算的产生。在任何情况下，薪酬预算和薪酬控制都不能被简单看成是企业一年一度的例行公事，它们是持续不断地贯穿于薪酬管理的整个过程的。

（2）薪酬控制的难点。对于任何一个企业而言，对日常经营活动进行监督和控制都

不是一件很轻松的事情；实际的控制要受到多种因素的制约甚至阻碍。而这种情况之所以会出现，主要是因为控制行为本身的复杂性所致。具体来说，这种复杂性主要体现在以下几个方面。

① 控制力量的多样性。在一定程度上，每个人都有控制他人的欲望，当他们作为企业的员工时也是如此。在企业中，每个人都为实现企业的整体目标而完成自己的工作，同时也为实现自己的个人目标而进行种种努力，他们不可避免地要因为受控而承受来自企业和其他员工的压力，同时也在向他人施加一定的压力。概括来说，企业的控制力主要有以下三种：企业现有的正式控制体系、来源于小团体或特定个人的社会控制以及员工的自我控制。

② 人的因素的影响。企业的控制体系在不同的时候、处在不同的环境、面对不同的对象会发挥出不同的作用。举例来说，如果各项工作职责的设计在履行时彼此独立，工作周期本身又比较短，那么控制体系的作用效果比较明显；如果从事工作的是一名新员工，对于控制力量本身有着较强的需求，控制的效果也应该不会太差。但另一方面，如果某项工作职责在最终结果出来以前要求在职者接受多年的培训，在很长的时间里与不同的职位打交道，那么对其进行监控就不会有很明显的效果了。这种情况下，借助于社会控制和自我控制的力量往往能够收到更为理想的效果。

③ 结果衡量的困难性。在企业的日常运营过程中，对一些工作行为进行观察往往是很困难甚至是不大可能的。出于有效控制的目的，企业往往会针对其希望得到的结果制定出若干衡量指标。在一定程度上这种做法是有效的，但它容易使得员工把注意力集中在衡量指标而不是目标本身之上。

2．薪酬控制的途径

（1）薪酬控制的对象。在企业的经营过程中，薪酬控制在很大程度上指的是对于劳动力成本的控制，大多数企业也都存在着正式的薪酬控制体系。一般情况下，企业的劳动力成本可以用下面的公式表示。

劳动力成本=雇佣量×（平均薪酬水平+平均福利成本）　　（6-12）

因此，可以认为劳动力成本主要取决于企业的雇佣量以及在职员工基本薪酬、可变薪酬和福利与服务这三个方面的支出，它们自然也就成为薪酬控制的主要着眼点。

可以从以下几个主要方面来关注企业的薪酬控制：第一，通过控制雇佣量来控制薪酬；第二，通过对平均薪酬水平、薪酬体系的构成的调整以及有目的地设计企业的福利计划以达到控制薪酬的目的；第三，利用一些薪酬技术对薪酬进行潜在的控制。

（2）通过雇佣量进行薪酬控制。雇佣量取决于企业的员工人数和他们相应的工作时数两个要素，通过控制它们来管理劳动力成本可能是最为简单和最为直接的一种做法。很显然，在支付的薪酬水平一定的情况下，企业的员工越少，企业的经济压力也就相应越小；然而，如果薪酬水平能够保持不变，但是每位员工的工作时间却可以延长，那么企业就会更为有利可图了。

① 控制员工人数。事实上，裁员有助于改善企业的现金流量，有效控制企业的成本开支。当然，这种做法的副作用也很明显，裁员不当可能导致熟练工人的大量流失，直接影响到企业的人力资本储备。

② 控制工作时数。由于和变动员工的人数相比，控制变动员工的工作时数往往来得更加方便和快捷，所以这种做法在企业的使用更为普遍一些。这里值得一提的是有关工时的法律规范方面的问题。举例来说，在很多国家都有明文规定，员工的工作时间在超过正常周工作时数以后，额外工作时间的薪酬应该按照原有薪酬水平的1.5倍来计算。因此，企业就需要在调整员工人数和调整工作时数两种做法之间选择，选择的依据则是哪一种调整方式的成本有效性更高。

（3）通过薪酬水平和薪酬结构进行薪酬控制。对薪酬的控制，最主要的还是要通过对薪酬水平和薪酬结构的调整来实现。此处的薪酬水平主要是指企业总体上的平均薪酬水平；而薪酬结构则主要涉及基本薪酬、可变薪酬和福利支出这样一些薪酬的构成以及各个具体组成部分所占的比重大小。各种薪酬组成的水平高低不同和所占份额大小不同，对于企业薪酬成本的影响也不同。

① 基本薪酬。基本薪酬对于薪酬预算与控制的最主要影响体现在加薪方面，而原有薪酬水平之上的增加一般是基于以下三个方面的原因：原有薪酬低于理应得到的水平；根据市场状况进行的调节；更好地实现内部公平性。因此这种做法的成本会和以下几种因素有关：基本薪酬所得不足的员工的数量、理应加薪的次数、实际加薪的规模。

② 可变薪酬。越来越多的企业开始在组织内部使用这样或那样的可变薪酬方案，它们的支付形式包括：利润分享、收益分享、团体奖励、部门奖金等。它们给企业所带来的成本亦是进行薪酬预算与控制时不得不考虑的一项内容。

在提高薪酬水平给企业的薪酬控制带来的影响方面，可变薪酬与基本薪酬既有相同点，亦有不同之处。一方面，可变薪酬所能发挥的影响同样取决于加薪的规模、时间以及加薪的员工参与率；而另一方面，由于大多数可变薪酬方案都是一年一度的，通常是在每个财务年度的年底进行支付，因此它们对企业的影响也只是一次性的，并不会作用于随后的年份。

举例来说，现在需要针对某员工制订特定的薪酬支付计划。如果他原来年薪为40 000元，每年加薪比例为5%，那么十年后他的薪酬数额大约应为62 000元，而这些年里企业总共需要向他支付503 116元。同时，与基本薪酬相联系的一些福利项目支出也需要相应增加。企业也可以保持该员工40 000元的基本薪酬水平不变，每年支付大约26.8%的红利，十年下来，总成本大约应为503 000元。这样一来，企业不仅在一定程度上节约了福利和其他方面的成本开支，还可以保持员工薪酬与其绩效之间的高度相关性，发挥更大的激励作用。

③ 福利支出及其他。根据对薪酬预算与控制的作用大小，可以把企业的福利支出分为两类：与基本薪酬相联系的福利以及与基本薪酬没有关系的福利。前者多是像人寿保险和补充养老保险这样比较重要的福利内容，它们本身变动幅度一般不大，但是由于与基本薪酬相联系，因而会随着基本薪酬的变化而变化。同时由于它们在企业整体支出中所占份额较大，因而会对薪酬预算和薪酬控制产生较大的影响。而后者则主要是一些短期福利项目，例如健康保险、牙医保险以及工伤补偿计划等。比较来说，它们对于企业的薪酬状况所能发挥的作用要相对小得多。

（4）通过薪酬技术进行潜在的薪酬控制。

① 最高薪酬水平和最低薪酬水平。一般来说，每一薪酬等级都会具体规定出该级别内的最高薪酬水平和最低薪酬水平。其中，最高薪酬水平对于企业薪酬控制的意义是比较大的，因为它规定了特定职位能够提供的产出在企业内的最高价值。一旦由于特殊情况而使员工所得高于这一限额，就使得企业不得不支付“赤字薪酬”，而当这种情况很普遍时，对薪酬等级和岗位说明书进行调整也就显得非常必要。由于最低薪酬水平代表着企业中的职位能够创造出来的最低价值，因而它一般会支付给那些尚处于培训期的员工。当然，如果员工因为绩效突出而晋升速度过快，也有可能出现这种情况。

② 薪酬比较比率。在薪酬控制过程中，一项经常会被用到的统计指标是薪酬比较比率。这一数字可以告诉管理者特定薪酬等级的薪酬水平中值，以及该等级内部职位或员工薪酬的大致分布状况。该数值用公式可以表示为：

薪酬比较比率=实际支付的平均薪酬/某一薪酬等级的中值　　（6-13）

因此，当薪酬比较比率为1时，意味着该等级内员工的平均薪酬水平和中值恰好相等。

薪酬中值是绩效表现居中的员工理应得到的薪酬水平，理想情况下，企业支付薪酬的平均水平应该等于薪酬中值。

③ 成本分析。数字的说服力往往是最强的，相信这也是成本分析为很多企业所青睐

的原因。在决定一次新的加薪之前，企业一般都会对加薪所带来的经济影响进行深入和透彻的分析，以期了解事情的全貌。同样企业在制订销售人员奖励计划的薪酬方案时，也可以通过对该计划的成本测算来达到合理控制成本的目的。下面我们举例来加以说明。

案例：某公司销售人员薪酬计划成本测算工作单。

职位：销售代表。薪酬等级：10。薪酬等级中值：6 万元。总人数：80。

奖励标准或奖金基准额如下所示。

所有指标达到最低要求：9 000 元。

所有指标达到目标要求：18 000 元。

所有指标达到卓越要求：36 000 元。

分析步骤 1：确定绩效衡量指标及权重，见表 6-8。

表 6-8　绩效衡量指标及权重

绩效衡量指标	绩效衡量指标的定义	权　重
销售额	所有产品和服务的销售金额	60%
战略产品销售额	选定产品（比如 3～4 种关键产品）的销售金额	20%
新客户销售额	来自新客户的销售金额	20%

步骤 2：确定绩效标准（按绩效衡量指标分别确定），见表 6-9。

表 6-9　绩效标准

绩效衡量指标	获得奖励的绩效目标达成度要求/%		
	最低要求	目标要求	卓越要求
销售额	91	100	120
战略产品销售额	81	100	140
新客户销售额	81	100	140

步骤 3：预测在不同绩效水平的人数分布状况，见表 6-10。

表 6-10　不同绩效水平的人员分布状况

绩效衡量指标	预期绩效目标达成度以及预期的人数分布状况预测/人							
	80%以下	80%～89%	90%～99%	100%～109%	110%～119%	120%～129%	130%～139%	140%以上
销售额	3	5	38	25	5	2	1	1
战略产品销售额	8	12	24	15	15	0	2	4
新客户销售额	4	16	15	24	5	10	4	2

步骤 4：计算每一个绩效衡量指标的不同绩效水平所对应的奖金金额，见表 6-11。

表 6-11　不同绩效水平的奖金金额

绩效衡量指标	预期绩效目标达成度以及相应的奖金金额/元							
	80%以下	80%～89%	90%～99%	100%～109%	110%～119%	120%～129%	130%～139%	140%以上
销售额	0	0	5 400	10 800	16 200	21 600		
战略产品销售额	0	1 800	2 700	3 600	4 500	5 400	6 300	7 200
新客户销售额	0	1 800	2 700	3 600	4 500	5 400	6 300	7 200

表 6-11 中的数字为不同销售指标所占权重与不同的预期绩效目标实现度所对应的基准奖金额之积。比如说，如果某销售员的销售额指标实现度为 100%，则由于所有销售指标的目标实现度为 100%时，企业支付的总奖金额为 18 000 元，而销售指标在总绩效指标体系中占有 60%的权重，因此，该销售人员在销售额指标上达到 100%要求时所应得到的奖金数量为 10 800 元（18 000×60%）。对于实际销售目标实现度介于最低要求和目标要求之间以及目标要求和卓越要求之间的情况，则可以填空的方式填入。

步骤 5：根据预期的绩效水平来计算各绩效指标所对应的奖励成本，见表 6-12。

表 6-12　各绩效指标对应的奖励成本

绩效衡量指标	预期绩效目标达成度以及相应的奖金金额/元							
	80%以下	80%～89%	90%～99%	100%～109%	110%～119%	120%～129%	130%～139%	140%以上
销售额	0	0	205 200	270 000	81 000	86 400		
战略产品销售额	0	21 600	64 800	54 000	67 500	0	12 600	28 800
新客户销售额	0	28 800	40 500	86 400	22 500	54 000	25 200	14 400

步骤 6：汇总计算预期的总奖励成本，见表 6-13。

表 6-13　总奖励成本

绩效衡量指标	成本/元
销售额	642 600
战略产品销售额	249 300
新客户销售额	271 800
成本总计	1 163 700

思考与讨论

1. 什么是薪酬预算？薪酬预算的环境有哪些？
2. 为什么薪酬控制是一项比较困难的管理工作？

实训题

某公司的固定成本为4 000万元，其中含薪酬成本2 000万元，变动成本比率为55%，公司欲实现1 000万元的盈利分配，还将实现1 200万元的盈利保留，以便公司以后的发展。试计算该公司：

1. 盈利平衡点、边际盈利点和安全盈利点。
2. 最高薪酬成本比率、可能薪酬成本比率和安全薪酬成本比率。

案例分析

奥伯格是一家公司科研处的经理，公司给他5 000美元预算工资。让他给科研处五位职员增加工资，其增加额是整个工资的7.5%。他知道这5 000美元不一定全用完，但不管怎样增加的工资不能超过5 000美元的预算额。根据他的看法，与他们的工作绩效和资历相比，这五位职工的工资不算低，因为一年之前他们都以7%的比例增加了工资。

奥伯格将公司五位职员的工作鉴定评估以及他们各人的有关情况总结起来进行比较，形成一张公司员工基本情况表（表6-14），然后再决定每人的增加工资额。

表6-14　公司员工基本情况

姓　名	现工资	职　务	工资档次	工　龄	个人表现	个人情况
梅森	15 000美元	研究员	6	5	研究质量还可以，有几次超过限期，但也许不是他的过错	已婚。全家靠他一人维持
琼斯	1 3000美元	研究员	6	2	研究成果突出，但有点盛气凌人，对处理提要求、提建议较多	未婚单身，对钱不是那么急需。据说生活浪漫

续表

姓　名	现工资	职　务	工资档次	工　龄	个人表现	个人情况
珍妮	12 000 美元	副研究员	5	8	虽然不是全工，但她工作一直很好，表现突出、可靠。经常为研究提出很好的改进方法	已婚。丈夫是一名成功的建筑师。小孩上中学
舒尔茨	16 000 美元	高级研究员	7	15	研究还可以，但不是非常突出。最近没有突出成果。有一些成果还是与别人合作干出来的	已婚。由于两个小孩上大学，并且一孩子在上医学院，经济困难
约翰逊	11 000 美元	副研究员	5	6	表现一般，经常出现差错，一年来多次受到警告	未婚。要照顾生病的母亲

分析：

1. 用什么样的标准决定他们的薪酬？
2. 什么样的薪酬调整才能调动这些人的积极性？

制订员工福利与职业安全卫生管理制度

天福地产的员工福利计划

下面是某公司的员工福利制度。

1. 福利保险

（1）公司以国家劳动法为依据，为正式员工办理下列社会保险：

① 养老保险；② 医疗保险；③ 失业保险；④ 工伤保险；⑤ 住房公积金。

（2）为给员工更好的保障，在公司工作满3年的正式员工可享受如下补充商业保险：

① 补充养老保险；② 意外伤害保险；③ 意外伤害医疗保险。

（3）为了保障员工的身体健康，公司每年6月为员工全面体检一次。

2. 休假

公司正式员工均可享受下列假期。

（1）公假（法定假日）包含以下几类：

① 元旦，放假1天（1月1日）；

② 春节，放假3天（农历正月初一、初二、初三）；

③ 清明节，放假1天；

④ 劳动节，放假3天（5月1日、2日、3日）；

⑤ 端午节，放假 1 天；

⑥ 中秋节，放假 1 天；

⑦ 国庆节，放假 3 天（10 月 1 日、2 日、3 日）；

⑧ 妇女节，女员工放假半天（3 月 8 日）。

休公假期间薪资不受影响。

（2）年假（含探亲假）包括以下几项：

① 春节年假：公司每年春节在国家规定的法定假日基础上增加 2 天（含休息日），薪资不受影响。

② 特别年假：员工平时可享受 5 天特别年假，休假前需填写《休假申请表》报主管经理及人事行政部审批，员工可在第二年春节前休假，薪资不受影响。当年未休年假者，春节前按天数补发工资。

③ 未婚员工父母不在本市者、已婚员工配偶不在本市者，每年可享受探亲假一次。

休年假期间薪资不受影响。

（3）婚假。晚婚（指男 25 岁、女 23 岁以上初婚）婚假为 10 天；初婚、其他婚假 7 天。员工应在结婚注册并领取《结婚证》后 1 个月内报人事行政部。符合晚婚条件的，将结婚证报公司后，公司可以致一定的贺金。

（4）丧假。直系亲属（指父母、配偶、子女、配偶父母）亡故，给予丧假 5 天；旁系亲属亡故，给予丧假 3 天。

（5）产假包含以下几点：

① 怀孕的女员工，在劳动时间内进行产前检查，算作劳动时间。

② 女员工分娩时，符合计划生育规定且已领取独生子女证（或明确只生一胎）者，可享受1月（含节、假日）产假。

③ 员工在子女出生后 3 个月内将《独生子女证》报人事行政部，公司可以致以一定数额的贺金。

④ 女员工怀孕流产时，应当根据医院的意见给予 15～30 天的产假。

（6）病假包含以下几项：

① 1～2 天病假凭医院就诊证明，人事行政部审批，薪资不受影响。

② 3～15 天的病假凭病休证明，填写《休假申请表》报主管经理、人事行政部审批，薪资不受影响，但影响当月奖金和津贴。

③ 15 天以上的病假凭病休证明，填写《休假申请表》报主管经理、人事行政部审批，

每超过1天扣除日平均薪资（含工资、绩效、补贴）的50%。

3. 福利津贴

（1）公司为员工提供午餐补贴、交通补贴，每月随工资发放。

（2）公司为员工提供通信津贴，一般为每年1 000元，业务人员按具体情况报销。

（3）托幼补贴：公司为符合计划生育条例规定的正式员工子女（从出生日的第7个月至7周岁为止）提供托幼补贴每月60元，随工资发放。

4. 员工住房计划

为了帮助在天福地产长期工作的优秀员工解决住房问题，使优秀员工能够长期稳定投入工作，公司制订了员工住房计划。在公司工作3年以上的业务骨干将有机会享受公司的住房计划，以优惠价格购买公司开发的住房。公司通过民主选举成立由7人组成的住房委员会，负责推动每年住房计划的实施，并向总经理提名住房计划候选人。委员会为非常设机构，秘书长由公司总经理指定。

5. 扶危救困基金

扶危救困基金是公司为救助意外事故造成生活暂时困难的员工而设立的。公司扶危救困基金管理委员会，为非常设机构，由5名成员组成，召集人由总经理办公室指定，其他4名成员由公司员工选举产生。凡公司正式员工符合基金管理办法规定的救助条件的均可（由本人或知情人）申请救助。

6. 员工生日会

在每月的最后一天公司为当月过生日的员工举办生日会，届时员工将收到一份生日礼物和贺卡，还将与天福大家庭的同事和朋友分享生日蛋糕。

（案例来源：李贵强. 员工薪酬福利管理. 北京：电子工业出版社，2006）

任务一 制订员工的福利制度

知识目标

- 了解企业员工福利的概念、效用和福利制度的相关知识；
- 熟悉企业员工法定福利制度和企业福利制度的相关内容；
- 掌握设计企业员工福利制度要注意的问题以及设计步骤。

技能目标

- 能够对企业员工福利进行说明；
- 能够制订企业员工的福利制度。

任务引入

3A 跨国公司主营的是电子产品，为了打进中国市场，最近收购了中国广东一家 500 人规模的大地电子有限公司。3A 跨国公司的总经理在庆幸能够如愿以偿收购到满意的中国本土公司并全面接管该公司之余，也担心能否将管理本土化。因为他可以把先进的管理模式植入大地电子有限公司，令大地电子有限公司的管理水平有所提升，但能否适应本土情况是个问题。根据他的经验，国际的先进管理必须在某些方面进行本土化调整后，才能使新公司更快地进入健康发展的轨道。

可是，作为外国公司，3A 公司的管理层并不完全熟悉中国的情况，在很多方面都需要把管理本土化，尤其是人力资源制度中的员工福利与劳动保障方面，更是迫在眉睫。于是总经理和人力资源部经理决定招聘一个中国的人力资源经理作为人力资源部门的副经理，依靠他的丰富经验，来顺利完成这些人力资源制度的中国化。

在这个新的人力资源部副经理面前有三方面的制度迫切需要制订。分别是：员工的福利制度、社会保障制度和安全卫生管理制度。这些方面都关系到员工的切身利益，是除了薪酬外，员工较为关心的方面。

首先是员工的福利制度。这个新的人力资源部副经理知道：员工的福利管理是人力资源管理中的重要部分，对全公司员工的归宿感、工作积极性、工作态度等都有很大的影响，所以必须认真地制订合理的福利制度。

然而，中国的福利制度和外国的不一样，在企业福利方面还可以参考原企业福利制度，而在法定福利制度方面则需非常谨慎。

任务 1：做出员工福利制度的主要结构。

任务 2：确定员工福利制度中的具体福利项目。

任务分析

本任务需要了解员工福利体系的构成，掌握法定福利制度和企业福利制度的项目内

容，再对福利制度体系进行合理的设计。在这个过程中只有注意理解各种福利项目的概念、内容和福利效果，才能制订科学的福利制度。

知识链接

一、员工福利概述

1．员工福利的概念

员工福利是企业基于雇佣关系，依据国家的强制性法令及相关规定，以企业自身的支付能力为依托，向员工提供的用以改善其本人和家庭生活质量的各种以非货币工资和延期支付形式为主的补充性报酬与服务。

2．员工福利体系的构成

企业的员工福利体系包括员工的法定福利和企业福利两部分。其中，员工的法定福利保证了我国企业员工的合法权益和基本保障，而企业福利则是与法定福利相辅相成，将作为有效的补充来实现福利的其他功用。

3．员工福利的效用

在企业薪酬体系中，工资、奖金和福利是三个不可缺少的组成部分，它们各自发挥着不同的效用，工资具有基本的保障功能，奖金具有明显而直接的激励效用，福利的积极效用则是间接而隐约的，但又是极其巨大而深远的。随着员工工作、生活质量的不断提高，人们对福利的要求也越来越高，因为相对于工资、奖金满足员工单方面需求来说，福利具有满足员工多方面、多层次需要的效用。具体表现在以下几个方面：

（1）满足员工的经济与生活需要，如各种加班、乘车、伙食、住房等津贴与补助。

（2）满足员工的社交和休闲需要，如各种有组织的集体文体与旅游活动、带薪休假等。

（3）满足员工的安全需要，如医药费报销或补助、公费疗养、因工伤残津贴、退休金、抚恤金等。

（4）满足员工自我充实、自我发展的需要。如业余进修补助或报销、书报津贴等。

因此企业可以通过建立科学而完善的福利制度，吸引和留住优秀人才，提高企业的生产效率，降低企业的运营成本，从而全面提高企业的经济效益。

4. 员工福利制度的特点

（1）补偿性。它是员工为企业劳动的一种物质补偿。

（2）均等性。所有履行劳动义务的正式职工，都有享受企业各种福利的权利。

（3）集体性。企业兴办的是集体福利事业。员工集体消费或共同使用公共物品是员工福利的主要形式。

（4）特殊性。福利包括非现金的实物支付形式和延期支付形式。

二、法定员工福利

1. 法定员工福利的概念

法定员工福利是国家通过立法强制实施的对员工的福利保护政策，包括社会保险和各类休假制度。

2. 法定员工福利的内容

（1）社会保险。社会保险是国家通过立法手段建立的，旨在保障劳动者在遭遇年老、疾病、伤残、失业、生育以及死亡等风险和事故，暂时性或永久性地失去劳动能力或劳动机会，从而部分或全部丧失生活来源的情况下，能够享受国家或社会给予的物质帮助，维持其基本生活水平的社会保障制度。社会保险的目的是对风险的补偿和预防。现代社会经济生活中的风险决定了社会保险的内容。能够使人们收入中断、减少或丧失的风险，包括年老、疾病、工伤、生育、失业、残疾、死亡。对企业员工来说，主要有养老保险、医疗保险、失业保险、工伤保险和生育保险。

① 养老保险。养老保险是社会保险的一个重要险种，是为了保障员工退休后的生活而设立的一项社会保险制度，也是企业员工的一项基本福利。

② 医疗保险。医疗保险是为了分担疾病风险所带来的经济损失而设立的一项社会保险制度。

③ 失业保险。失业保险是国家以立法形式集中建立的，对因失业而暂时中断收入来源的劳动者在一定期间提供基本生活保障的社会保险制度。

④ 工伤保险。工伤保险是国家以立法形式集中建立的，对在经济活动中因工伤致残或因从事有损健康的工作引致职业病而丧失劳动能力的劳动者，以及对员工因工伤死亡后无生活来源的遗属，提供物质帮助的社会保险制度。

⑤ 生育保险。生育保险是国家通过立法，筹集保险基金，对生育子女期间暂时丧失

劳动能力的职业妇女给予一定的经济补偿、医疗服务和生育休假福利的社会保险制度。

（2）法定假期。法定假期是指企业员工依法享有的休息时间。在法定休息时间内，员工仍可获得与工作时间相同的工资报酬。

我国《劳动法》规定的员工享有的休息休假待遇包括以下几个方面：劳动者每日休息时间；每个工作日内的劳动者的用膳、休息时间；每周休息时间；法定节假日放假时间；带薪年假；特殊情况下的休假，如探亲假、病假等。

① 法定节假日。法定节假日，又称为法定休假日，是国家依法统一规定的休息时间。法定节假日是带薪休假，在法定节假日，劳动者有休息而工资照发的权利。按《劳动法》规定，如果在法定节假日安排劳动者工作，应支付不低于300%的劳动报酬。

② 公休假日。公休假日是劳动者工作满1个工作周后的休息时间。按《劳动法》第三十八条的规定，企业应当保证劳动者每周至少休息1天。

③ 探亲假。探亲假是指职工享有保留工作岗位和工资而同分居两地、又不能在公休日团聚的配偶或父母团聚的有薪假期。

④ 带薪年假。劳动者连续工作一年以上的，享受带薪年假。带薪年假可以在一年中的任何一个非法定节假日及非公休假日的时间里，享受带薪休假的福利。每年享受带薪年假的天数，根据工作任务和各类人员的资历、岗位等不同情况，有所区别。

⑤ 在职职工公假。公假主要包括婚假、产假、丧假等，在职职工公假期间工资照发。按法定结婚年龄（女20周岁，男22周岁）结婚的，可享受3天婚假，符合晚婚年龄（女23周岁，男25周岁）的，可享受晚婚假15天（含3天法定婚假）。女员工生育享受不少于90天的产假，包括15天的预产假；已婚妇女23周岁以上生育第一个子女为晚育，实行晚育的，增加产假15天，难产增加产假30天，多胞胎生育的，每多生育一个婴儿增加产假15天。职工本人或职工的直系亲属（父母、配偶和子女）死亡时，可以根据具体情况，由本单位行政领导批准，酌情给予1～3天的丧假。

三、员工的企业福利

企业福利是企业自主建立，为满足员工的生活和工作需要，在工资收入之外，向员工本人及其家属提供的一系列福利项目。

现代化企业的福利项目是以企业福利计划的方式来体现的。一般的企业福利计划，包括收入保障计划、健康保障计划、员工服务计划及员工持股计划。

1. 收入保障计划

收入保障计划是旨在提高员工的现期收入或未来收入水平的福利计划，具体包括以下方面。

（1）企业年金。企业年金也叫企业补充养老保险、私人养老金、职业年金计划等，是企业或行业自主发起的员工养老金制度。它作为老年收入（主要是社会养老保险金）的一个补充来源，已经成为养老保险体系中的一个重要支柱。

（2）人寿保险。人寿保险是由企业为员工提供的保险福利项目，是市场经济国家比较常见的一种企业福利形式。团体人寿保险的好处很多，由于参加的人多，相对于个人来讲，能够以较低的价格购买到相同的保险产品。

（3）住房援助计划。住房援助计划，包括住房贷款利息给付计划和住房补贴。

住房贷款利息给付计划，指企业根据企业员工中的购房者的内部薪酬级别及职务级别来确定每个人的贷款额度。在向银行贷款的规定额度和规定年限内，贷款部分的利息由企业逐月支付，也就是说，员工的服务时间越长，所获利息给付越多。

住房补贴则指无论员工购房与否，企业每月均按照一定的标准向员工支付一定额度的现金，作为员工住房费用的补贴。

2. 健康保障计划（商业健康保险）

由于社会医疗保障范围和程度的有限性，客观上为企业建立补充医疗保险留下了空间。在发达国家，企业健康保障计划已经成为企业的一项常见的福利措施。健康保障计划是企业为提升员工福利水平而为其购买健康保险的商业保险产品。

3. 员工服务计划

除了以货币形式提供的福利以外，企业还为员工或员工家庭提供旨在帮助员工克服生活困难和支持员工事业发展的直接服务的福利形式。

（1）员工援助计划。这是一种治疗性福利措施。针对员工酗酒、赌博、吸毒、家庭暴力或其他疾病造成的心理压抑等问题提供咨询和帮助的服务计划。

在员工援助计划的组织和操作方式上，有以下三种形式。一是由内部工作人员在本企业进行的援助活动；二是公司通过与其他专业机构签订合同来提供服务；三是多个公司集中资源，共同制订一个援助计划。

（2）员工咨询计划。员工咨询计划类似于员工援助计划。企业从一个组织中为其员

工购买系列咨询套餐，可供员工匿名使用。咨询套餐的服务范围包括：夫妻和家庭冲突问题的解决、丧亲之后的缓解、职业生涯咨询、再就业咨询、法律咨询及退休咨询等。

（3）教育援助计划。教育援助计划是通过一定的教育或培训手段提高员工素质和能力的福利计划，分为内部援助计划和外部援助计划。

内部援助计划主要是在企业内部进行培训，开设一些大学课程，如MBA课程，并聘请大学教授、大公司经营管理者等学术专家来企业讲课，甚至有些有能力的企业自己开办大学，如摩托罗拉公司、美的集团等就是自己办大学培训员工。

外部援助计划是对到社会上的机构（如大学或其他培训机构）接受培训的员工的学费给予适当补偿的福利。

（4）家庭援助计划。家庭援助计划是企业向员工提供的照顾家庭成员的福利，主要是照顾老人和儿童。由于老龄化和双职工、单亲家庭的增加，员工照顾年迈父母和年幼子女的负担加重了。因此为了保障员工安心工作，企业向员工提供家庭援助福利，主要有老人照顾服务和儿童看护服务。

多项调查都表明，提供老年人照顾和儿童看护服务的企业，员工的缺勤现象大大减少，劳动生产率有一定程度的提高。

（5）家庭生活安排计划。企业安排专门部门帮助员工料理生活中的各种细节、杂务，类似于后勤服务。实行这项一揽子福利的目的，就是尽量减少员工不必要的麻烦，让他们更好地工作和休息。在这方面，我国江苏的华西村是最好的典范。

（6）其他福利计划。除了上述福利计划外，企业还为员工提供交通服务、健康服务、旅游服务和餐饮服务等福利项目。一些企业为员工上下班提供交通费补贴，还有的企业提供上下班的专车接送服务。在很多企业，企业为员工提供健身房和各种健身器械，还为员工举办健康教育讲座，目的是改善和维持员工身体和心理健康。有些企业组织员工春秋两季出外旅游，或为员工提供旅游假期并报销旅游费用。此外有些企业还为员工提供餐饮服务。

以上的福利计划都属于全员性的福利服务计划，即所有员工都可以平等享受的福利。事实上，企业还有为不同职位和不同需求的员工提供的特种福利和特困福利。前者是指针对企业中的高级人才设计的，如针对高层经营管理人员或具有专门技能的高级专业人员等，这种福利依据的是贡献率，是企业对这类人员的特殊贡献的回报。常见的特种福利有：高档轿车服务，出差时飞机、星级宾馆待遇，股票优惠购买权，高级住宅津贴等。后者是针对特别困难的员工及其家庭提供的，如工伤残疾、重病员工的生活补助等，主

要以员工的需要为基础进行分配。

4. 员工持股计划

（1）员工持股计划的含义。员工持股计划是一种新型的财产组织形式和制度安排。在这种制度下，员工（包括普通职工与管理人员）既是劳动者，又是人力资本的所有者，而且还是财产所有者，通过劳动和资本的双重结合组成利益共同体。同时也是一种具有集资性、福利性、风险性和激励性的特殊报酬分配形式。

（2）员工持股的方式。员工持股计划是一种长期激励方式，它与奖金、年薪制等短期方式一起构成了对员工和经营者的物质激励体系。员工持股的方式通常有两种：一是通过信托基金组织，用计划实施免税的那部分利润回收现有股东手中的股票，然后再把信托基金组织买回的股票重新分配给员工；二是一次性购买原股东手中的股票，回购后原股票作废，企业逐渐按制订的员工持股计划向员工出售股票。

（3）员工持股计划的类型。

① 福利型员工持股。福利型员工持股以增加员工福利为目的，对吸引人才、稳定员工队伍和增强企业凝聚力有较大作用，也能在一定程度上提高工作效率。

② 风险型员工持股。风险型员工持股以提高企业效率，尤其是企业的资本效率为直接目的，员工的收益取决于企业效率的增长（福利型员工持股是在企业现有效益中给员工增加收益），其资金来源主要是员工薪资的一部分。

③ 集资型员工持股。集资型员工持股以解决企业资金困难，在短期内筹集企业所需资金为目的，或以企业产权制度改革为目的，把员工视为一般投资者，要求员工一次性支付较大数额资金。集资型员工持股有自愿购买和强制购买两种方式。

（4）员工持股计划的优点。

① 员工具有劳动者与出资者的双重身份，成为公司的股东，能使员工利益与公司利益直接相关。

② 有助于优化公司股本结构，推动企业产权制度改革。

③ 福利型的员工持股计划有助于完善社会保障体系，减少人口老龄化对社会的压力；非福利型的员工持股计划是企业筹资、扩资，提高社会储蓄率和投资率的一种有效方式。

④ 劳动力的资本化顺应了当代社会发展的趋势。

四、员工福利制度设计

员工福利既是国家法律的外在强制规定，又是企业实现战略目标的内在必然要求。员工福利制度的设计，包括员工福利制度的策划和员工福利项目的确定两个方面。

1. 员工福利制度的策划

除了国家法定的员工福利方案不能随意变动外，企业对其他的福利方案必须精心策划，尽力做到以下几点。

（1）要使福利制度的设计与企业的人力资源战略、薪酬战略相统一并为之提供有效的支持，要研究怎样的福利方案（福利项目和支付方式）能够有效地实现企业的各种目标，同时又能满足员工的需求偏好，据此来做出合理的福利制度安排。

（2）要考虑企业对员工福利的承受能力，脱离企业支付能力的福利方案没有可行性，甚至会对企业和员工产生巨大的负效应。

（3）要重视福利的外部公平性、竞争性和充分性。企业的福利水平若过度低于其他同行或者竞争对手的福利水平，显然会降低企业的竞争力。

（4）要坚持福利策划的经济原则，把钱花在刀刃上，使有限的福利基金发挥最大的效能。

2. 员工福利项目的确定

员工福利项目种类繁多，其中法定的福利项目（社会保险、法定节假日、带薪休假等）企业无权决定，必须按法律规定执行，其他福利项目均由企业自行确定。

企业在确定福利项目时，要考虑到企业内部和外部各种因素的影响，如企业的规模和性质、雇主或经营管理者的爱好、企业的薪酬策略和支付能力、工会的态度和实力、员工的需求爱好、竞争对手提供的福利、法律法规的限制等。

3. 制订员工福利制度的步骤

（1）确定员工福利的目的；

（2）确定员工福利的水平、数量；

（3）确定员工福利项目；

（4）确定员工福利的发放形式；

（5）确定员工福利的发放机构；

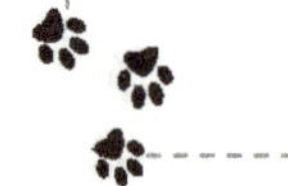

（6）确定员工福利发放的对象；

（7）确定员工福利实施的时机。

思考与讨论

说明员工福利制度的特点及内容。

实训题

为刚被 3A 跨国公司收购的中国大地电子有限公司制订员工福利制度。

任务二　制订员工的社会保险制度

知识目标

- 熟悉员工社会保险的概念、特点、内容和基本要求；
- 掌握养老保险、医疗保险和工伤保险的相关知识。

技能目标

- 能够制订和解释企业员工的社会保险制度。

任务引入

刚被 3A 跨国公司收购的中国大地电子有限公司在进行管理本土化的过程中，遇到了一系列的人力资源管理问题。任务一中所设计的福利制度体系已经被部门经理和公司总经理核批，下面的工作就是设计相应项目的具体内容，如员工社会保险制度等。制订员工的社会保险制度必须非常谨慎，要严格遵循国家和地方的有关的法律、法规和规定，尤其要遵循新的《劳动法》。

任务：制订一个企业员工的社会保险制度。

任务分析

本任务需要了解社会保险制度的概念及特征，并对社会保险制度的各个部分进行严谨的制订。社会保险包括养老保险、医疗保险、工伤保险及其他保险。

知识链接

一、社会保险概述

1. 社会保险的含义

社会保险是国家通过立法而建立起来的，旨在保障劳动者在暂时或永久丧失劳动力时，或在工作中断期间的基本生活需求的一种保险制度，即国家通过立法强制建立社会保险基金，对与企业建立了劳动关系的劳动者在丧失劳动能力或失业时给予必要的物质帮助的制度。

社会保险主要是通过筹集社会保险基金，并在一定范围内对社会保险基金实行统筹调剂，当劳动者遭遇劳动风险时给予必要的帮助。社会保险对劳动者提供的是基本生活保障，只要劳动者符合享受社会保险的条件，即劳动者与企业建立了劳动关系，或者已按规定缴纳了各项社会保险费，即可享受社会保险待遇。

2. 社会保险的特点

社会保险以保护全体劳动者为目的，运用保险技术，并按照一定标准，对发生失业、劳动伤害、残疾、死亡以及老年的社会成员发放生活费，提供医疗以及恢复和提高劳动能力、就业机会等各种服务。

社会保险的经营主体是国家，社会保险费用的一部分由国库负担，一部分要求劳动力的使用者——企业承担，同时劳动者本人也要承担一部分。概括地说，社会保险包括强制性、保障性、普遍性及互助共济性等四个特点。

（1）强制性。社会保险的经营主体是国家，而且此项保险受法律约束，不管受保人的意愿如何，都必须强制参加。

（2）保障性。社会保险保障劳动者的基本生活需要，劳动者在暂时或永久失去劳动能力，从而失去工资收入的情况下，仍能享有和在工作期间相差不大的基本生活保障，以利于社会安定。

（3）普遍性。社会保险的实施范围很广，一般在工薪劳动者及其亲属中实行。

（4）互助共济性。社会保险是以多数人的经济力量来补偿少数人的损失的一种互助共济行为。

3. 社会保险的基本要求

在保险中，并非企业员工所遇到的一切可能引起经济损失的不幸事件都能成为保险的对象。只有在下列情况下发生的不幸事件才能获得社会保险。

（1）不幸事件及由此引起的经济损失对劳动者整体而言具有必然性，在劳动者整体中是普遍存在的。

（2）不幸事件所引起的损失必须是可以确切计算的。

（3）不幸事件的发生必须是与个人意识无关的因素或纯属疏忽过失而造成的，必须排除任何主观上的故意行为。

（4）不幸事件的发生应有比较明确的规律可供利用。

（5）不幸事件何时发生于何人必须是偶然的，即对劳动者个体而言具有随机性。

（6）保险所承认的不幸事件仅限于由于丧失劳动能力和失去劳动机会所引起的不幸事件的范围内，如失业。

（7）保险的保障水平只供维持遭受经济损失的劳动者的基本生活需要。

4. 社会保险的内容

社会保险的性质和基本要求，决定了社会保险的内容，而社会保险应包含的险种的数量取决于下列三个条件。第一，国家财政；第二，资方与劳方负担保险费的能力大小；第三，劳动者保险的需要，如果保险事故多，保险项目也需要多一些。

《劳动法》第七十条规定：“国家发展保险事业，建立社会保险制度，设立社会保险基金，使劳动者在老年、患病、工伤、失业、生育等情况下获得帮助和补偿。”这就明确规定了我国社会保险的内容包括：养老保险、医疗保险、工伤保险、失业保险和生育保险。

二、养老保险

1. 养老保险的含义

所谓养老保险是国家和社会根据一定的法律和法规，为解决劳动者在达到国家规定的解除劳动义务的劳动年龄界限，或因年老丧失劳动能力退出劳动岗位后的基本生活而

建立的一种社会保险制度。

这一概念包含以下三层含义。

（1）养老保险是在法定范围内的老年人完全或基本退出社会劳动岗位后才自动发生作用的。这里所说的“完全”，是以劳动者与生产资料的脱离为特征的；所谓“基本”指的是参加生产活动已不成为主要社会生活内容。需强调说明的是，法定的年龄界限才是切实可行的衡量标准。

（2）养老保险的目的是为老年人提供保障其基本生活需求的稳定可靠的生活来源。

（3）养老保险以社会保险为手段来达到保障的目的。

2. 养老保险的特点

养老保险是生产社会化的产物，其目的是为了保障劳动者在年老退休后有可靠的经济来源，以维持其基本生活。养老保险一般具有以下几个方面的特点。

（1）养老保险具有社会性、普遍性。因为在劳动领域的各种风险中，工伤、失业、疾病和生育等风险对于每个个体而言都属偶然的风险，而因年老丧失劳动能力，从而丧失劳动收入，却是每个劳动者所不能回避的必然风险，要保证每个劳动者老年的基本生活，养老保险必须尽可能多地将劳动者纳入其范围内，这已成为各国养老保险制度发展的一项共同原则。因此养老保险影响面大，享受人多且时间较长，费用支出庞大。

（2）由国家立法，强制实行，企业单位和个人都必须参加。符合养老条件的人，可从社会保险部门领取养老金。

（3）养老保险费用来源一般由国家、企业和个人三方共同负担，并实现广泛的社会互济。

3. 养老保险基金的筹集

（1）养老保险基金的负担者。我国自1991年正式决定实行养老保险制度改革以来，就改变了完全由国家、企业包下来的办法，实行国家、企业、个人三方共同缴纳一定的费用的办法。

（2）养老保险基金的筹集模式。在我国，从2006年1月1日开始，个人账户的规模统一由本人缴费工资的11%调整为8%，全部由个人缴费形成，企业缴费不再划入个人账户。个人账户储存额，每年参考银行同期存款利率计算利息。个人账户储存额只用于职工养老，不得提前支取；职工调动时，个人账户全部随同转移；职工或退休人员死亡，

个人账户中的个人缴费部分可以继承。社会统筹基金则属于全部参保人员所有，由社会保险经办机构集中管理，统一调剂使用。

（3）缴费比例和方式。企业缴纳的基本养老保险费按本企业职工工资总额和当地政府规定的比例在税前提取，由企业开户银行按月代为扣缴，企业缴费的比例一般不得超过企业工资总额的 20%；个人缴纳的基本养老保险费按当地政府规定的比例从工资中提取，由企业在发放工资时代为收缴。个人缴费的比例，1997 年以前不得低于本人缴费工资的 4%，1998 年起每两年提高 1 个百分点，最终达到本人缴费工资的 8%。

4. 企业补充养老保险

企业补充养老保险又称企业年金，是指企业及其职工在依法参加基本养老保险的基础上，自愿建立的补充养老保险制度，是多层次养老保险体系的组成部分，由国家宏观指导，企业内部决策执行。

5. 职工个人储蓄性养老保险

职工个人储蓄性养老保险是我国多层次养老保险体系的职工自愿参加、自愿选择经办机构的一种补充保险形式。

社会保险机构经办的职工个人储蓄性养老保险，由社会保险主管部门制订具体办法，职工个人根据自己的工资收入情况，按规定缴纳个人储蓄性养老保险费，计入当地社会保险机构在有关银行开设的养老保险个人账户，并按不低于同期城乡居民储蓄存款利率计息，所得利息计入个人账户，本息一并归职工个人所有。职工达到法定退休年龄经批准退休后，凭个人账户将储蓄性养老保险金一次提取或分次提取。倘若职工未到退休年龄而死亡，则计入个人账户的储蓄性养老保险金由其指定人或法定继承人继承。

实行职工个人储蓄性养老保险的目的，在于扩大养老保险经费来源，多渠道筹集养老保险基金，以减轻国家和企业的负担。

三、医疗保险

1. 医疗保险的含义

医疗保险又称为疾病保险或健康保险，是指劳动者因患病或非因工负伤治疗期间，可以获得必要的医疗费资助和疾病津贴的一种社会保险制度。

建立医疗保险制度，源于对国民健康的保护。建立医疗保险制度具有重要的意义，

具体表现在以下几点。

（1）有利于劳动者的病、伤得到及时有效的医治，保证劳动者的身体健康，促进生产的发展。

（2）有利于消除或减轻劳动者及其家属由于患病或负伤而在经济上和精神上产生的负担，保证劳动者及其家庭的正常生活。

2. 医疗保险的特点

（1）适用范围具有广泛性。一般来说，医疗保险的对象适用于所有的劳动者，许多国家还规定医疗保险的范围适用于全体国民。

（2）享受医疗保险待遇具有长期性。由于疾病在生命的每个阶段都有可能发生，而不是一个暂时性或短期的风险，因此，参加医疗保险，对每个参加者来说都具有长期性，即都能终身获得必要的医疗保障。

（3）医疗保险的范围具有限定性。医疗保险的范围通常都是有限制的，一般来说，医疗保险的范围限于必要的治疗和医药费，对于可以享受医疗保险的疾病和药品的范围立法都会有明确的界定，这样就避免了医疗费用无节制地扩大。

3. 医疗保险基金的筹集和管理

（1）基本医疗保险费用的缴纳。凡被纳入基本医疗保险覆盖范围的单位和个人，均需按规定缴纳基本医疗保险费。在我国，基本医疗保险费由企业和职工共同缴纳。企业缴费率一般控制在职工工资总额的6%左右，职工缴费率一般为本人工资收入的2%。随着经济发展，企业和职工缴费率可作相应调整。

（2）个人账户和统筹基金。基本医疗保险基金由统筹基金和个人账户构成。职工个人缴纳的基本医疗保险费，全部计入个人账户。企业缴纳的基本医疗保险费分为两部分，一部分用于建立统筹基金，一部分划入个人账户。划入个人账户的比例一般为企业缴费的30%左右，具体比例由统筹地区根据个人账户的支付范围和职工年龄等因素确定。

（3）基本医疗保险费用的支付。统筹基金和个人账户有各自的支付范围。统筹基金的起付标准原则上控制在当地职工年平均工资的 10%左右，最高支付限额原则上控制在当地职工年平均工资的 4 倍左右。起付标准以下的医疗费用，从个人账户中支付或由个人自付。起付标准以上、最高支付限额以下的医疗费用，主要从统筹基金中支付，个人也要负担一定比例。超过最高支付限额的医疗费用，一般通过商业医疗保险等途径解决。

（4）医疗保险基金的管理。基本医疗保险基金纳入财政专户管理，专款专用，不得挤占挪用。社会保险经办机构负责基本医疗保险基金的筹集、管理和支付，并要建立健全预决算制度、财务会计制度和内部审计制度。

4. 企业补充医疗保险

企业补充医疗保险是企业在参加基本医疗保险的基础上，国家给予政策鼓励，由企业自主主办或参加的一种补充性的医疗保险形式。

企业建立补充医疗保险可采用以下几种形式。

（1）建在企业内部。有实力的大集团、大企业可以自办补充医疗保险，但应建立相应的经办和管理机构，并使补充保险资金与企业经营性资金分离，确保保险资金的安全。

（2）与商业保险机构合作。企业可以通过购买商业保险公司的产品或者与商业保险机构合作，也可以以保险公司的某一相关产品为基础，根据实际情况设计补充医疗保险方案，由商业保险机构根据制订的方案确定费用。

（3）企业补充医疗保险可以由企业和参保人员共同缴费，也可以由企业单独缴费，具体根据实际情况确定。

四、工伤保险

1. 工伤保险的含义

工伤保险是指国家或社会为生产、工作中遭受事故伤害和患职业性疾病的劳动者及家属提供医疗救治、生活保障、经济补偿、医疗和职业康复等物质帮助的一种社会保障制度。

工伤保险是员工因在生产经营活动中所发生的或在规定的某些特殊情况下，遭受意外伤害、职业病以及因这两种情况造成死亡，在员工暂时或永久丧失劳动能力时，员工或其遗属能够从国家、社会得到必要的物质补偿。这种补偿既包括受到伤害的职工医疗、康复的费用，也包括生活保障所需的物质帮助。

工伤保险的重要意义主要表现在以下几个方面。

（1）可以使劳动者在遭受工作事故伤害和患职业性疾病时，能够得到基本的治疗和康复，或因此暂时或永久丧失劳动能力，或因此死亡时，劳动者及其家属在丧失生活收入来源时，能够有基本的生活保障。

（2）能够分散企业的工伤风险，减轻企业的负担。

（3）提高工伤防范意识，促进工伤预防与职业康复。

2．工伤保险特点

（1）工伤保险是社会强制性保险，实施范围较广泛，它适用于一切从事社会化生产的劳动者，是国家立法强制建立的社会保险制度。

（2）工伤保险具有赔偿性质，实行无责任或无过错赔偿原则，只要是在劳动中遭受工伤，无论有无过错和是否应负责任，一律享受工伤保险待遇。

（3）工伤保险费用全部由企业负担。

（4）工伤保险待遇相对较为优厚，标准较高，服务项目较多。

3．工伤认定

职工有下列情形之一的，应当认定为工伤。

（1）在工作时间和工作场所内，因工作原因受到事故伤害的。

（2）工作时间前后在工作场所内，从事与工作有关的预备性或者收尾性工作受到事故伤害的。

（3）在工作时间和工作场所内，因履行工作职责受到暴力等意外伤害的。

（4）患职业病的。

（5）因工外出期间，由于工作原因受到伤害或者发生事故下落不明的。

（6）在上下班途中，受到机动车事故伤害的。

（7）法律、行政法规规定应当认定为工伤的其他情形。

同时，职工有下列情形之一的，视同工伤。在工作时间和工作岗位，突发疾病死亡或者在48小时之内经抢救无效死亡的；在抢险救灾等维护国家利益、公共利益活动中受到伤害的；职工原在军队服役，因战、因公负伤致残，已取得革命伤残军人证，到企业后旧伤复发的。

4．工伤保险基金

（1）工伤保险基金的构成。

① 企业缴纳的工伤保险费。企业缴纳工伤保险费的数额为本单位职工工资总额乘以单位缴费费率之积。企业应当按时缴纳工伤保险费，职工个人不缴纳工伤保险费。

② 工伤保险基金的利息。

③ 依法纳入工伤保险基金的其他资金。

（2）工伤保险费率。工伤保险费率是指工伤保险费的提缴比例。关于费率的确定，主要有以下三种方法。

① 统一费率制，即所有企业按同一比例缴费。

② 差别费率制，即对单个企业或某一行业单独确定工伤保险费的提缴比例。

③ 浮动费率制，即在差别费率的基础上，每年对各参保企业上一年度安全卫生状况和工伤保险费用支出情况进行评估，适当调整企业下一年度工伤保险费率。

在我国现阶段，工伤保险费率实行差别费率制和浮动费率制，根据以支定收、收支平衡的原则确定费率。

（3）工伤保险基金的统筹和管理。工伤保险基金在直辖市和设区的市实行全市统筹，统筹层次由省、自治区人民政府确定。跨地区、生产流动性较大的行业，可以采取相对集中的方式异地参加统筹地区的工伤保险。具体办法由国务院劳动保障行政部门会同有关行业的主管部门制订。

工伤保险基金存入社会保障基金财政专户，用于工伤保险待遇、劳动能力鉴定以及法律、法规规定的用于工伤保险的其他费用的支付。

五、其他主要社会保险

1．失业保险

失业保险，是指国家通过立法建立失业保险基金，对因失业而暂时中断生活来源的劳动者在法定期间内给予失业保险金，以维持其基本生活需要的一项社会保障制度。

2．生育保险

生育保险，是国家通过立法，对怀孕、分娩女职工给予生活保障和物质帮助的一种社会保险制度，其宗旨在于通过向职业妇女提供生育津贴、医疗服务和产假，帮助她们恢复劳动能力，重返工作岗位。

思考与讨论

说明员工社会保险的特点及内容。

实训题

为刚被 3A 跨国公司收购的中国大地电子有限公司制订社会保险制度。

任务三 制订员工职业安全卫生管理制度

知识目标

- 了解员工职业安全卫生的相关知识；
- 熟悉安全生产管理和职业卫生管理的内容；
- 掌握职业安全卫生管理制度的设计知识。

技能目标

- 能够对职业安全卫生管理制度进行说明；
- 能够制订职业安全卫生管理制度。

任务引入

刚被 3A 跨国公司收购的中国大地电子有限公司在进行管理本土化的过程中，已经解决了一系列的人力资源管理上的问题，制订出了大部分的管理规章制度，目前的主要任务是制订员工安全卫生管理制度。

员工安全卫生管理制度涉及安全生产管理方面和职业卫生管理方面，这两个方面都和员工有密切关系。员工安全卫生管理制度既要指导员工如何进行安全生产，又要充分保障和预防职业卫生等问题的出现。

任务：制订员工职业安全卫生管理制度。

任务分析

本任务需要了解职业安全卫生管理的相关概念，及制订相关制度的影响因素，再制订出完善的安全卫生管理制度。其中安全生产管理和职业卫生管理这两大部分都需要考

虑具体的行业，制订针对该行业的制度。

知识链接

一、职业安全卫生概述

职业安全卫生也叫劳动安全卫生，是指劳动者在生产劳动过程中的安全卫生条件或状态。职业安全卫生保护权，是指劳动者有权在安全卫生的劳动条件下进行工作，企业有义务提供符合安全卫生的劳动条件。

职业安全卫生是我国劳动法的一项重要制度。对企业来说，职业安全卫生保护是企业为员工提供保障的义务，并需将其落实为各项制度措施；对员工来说，职业安全卫生保护是员工应享有的权利。职业安全卫生保护权是指劳动者享有的要求企业保护其在劳动过程中的安全和健康的权利，包括以下几点。

（1）有权要求企业提供符合国家规定的劳动安全卫生条件和劳动防护用品。

（2）有权要求企业确定合理的劳动生产定额。

（3）有权享受法定的休息、休假时间。

（4）有权获得从事本职工作所应具备的安全技术和劳动卫生知识。

（5）对企业管理人员的违章指挥、强令冒险作业等有权拒绝执行。

（6）对一切危害生命安全和身体健康的行为，有权提出批评、检举和控告。

（7）女职工有权拒绝企业安排其从事禁忌劳动范围的作业。

（8）从事有职业危害作业的员工有权要求企业定期提供健康检查。

为了保障劳动者享有劳动保护权，国家通过劳动立法并以劳动合同、集体合同的法律形式规定劳动保护的内容。

二、职业安全卫生管理的意义

加强劳动安全卫生管理、保障员工安全健康有以下几方面的重要意义。

（1）企业能够减少风险，控制损失，降低生产成本，提高整体竞争力，改善企业内部管理，避免职业安全卫生问题所造成的直接、间接损失。

（2）保证生产运作顺畅，保证员工安全健康。

（3）全面提高综合管理水平，直接或者间接产生社会效益，提升企业形象，增强企

业凝聚力。

（4）建立劳动安全卫生管理体制，有助于使企业具备进入国内外经贸市场的资格和实力。

三、安全生产管理的要求及其影响因素

1. 安全生产管理的要求

安全生产管理要符合以下要求。

（1）生产条件符合安全要求。要求生产经营单位必须安排适当资金，用于完善安全设施，更新安全技术装备、器材、仪器、仪表以及其他安全生产投入，以保证达到法律、法规和标准规定的安全生产条件。

（2）生产经营单位设备、环境条件符合安全要求。生产经营单位要使设备、环境安全化。设备、环境的安全化是实现安全生产的物质基础，是提高技术装备的安全化水平的根本措施。

（3）技术措施符合安全要求。包括安全技术、职业卫生、辅助房屋设施、安全培训宣传和劳动防护用品等几个方面。

① 以防止工伤事故为目的的安全技术措施，还要采用安全装置、警告装置等。

② 职业卫生是用于防止职业危害、保护健康的技术措施。

③ 辅助房屋设施如员工休息室、沐浴室、女职工卫生室等。

④ 安全培训宣传，涉及提高员工安全知识水平和增强安全操作技能，营造生产经营单位安全生产的文化氛围等方面，员工知识技能水平也是安全生产的基本要求。

⑤ 劳动防护用品是指劳动者在劳动过程中，为免遭或减轻事故伤害及职业危害所配备的防护装置。

2. 影响安全生产的因素

（1）环境因素。常见的不良环境影响有：噪声、振动、照明、空气污染、作业环境混乱以及环境温度、湿度的影响。

（2）人的因素。人的因素主要包括以下几个方面。

① 不正确的态度。

② 技术、知识不足，缺乏安全生产知识、缺乏经验或技术不熟练。

③ 身体不适、生理状态或健康状况不佳，如听力、视力不良，反应迟钝，疾病，醉

酒或其他生理机能障碍。

针对人员本身的原因，可以采取工程技术方面改进、教育、人事调整、惩戒等对策进行改进。

（3）工作本身的因素。工作本身所导致的劳动不安全因素主要反映在以下几个方面。

① 工作行业和性质决定的劳动本身的危险性，如核工业、采矿业、交通行业和警察等职业。

② 工作设计不科学所导致的不安全因素，表现为操作规范、工作规章本身有问题容易导致不安全事件的发生。

③ 由工作劳动频率或者劳动强度的不合理安排所导致的劳动安全事件的发生。

④ 由工作习惯导致的不安全事件的发生，如有些职业病的产生是由于长期工作习惯的积累。

四、职业卫生管理

1．职业卫生管理制度

职业卫生管理制度，是指为了保障劳动者在劳动过程中的安全和健康，企业根据国家有关法律、法规的规定，结合本单位的实际情况所制订的有关劳动安全卫生管理的规章制度。

安全卫生管理制度是企业管理制度不可忽视的重要组成部分。《劳动法》第五十二条明确规定：企业必须建立并健全劳动安全卫生制度，严格执行国家安全卫生规程和标准，对劳动者进行劳动安全卫生教育，防止劳动过程中的事故，减少职业伤害。

2．职业病

职业病是指劳动者在职业活动中因接触粉尘、放射物质和其他有毒、有害物质等而引起的疾病。如果生产过程中存在粉尘、毒物、噪声、电磁辐射等职业有害因素，这些有害因素会损害健康，对人的生理功能产生不良影响，严重时可导致职业病。为了避免或最大程度地减少职业病对职工健康带来的伤害，相关企业和个人应尽到各自的职责。

（1）国家的职责。国家要实行职业卫生监督制度。研制、开发、推广、应用有利于职业病防治和保护劳动者健康的新技术、新工艺、新材料，加强对职业病的机理和发生规律的基础研究，提高职业病防治科学技术水平；积极采用有效防治职业病的技术、工艺、材料；限制使用、淘汰职业病危害严重的技术、工艺和材料，并进行立法、制订相关标准。

（2）企业的职责。产生职业病危害的单位除应当设立符合法律、行政法规规定的条件外，其工作场所还应当符合下列职业卫生要求。

① 职业病危害因素的强度符合国家职业卫生标准。

② 采取与职业病危害防护相适应的设施。

③ 生产布局合理，符合有害与无害分开原则。

④ 有配套的更衣间、洗浴间、休息间等卫生设施。

⑤ 设备、工具、用具等设施符合保护劳动者生理、心理要求。

⑥ 符合法律、行政法规和卫生行政部门关于保护劳动者健康的其他要求。

另外，企业还应当采取下列职业病防治管理措施。

① 设置或指定职业卫生管理机构或者组织，配套专职或者兼职的职业卫生人员，负责本单位职业病防治工作。

② 制订职业病防治计划和实施方案。

③ 建立、健全职业卫生管理制度和操作规程。

④ 建立、健全职业卫生档案和劳动者健康监护档案。

⑤ 建立、健全工作场所职业病危害因素监测及评价制度。

⑥ 建立、健全职业病危害事故应急救援预案。

企业必须采取有效的职业病防护措施，并为劳动者提供个人使用的职业病防护用品。

另外，可能产生职业病危害的企业，应当在醒目位置设置公告栏，公布有关职业病防治的规章制度、操作规程、职业病事故应急救援措施和工作场所职业病危害因素检测结果。对产生严重职业病危害的作业岗位，应当在其醒目位置设置警示标识和警示说明。企业与劳动者订立劳动合同（含聘用合同）时，应当将工作过程中可能产生的职业病危害及后果、职业病防护措施和待遇等如实告诉员工，并在劳动合同中写明，不得隐瞒或欺骗。

（3）劳动者的职责。劳动者应当学习和掌握相关的职业安全卫生知识，遵守职业病防治法律、法规、规章和操作规程，正确使用、维护职业病防护设备和个人使用的职业病防护用品，发现职业病危害事故隐患应当及时报告。劳动者对规定的义务不作为的企业应当进行批评和举报。

五、职业安全卫生管理制度

职业安全卫生管理制度，是指为了保障劳动者在劳动过程中的安全和健康，企业根据国家有关法律、法规的规定，结合本单位的实际情况所制订的有关劳动安全卫生管理的规章制度。职业安全卫生管理制度是企业管理制度的重要组成部分。

我国一直以“安全第一，预防为主”作为建立职业安全卫生管理制度的基本方针。根据有关法律、法规的规定，我国企业劳动安全卫生管理制度主要包括以下几个方面。

1. 安全卫生责任制度

安全卫生责任制度，指企业的各级主管部门、职能部门、有关工程技术人员和生产工人在生产过程中，对安全生产各司其岗、各负其责的制度。

安全卫生责任制主要采取分级负责制，即从各级管理者到工人，实行安全卫生责任制。

2. 安全技术制度

安全技术制度是针对生产中不安全因素采取的技术性防护措施的制度。安全技术制度主要包括技术措施和组织措施两方面的内容。技术措施可分为安全装置、防护装置、保险装置、配套装置、报废标准等；组织措施主要有安全技术机构设置，安全技术管理人员的配备，对企业管理人员、工程技术人员和工人进行安全技术培训，制订安全计划等。

3. 安全生产教育制度

安全生产教育制度是企业帮助职工提高安全生产意识，普及安全技术法规知识，教育和培训员工掌握安全常识的一项经常性教育制度。安全生产教育制度是预防工伤事故发生的重要措施。

安全生产教育的内容，包括劳动安全卫生法制教育、劳动纪律教育、劳动安全技术知识教育、典型经验和事故教训教育等，应坚持入厂教育、车间教育和岗位教育、技术工种的专门教育以及经常性教育的制度。

4. 安全卫生检查制度

安全卫生检查制度是落实安全卫生法规，揭露和消除事故隐患，推动劳动安全卫生工作的制度。

5．劳动安全卫生监察制度

劳动安全卫生监察制度是指行使劳动监察权的机构，对企业执行各项劳动安全卫生法规的情况进行监督监察的制度。我国劳动安全卫生监察机构，设置了专职和兼职劳动监察员，在所负责的范围内有权随时进入现场检查，有权参加企业召开的有关会议，调阅有关资料，向有关单位或人员了解情况。

安全监察员进行现场检查时，发现有危及职工安全健康的情况，有权要求立即改正，或限期解决，情况紧急时，有权要求立即从危险中撤出作业人员。

6．伤亡事故报告和处理制度

伤亡事故报告和处理制度，是对劳动者在劳动过程中发生伤亡事故进行统计、报告、调查、分析和处理的制度。其目的在于及时统计、报告、调查和处理伤亡事故，积极采取预防措施，防止和减少伤亡事故的危害。

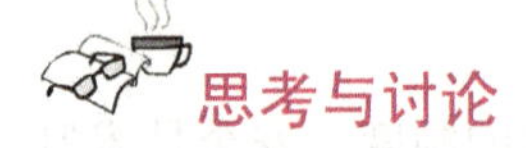

思考与讨论

说明制订完善的职业安全卫生管理制度的重要性。

实训题

为刚被3A跨国公司收购的中国大地电子有限公司制订员工安全卫生管理制度。

案例分析

如何完善安全卫生管理制度

天人纺织品有限公司拥有三条纺织品生产线，共66个生产工人。建立5年内，天人纺织品有限公司的生产一直很顺利，也为员工购买了工伤保险，公司上下一直认为公司的生产安全卫生方面没有什么问题。

但是2008年5月份的一件事令他们认识到公司的生产安全卫生方面存在着严重的缺陷。那天，一位年轻女工被车间的生产器械致伤造成左手残废，失去了劳动能力。政府的劳动部门来检查企业的时候发现，天人纺织品有限公司并没有建立一套完善的职业安

全卫生管理制度，以致原本可以避免的事故发生了，也无法保障以后不会发生类似的事故或其他安全和职业病问题，所以责令天人纺织品有限公司在限期内完善安全卫生管理制度。

而公司的管理层并不明白为什么政府的劳动管理部门会认为他们的安全卫生管理制度不够完善，公司现在就已经有一套指导员工安全正确操作生产器械的规定，也在容易发生事故的地方设置了安全警示，这样还不能有效避免安全事故和职业病的发生吗?

于是公司管理层迷惘了，他们不知道完善安全卫生管理制度的工作应该如何进行。

分析：

指出天人纺织品有限公司在安全卫生管理制度方面的不足，并指出一套完善的安全卫生管理制度应该包含的内容，为公司进行完善安全卫生管理制度的工作提出建议。

处理劳动关系与有效的组织沟通

DN公司发生的劳动争议事件及其处理

一、公司概况

DN制药股份有限公司自1958年建厂，发展至今，已成为全国最大的抗生素生产基地。自1993年以来，DN公司取得了前所未有的大发展，也遇到了极大的挑战。1993年DN公司实行股份制改造，成立了东南制药股份有限公司，积极扩大规模，现在已拥有20家分厂，职工15 000多人，年产值30亿元。前几年，由于市场尚好，企业抓好了生产，取得了巨大发展。近几年，随着市场竞争的加剧，许多国有企业自身的不足暴露出来，企业陷入困境，利润不仅不再提高，反而有所下降。

二、公司对劳动争议的处理

公司面临巨大的市场压力，于是参照外资企业的模式，在北京成立了DN公司北京经营部，负责北京市场，同时，招聘了一些有经验的员工做销售代表。但这些人流动性比较大，给管理带来很多困难。

W于1998年3月15日到DN公司任销售代表。1998年8月1日签订了正式劳动合同，合同期限为1998年3月15日至1999年3月15日，并于1999年4月续签了1年，终止日期为2000年3月15日。W于1999年7月16日经公司同意解除劳动合同，对于他的销售佣金及社会保险的缴纳等事项，公司与其存在着较大的争议。

1. 协商阶段

W认为，公司还有54 107.17元的销售佣金未发放给他，同时公司应补缴他在1998

年3月15日至1999年7月1日期间的各项社会保险。

公司重新核实了他在任职期间的全部销售合同，其所提出的数额与事实不符。根据公司北京经营部制订的佣金发放制度的有关规定（关于佣金的发放，是要业务员在任期内将货款全额收回，公司才能发放，并且业务员应将正本合同、收款支票的复印件提交人事行政部作为佣金计算的依据），核实的数额是5 003.08元。此外，由于W未将其档案调入公司，公司无法为其缴纳各项社会保险。公司相关部门的领导在工会没有参与的情况下与W在自愿、平等的基础上进行了协商。由于双方的观点相距甚远，协商没有成功。

2. 调解阶段

DN公司作为一个老牌国有企业，在这方面已做过许多工作，尽管这样，职工与公司之间就劳动权益、义务所发生的纠纷仍然在所难免。为此，公司设立了劳动争议调解委员会（以下简称调解委员会）。调解委员会负责调解本企业发生的劳动争议。调解委员会由职工代表、企业代表、企业工会代表组成。

W将该争议提交给了公司的调解委员会，并填写了《劳动争议调解申请书》。公司调解委员会依据《中华人民共和国企业劳动争议处理条例》及《调解规则》对该争议进行了审查，并在法律限定的期限内受理了争议申请。随后，调解委员对该事进行了调查核实，调解委员会主任主持召开由争议双方当事人参加的调解会议，但没有达成协议。最后，公司的调解委员会制作了劳动争议调解委员会的意见书。

三、劳动争议的仲裁

随后，W向其工资所在地的市劳动争议仲裁委员会提出仲裁申请，市仲裁委员会受理了该争议。W和DN公司分别聘请了律师作为其代理人参加仲裁。

市劳动争议仲裁委员派出了3名仲裁员组成仲裁庭对该劳动争议进行了仲裁。

在双方当事人到场的情况下，仲裁委员会查实1998年3月15日，W被招聘到DN公司北京经营部工作，月工资构成为：基本工资1 300元+个人销售佣金。1998年8月1日，双方当事人签订自1998年3月15日至1999年3月15日为期一年的劳动合同，后又续签至2000年3月15日。1999年7月16日W向DN公司提出辞职并得到公司批准，随后办理了离职工作交接手续，W自1998年3月15日进入DN公司工作以来一直未将其档案调入DN公司。DN公司因此未缴纳W自1998年3月至1999年7月期间的各项社会保险。

仲裁庭对双方当事人所提交的相关证据进行了当庭举证、质证和认证。

市劳动争议仲裁委员认定：双方当事人于1998年8月1日签订的劳动合同及其续签内容合法有效，应予以确认。双方当事人应当严格履行此劳动合同及其附件所约定的各项内容。1999年7月16日，W向DN公司提出辞职并经由DN公司批准后，双方正式解除劳动合同。鉴于双方当事人已正式解除劳动合同，根据《劳动法》的立法原则及按劳取酬原则，W在DN公司工作期间提供了正常劳动，有关佣金DN公司应当予以支付。DN公司依据其所制订的《新佣金计算方法及相关规定》的附件（折扣和收款制度）中第5条之规定，认为W已正式辞职而不予发放销售佣金，此条款明显不公平，应属无效条款，本委不予认定。根据W所提交的3份销售合同及付款凭证，DN公司未对此证据提供相应证据材料予以反证，本委认为DN公司应当支付W佣金共计50 518.26元。根据《劳动法》第七十二条之规定，DN公司以W档案未调入公司为由未予缴纳W的各项社会保险费用，此行为不当。DN公司应当补缴W自1998年3月至1999年7月期间的各项社会保险费用。

双方在市劳动争议仲裁委员会的主持下仍没有达成协议。最后，市劳动争议仲裁委员会做出裁决如下：

（1）DN公司于本裁决书生效之日起7日内支付W销售佣金共计50 518.26元人民币；

（2）DN公司于本裁决书生效之日起10日内补缴W 1998年3月至1999年7月期间的各项社会保险费用。

仲裁费500元，由W负担200元，DN公司负担300元。

双方当事人如不服本裁决，可在收到本裁决书之日起15日内向市第二中级人民法院提起诉讼，逾期不起诉，本裁决书即发生法律效力。

四、劳动争议的审判

接到市劳动争议仲裁委员会的仲裁书后，DN 公司不服。根据《中华人民共和国企业劳动争议处理条例》，DN公司在收到仲裁裁决书15日内向市第二中级人民法院提起诉讼。

市中级人民法院组成了合议庭对该案进行了审理，并作出了维持仲裁裁决书的判决。

DN公司对于市第二中级人民法院的一审判决不服，在收到判决书后的15日内又向市高级人民法院提出了上诉。市高级人民法院组成合议庭进行了书面审理，并维持一审判决。

终审判决书下达后，DN 公司不服，对于判决内容也一直没有执行。W 向市中级人民法院提出了强制执行的申请，2001 年 3 月，法院执行庭强制执行完毕。

（案例来源：张德. 人力资源开发与管理案例精选. 北京：清华大学出版社，2002）

任务一 签订并管理劳动合同

知识目标

- 了解劳动合同的内容、形式和种类；
- 掌握劳动合同管理的方法。

技能目标

- 能够制作劳动合同；
- 会实施劳动合同管理。

任务引入

吴某应聘一家家具公司，几天后该公司通知他去签订合同，合同有七八页之多，近百个条款。吴某准备把合同拿回家仔细看后再签，但对方不同意。吴某简单地看了合同后，认为该合同不是很规范，考虑再三，最终未在合同上签字。本来一份合法有效的劳动合同，应该是劳资双方权益的“双赢”，但在目前就业压力较大、劳动者处于弱势地位的情形下，这种双赢的结果却常常难以实现。

任务：结合该家具公司的实际情况，为该公司制订劳动合同范本。

任务分析

完成该任务，需要了解家具行业的用工特点，在此基础上，按照劳动合同的内容和要求，从法律规定和劳资双方约定的角度入手，遵循合法、公平、平等自愿、协商一致、诚实信用的原则，制订出劳动合同范本。

知识链接

一、劳动合同概述

1. 劳动合同的概念

劳动合同是一种民事法律文件，是用人单位与劳动者之间为确立劳动关系并明确彼此的权利和义务所达成的协议，是劳动交易的结果。从劳动合同的概念中，不难看出以下特点。

（1）劳动合同引起用工单位（含企业、事业单位、机关、团体、个体工商户）和劳动者之间的社会劳动关系。

（2）劳动合同以用工单位实现用工权、劳动者实现择业权为目的。

（3）劳动合同当事人，即用工单位和劳动者，其法律地位平等。

（4）劳动合同是用工单位和劳动者经过平等协商后，就劳动的权利、义务问题所达成的共同意志。

（5）劳动合同的合法性为合同的有效前提条件，合法有效的劳动合同具有法律约束力。

综上所述，劳动合同是确定和调整劳动关系的法律形式，它体现着市场经济中劳动关系法制化的必然要求。企业和员工按照劳动合同，享有权利和承担义务。劳动合同不是一般的用工形式，而是市场经济体制中确定和调整劳动关系的基本方式。因此实行劳动合同制，是一个重新构造劳动关系的过程。它涉及各方面的责任、权利和利益的调整。

2. 劳动合同的种类

按照不同的标准，劳动合同可以划分为不同的种类。

（1）按照期限的长短，劳动合同可分为三种。

① 有固定期限的劳动合同。它是指企业等用人单位与劳动者订立的有一定期限的劳动协议。合同期限届满，双方当事人的劳动法律关系即自行终止。如果双方同意，还可以续订合同，延长期限。

② 无固定期限的劳动合同。它是指企业等用人单位与劳动者订立的没有期限规定的劳动协议。劳动者在参加工作后，长期在用人单位内从事生产或工作，不得无故离职，用人单位也不得无故辞退。这种合同一般适用于技术性较强、需要持续进行的工作岗位。

③ 以完成一定工作为期限的劳动合同。它是指以劳动者所担负的工作任务来确定合同期限的劳动合同。如以完成某项科研为期限，以及带有临时性、季节性的劳动合同等。合同双方当事人在合同存续期间建立的是劳动法律关系，劳动者要遵守劳动单位内部规则，享受某种劳动保险待遇。

我国《劳动合同法》就是按照劳动合同的期限长短，将劳动合同的期限分为有固定期限、无固定期限和以完成一定的工作为期限，充分保护了劳动者的合法权益。《劳动合同法》第十四条规定“劳动者在该用人单位连续工作满十年的”，劳动者提出或者同意续订、订立劳动合同的，除劳动者提出订立固定期限劳动合同外，应当订立无固定期限劳动合同，避免用人单位只使用劳动者的“黄金年龄”。

（2）按照劳动合同产生的方式来划分，劳动合同也可分为三种。

① 录用合同。它是指用人单位通过公开招收、择优录用的方式订立的劳动合同。录用合同一般适用于招收普通劳动者。目前，全民所有制企业、国家机关、事业单位、社会团体等用人单位招收员工使用的是录用劳动合同。录用合同的特点是：用人单位按照预先规定的条件，面向社会，公开招收劳动者；应招者根据用人单位公布的条件，自愿报名；用人单位全面考核、择优录用劳动者；双方签订劳动合同。

② 聘用合同，也被称为聘任合同。它是指用人单位通过向特定的劳动者发聘书的方式，直接建立劳动关系的合同。这种合同一般适用于招聘有技术业务专长的特定劳动者。如企业聘请技术顾问、法律顾问等。

③ 借调合同，也被称为借用合同。它是借调单位、被借调单位与借调职工个人之间，为借调职工从事某种工作，明确相互责任、权利和义务的协议。借调合同一般适用于借调单位急需的职工。当借调合同终止时，借调职工仍然回原单位工作。

（3）按照劳动者一方人数的不同来划分，劳动合同可分为两种。

① 个人劳动合同，一般是由劳动者个人同用人单位签订。

② 集体合同，一般是由工会代表劳动者集体同企业签订。

（4）按照生产资料所有制性质的不同，劳动合同可划分为以下几种。

全民所有制单位劳动合同、集体所有制单位劳动合同、个体单位劳动合同、私营企业劳动合同和外商投资企业劳动合同等。

3. 劳动合同的特点

劳动合同具有以下三个特点。

（1）劳动合同必须在用人单位与劳动者之间签订。用人单位的代表是单位行政部门，

而不能是党群组织或其他部门；劳动者则以自然人的身份出现，必要时可以委托他人或一定的组织代行自己作为自然人的权利。这是由劳动关系的特殊性决定的。

（2）劳动合同必须在双方协商的基础上签订。劳动合同不是劳动纪律，不能由一方说了算，必须双方同意。这是为了保证用人单位与劳动者法律上的平等地位。

（3）劳动合同必须是关于双方权利、义务的协定。劳动合同的目的，是协调用人单位和劳动者在有偿劳动过程中的利益关系。一方的权利是另一方的义务，一方的义务是另一方的权利，这种权利义务关系必须在劳动合同中载明。劳动合同一经签订，就具有法律效力，成为约束用人单位和劳动者之间劳动关系的依据。

4. 劳动合同的内容

劳动合同的内容分为法定内容和约定内容。

劳动合同的法定内容，由法律规定，是所有劳动合同都必须具有的共性的东西。它主要包括劳动合同期限、工作任务与要求、劳动报酬与条件、劳动纪律、劳动合同的终止及违反劳动合同的责任等。这些内容构成了劳动合同的基本框架。

劳动合同的约定内容，由用人单位和劳动者协商产生，在不同的情况下，有不同的内容。但是，它必须在法定内容的基础上产生，不得违反法定内容的要求。劳动合同的内容是劳动关系诸要素和劳动关系双方的权利、义务在劳动合同中的体现。它应该包括下列内容。

（1）劳动岗位。劳动岗位是企业实现用工权、完成生产任务的场所，是劳动者实现劳动权利的场所，也是劳动关系双方共同为社会进行创造性劳动，实现人、机、物有机结合的场所。劳动岗位涉及企业的基础管理工作，即定岗、定员、定额，企业优化劳动组合的真正含义就从这里产生。因此，劳动岗位是劳动合同的基础内容，表现为企业提供的岗位条件，对劳动者素质的要求及完成生产任务的数量、质量要求。

（2）劳动合同期限。合同期限是指合同有效期的时间界限。合同期限的长短由企业和劳动者平等协商确定。作为企业方来说，合同期限反映企业的用工形式，是企业实现经营目的在用工形式上的客观要求。

（3）劳动报酬。劳动报酬就是劳动力价格的体现。劳动报酬是一种分配手段，是连接国家、集体和个人的链条，也是形成企业内部竞争机制的核心内容。在劳动力市场上，劳动力的价格就是工资，是通过市场功能形成的，是决定市场竞争机制运行的内在动力。因此，劳动报酬是劳动合同最关键、最敏感、最活跃的内容。

（4）社会保险。社会保险包括法定保险和企业补充保险。法定保险金的缴纳是企业

用工的基本条件；企业补充保险金的缴纳则是企业对外增强凝聚力，对内鼓励竞争的手段之一。接受物质帮助是劳动者在一定条件下应当享受的权利。因此，社会保险也是劳动合同的活跃内容。

（5）上岗培训。在现代化生产中，上岗培训是处理好人、机、物等生产要素之间关系的必要条件，因此是企业应尽的义务。员工接受培训后，有努力为企业服务的义务，应按照岗位有关要求完成一定数量和质量的生产任务。

（6）劳动纪律。在企业生产过程中，劳动纪律是进行有效生产经营活动的保证条件。因此，企业内部的规章制度是企业内部经营机制的重要部分。企业内部的规章制度不是法律，不具有法律效力，但是，合法可行的规章制度可以作为劳动合同纪律条款的有关内容，附进劳动合同，使之同劳动合同一并发生法律上的约束力，成为仲裁庭和人民法院处理劳动争议的依据。

（7）违约责任。违约，就是不履行或不完全履行劳动合同规定的条件。不具备免责条件的违约就应当承担违约的责任，因此违约责任是整个劳动合同的制约性条款。

（8）变更、解除条件。劳动合同一经订立，不得擅自变更和解除。因此，除遵守法定变更、解除劳动合同的条件以外，在劳动合同中约定变更、解除条件，有利于根据企业生产条件的变化调整劳动关系，保证合同双方当事人的合法权益。

以上是劳动合同能够起到确定和调节劳动关系作用的必要条件。除此以外，劳动合同的双方当事人还可以将补充的其他条件写进合同，以调节劳动关系。

二、劳动合同的订立和变更

1. 劳动合同的订立

劳动合同的订立，是指用工单位与劳动者就劳动合同条款，经协商取得一致达成协议的法律行为。劳动合同订立是引起合同双方当事人之间劳动法律关系开始的事实。

（1）劳动合同的订立原则。我国《劳动合同法》规定，当事人签订劳动合同应当坚持以下原则。

① 合法原则。合法原则在订立劳动合同的过程中应从以下三个方面体现出来：一是双方当事人的主体资格要合法，符合法律规定的条件；二是合同内容要合法；三是订立合同的程序和形式要合法。

② 平等、自愿、协商、一致的原则。平等，即合同当事人法律地位平等，这是合同关系的本质；自愿，即当事人具有真实的订立合同的愿望，在平等的基础上，自愿是订

立合同的前提条件；协商，即双方当事人要约和承诺的过程；一致，即双方当事人彼此之间完全承诺对方的提议，取得一致的意愿。

③ 合理原则。合理原则是指合理规定双方当事人的劳动权利和义务。

（2）劳动合同的订立程序。按照《劳动合同法》第十条的规定，建立劳动关系应当订立劳动合同。用人单位录用的职工，有的属于干部，有的属于工人，因此订立劳动合同的程序是不完全相同的。根据劳动合同法及有关法规的规定，订立劳动合同的主要程序有以下几步。

① 自愿报名，提交证明文件。

② 全面考核，择优录用。

③ 填写新职工审批表，报请市、县人民政府劳动主管部门审批或备案。

④ 被录用者提交报到文件和其他证明文件。

⑤ 用人单位向被录用者介绍拟订劳动合同的内容和要求。

⑥ 双方协商一致，签订劳动合同。

⑦ 工会对录用职工实行必要的监督。

⑧ 办理法定手续。

劳动合同约束力自双方当事人签字开始，劳动合同规定的权利和义务自合同约定的日期开始履行。劳动合同的签字必须在双方当事人自愿的基础上进行。

2. 劳动合同的法律效力

劳动合同一经签订，就具有法律效力，受法律保护，双方必须严格遵照执行。劳动合同的法律效力来自国家的依法承认和保护，但前提条件是劳动合同必须合法有效。也就是说，只有合法有效的劳动合同，才能受到国家法律的承认和保护，才具有法律效力。

有效劳动合同的条件是：主体合法，内容合法，体例形式符合要求，文字明确、清楚。违反上述条件的一项或多项，将出现劳动合同无效或部分无效的后果。无效劳动合同从订立时起，就不受国家法律承认和保护，不具备法律效力。

3. 劳动合同履行的原则

劳动合同的履行是指劳动合同当事人依合同规定的条件，享有各自的权利，承担各自的义务的法律行为。

根据《劳动合同法》的规定，我国劳动合同的履行必须坚持以下原则。

（1）全面履行的原则，就是按照劳动合同规定的全部内容履行，不能以部分代替

全部。

（2）实际履行的原则，就是按照劳动合同规定的标准去履行，不得以其他内容代替。

（3）不得擅自变更、解除的原则，就是在不具备法律规定的双方当事人约定的条件下，未经对方同意，不得单方随意改变或提前终止劳动合同。

（4）在履行劳动合同发生争议时应及时协商、调解和仲裁的原则，这样做的目的是避免更大的损失。

4．劳动合同的变更

劳动合同的变更，是指劳动合同主体或履行合同的条件发生变化，通过双方当事人的协商，改变原合同某些内容（补充或废除）或者中止履行的法律行为。

在下述两种情况下，劳动合同当事人有变更权。

（1）法定条件下的变更，即出现了符合法律规定允许变更合同的情况时，合同当事人享有变更权。

（2）约定条件的变更，即出现了合同中已经约定的允许变更合同的新情况之后，双方当事人享有变更权。

除以上两种情况外，当需要变更合同的新情况出现后，双方当事人可以即时协商，达成变更合同的协议，然后实施变更合同的行为。

中止履行劳动合同是合同变更的一种特殊情况，是指当某种法定原因出现，致使劳动合同无法履行时，暂时停止履行劳动合同。当该原因消失以后，继续履行原劳动合同。例如，在企业生产过程中出现工伤事故，工人受伤后治疗期间，因无法继续工作，而且劳动能力的丧失以及伤残程度尚未确定，所以受伤工人劳动合同中规定的岗位职责中止履行。待工人伤残程度确定后，能完全恢复劳动能力的，继续履行原合同；丧失部分劳动能力，要求调换工作岗位的，需要变更原合同；丧失全部或大部分劳动能力，无法继续坚持工作的，需要解除劳动合同，享受社会保险待遇。

三、劳动合同的解除和终止

1．劳动合同的解除

劳动合同的解除，是指提前终止劳动合同的法律行为。

（1）劳动合同解除的条件。劳动合同解除的条件，就是法律规定的解除劳动合同的情况发生时，当事人依法解除劳动合同，不承担违约责任。

《劳动合同法》对解除劳动合同的条件规定如下。

用人单位可以解除劳动合同的条件规定如下。

① 用人单位与劳动者协商一致，可以解除劳动合同。

② 在试用期间被证明不符合录用条件的。

③ 严重违反用人单位的规章制度的。

④ 严重失职，营私舞弊，给用人单位造成重大损害的。

⑤ 劳动者同时与其他用人单位建立劳动关系，对完成本单位的工作任务造成严重影响，或者经用人单位提出，拒不改正的。

⑥ 以欺诈、胁迫的手段或者乘人之危，使对方在违背真实意思的情况下订立或者变更劳动合同，致使劳动合同无效的。

⑦ 被依法追究刑事责任的。

用人单位提前30日以书面形式通知劳动者本人或者额外支付劳动者一个月工资后，可以解除劳动合同的条件规定如下。

① 劳动者患病或者非因工负伤，在规定的医疗期满后不能从事原工作，也不能从事由用人单位另行安排的工作的。

② 劳动者不能胜任工作，经过培训或者调整工作岗位，仍不能胜任工作的。

③ 劳动合同订立时所依据的客观情况发生重大变化，致使劳动合同无法履行，经用人单位与劳动者协商，未能就变更劳动合同内容达成协议的。

劳动者可以解除合同的条件规定如下。

① 用人单位与劳动者协商一致，可以解除劳动合同。

② 劳动者提前30日以书面形式通知用人单位，可以解除劳动合同；劳动者在试用期内提前3日通知用人单位，可以解除劳动合同。

③ 未按照劳动合同约定提供劳动保护或者劳动条件的。

④ 未及时足额支付劳动报酬的。

⑤ 未依法为劳动者缴纳社会保险费的。

⑥ 用人单位的规章制度违反法律、法规的规定，损害劳动者权益的。

⑦ 用人单位以暴力、威胁或者非法限制人身自由的手段强迫劳动者劳动的，或者用人单位违章指挥、强令冒险作业危及劳动者人身安全的，劳动者可以立即解除劳动合同，不需事先告知用人单位。

⑧ 以欺诈、胁迫的手段或者乘人之危，使对方在违背真实意思的情况下订立或者变更劳动合同，致使劳动合同无效的。

但是，以下情况企业不得解除劳动合同。

① 从事接触职业病危害作业的劳动者未进行离岗前职业健康检查，或者疑似职业病病人在诊断或者医学观察期间的。

② 在本单位患职业病或者因工负伤并被确认丧失或者部分丧失劳动能力的。

③ 患病或者非因工负伤，在规定的医疗期内的。

④ 女职工在孕期、产期、哺乳期的。

⑤ 在本单位连续工作满 15 年，且距法定退休年龄不足 5 年的。

劳动合同双方当事人还可以就劳动合同的解除在合同书中事先约定条件。

（2）劳动合同解除的程序。《劳动合同法》对劳动合同解除的程序规定如下。

① 提前一个月通知对方。

② 征求本企业工会意见。

③ 报有关部门备案。

④ 清理债权债务关系。

⑤ 办理有关手续。

2. 劳动合同的终止

劳动合同的终止，是指劳动合同期限届满，双方当事人权利、义务履行完毕，结束劳动合同法律关系的行为。

劳动合同终止的条件如下。

① 合同期限届满。

② 双方当事人权利、义务履行完毕。

③ 双方当事人无续订意愿，或未达成续订协议。

根据《劳动合同法》的规定，劳动合同期限届满，应立即终止执行，因此劳动合同的期限不能自动延长。劳动合同期限届满，根据生产需要和双方当事人协商同意，应办理续订劳动合同的手续。该手续在劳动合同终止之前办理，在劳动合同终止之后生效。

思考与讨论

1. 劳动合同可否是口头合同？为什么？
2. 劳动合同有哪些法定内容？约定内容的订立需要遵循什么原则？
3. 劳动合同的订立和履行应该遵循哪些原则？

实训题

根据P237中引入的任务，制订该家具公司的劳动合同范本。

案例分析

××集团公司劳动合同书（样本）

劳动合同书编号：__________

签订日期：_____年_____月_____日

甲方（雇佣单位）名称：

法定代理人：

经济类型：

地址：

委托代理人：

委托代理人地址：

委托代理人联系方式：

乙方（受雇职工）

性别：

出生日期_____年_____月_____日

文化程度：

居民身份证号码：

家庭住址：

邮政编码：

联系电话：

根据《中华人民共和国劳动合同法》，甲乙双方经平等协商同意，自愿签订本合同，共同遵守本合同所列条款。

一、劳动合同期限

第一条　本合同期限类型为　　　　期限合同。

本合同生效日期_____年_____月_____日，其中试用期_____个月。本合同_____终止。

二、工作内容

第二条 乙方同意根据甲方工作需要，在_____部门，担任_____岗位（工种）工作。

第三条 乙方完成的工作数量_____，达到_____质量标准，或在岗位（聘任）协议中约定。

三、劳动保护和劳动条件

第四条 甲方安排乙方执行_____工作制。

执行定时工作制的，甲方安排乙方每日工作时间不超过八小时，平均每周不超过四十四小时。甲方保证乙方每周至少休息一日，甲方由于工作需要，经与工会和乙方协商后可以延长工作时间，一般每日不得超过一小时，因特殊原因需要延长工作时间的，在保障乙方身体健康的条件下延长工作时间每日不得超过 3 小时，每月不得超过 36 小时。

执行综合计算工时工作制的，平均日和平均周工作时间不超过法定标准工作时间。

执行不定时工作制的，在保证完成甲方工作任务的情况下，工作和休息休假乙方自行安排。

第五条 甲方安排乙方加班加点的，甲方应依法按以下标准支付加班工资。

1. 在日法定标准工作时间以外延长工作时间的，按照乙方小时工资标准的 150%支付工资。

2. 在休息日工作，按照乙方日或小时工资标准的 200%支付工资。

3. 在法定休假节日工作的，应另外支付乙方日或小时工资标准 300%的工资。

第六条 甲方为乙方提供必要的劳动条件和劳动工具，建立健全生产工艺流程，制订操作规程、工作规范和劳动安全卫生制度及其标准。

甲方应按照国家有关部门的规定组织安排乙方进行健康检查。

第七条 甲方负责对乙方进行职业道德、业务技术、劳动安全卫生及有关规章制度的教育和培训。

四、劳动报酬

第八条 甲方的工资分配应遵循按劳分配原则。

第九条 执行定时工作制或综合计算工时工作制的乙方为甲方工作，甲方每月
日以货币形式支付乙方工资，工资不低于_____，工资分配水平在岗位（聘任）协议中约定，其中试用期间工资为_____元。执行不定时工作制的工资支付按_____执行。

第十条 由于甲方生产任务不足，使乙方下岗待工的，甲方保证乙方的月生活费不低于_____。

五、保险福利待遇

第十一条　甲乙双方应按国家社会保险的有关规定缴纳职工养老、失业和大病医疗统筹及其他社会保险费用。甲方应为乙方填写《职工养老保险手册》。双方解除、终止劳动合同后，《职工养老保险手册》按有关规定转移。

第十二条　乙方患病或非因工负伤，其病假工资、疾病救济费和医疗待遇按照____执行。

第十三条　乙方患职业病或因工负伤的工资和医疗保险待遇按国家有关规定执行。

第十四条　甲方为乙方提供以下福利待遇____。

六、劳动纪律

第十五条　乙方应遵守甲方依法制订的规章制度；严格遵守劳动安全卫生、生产工艺、操作规程和工作规范；爱护甲方的财产，遵守职业道德；积极参加甲方组织的培训，提高思想觉悟和职业技能。

第十六条　乙方违反劳动纪律，甲方可依据本单位规章制度，给予纪律处分，直到解除本合同。

七、劳动合同的变更、解除、终止、续订

第十七条　订立本合同所依据的法律、行政法规、规章发生变化时，本合同应变更相关内容。

第十八条　订立本合同所依据的客观情况发生重大变化，致使本合同无法履行的，经甲乙双方协商同意，可以变更本合同的相关内容。

第十九条　经甲乙双方协商一致，本合同可以解除。

第二十条　乙方有下列情形之一，甲方可以解除本合同。

1. 在试用期间，被证明不符合录用条件的；
2. 严重违反劳动纪律或甲方规章制度的；
3. 严重失职、营私舞弊，对甲方利益造成重大损害的；
4. 被依法追究刑事责任的。

第二十一条　乙方有下列情形之一，甲方可以解除本合同，但应提前30日以书面形式通知乙方。

1. 乙方患病或非因工负伤，医疗期满后，不能从事原工作也不能从事由甲方另行安排的工作的；
2. 乙方不能胜任工作，经过培训或者调整工作岗位，仍不能胜任工作的；
3. 双方不能依据本合同第十八条规定就变更合同达成协议的。

第二十二条　甲方濒临破产进行法定整顿期间或者生产经营发生严重困难，经向工会或者全体职工说明情况，听取工会或者职工的意见，并向劳动行政部门报告后，可以解除本合同。

第二十三条　乙方有下列情形之一，甲方不得依据本合同第二十一条、第二十二条终止或解除本合同。

1. 患病或非因工负伤、在规定的医疗期内的；

2. 女职工在孕期、产期、哺乳期内的；

3. 复员、转业退伍军人和建设征地农转工人员初次参加工作未满三年的；

4. 义务服兵役期间的。

第二十四条　乙方患职业病或因工负伤，医疗终结，经市、区、县劳动鉴定委员会确认完全或部分丧失劳动能力的，按_____办理。不得依据本合同第二十一条、第二十二条解除劳动合同。

第二十五条　乙方解除本合同，应当提前30日以书面形式通知甲方。

第二十六条　有下列情形之一，乙方可以随时通知甲方解除本合同。

1. 在试用期内的；

2. 甲方以暴力、威胁、监禁或者非法限制人身自由的手段强迫签订的；

3. 甲方不能按照本合同规定支付劳动报酬或者提供劳动条件的。

第二十七条　本合同期限届满，劳动合同即终止。甲乙双方经协商同意，可以续订劳动合同。

第二十八条　订立无固定期限劳动合同的，乙方离休、退休、退职或本合同约定的解除条件出现，本合同终止。

八、当事人约定的其他内容

双方当事人经协商一致同意增加以下条款：双方当事人经协商一致同意以下条款取消。

1. ____________________　　2. ____________________

3. ____________________　　4. ____________________

九、其他

第二十九条　甲方以下规章制度作为本合同的附件：

1. ____________________

2. ____________________

第三十条　本合同未尽事宜或与今后国家、企业所在城市有关规定相悖的，按有关

规定执行。

第三十一条　本合同一式两份，甲乙双方各执一份。

甲方（盖章）：　　　　　　　　乙方（盖章）：

法定代表人或委托代理人（盖章）：

签订日期_____年_____月_____日

鉴证机关（盖章）：　　　　　　　　鉴证员（盖章）：

鉴证日期_____年_____月_____日

分析：

该公司的劳动合同是否规范？如不规范，该如何优化？

任务二　处理与解决劳动争议

知识目标

- ❖ 了解劳动争议的种类；
- ❖ 掌握劳动争议的处理原则和处理程序。

技能目标

- ❖ 能够处理与解决劳动争议。

任务引入

冯某（以下简称申诉人）是北京某合资公司（以下简称被诉人）的保管员，依照当初双方签订的劳动合同的约定，2002年12月31日是劳动合同的期满日期。

2002年12月19日，劳动合同终止前，被诉人人事部经理找到申诉人，正式向其提出终止劳动合同的意向，同时将一份《终止劳动合同意向通知书》交给了申诉人，申诉人未表示任何反对意见。数天后，申诉人在通知书的回执上签了字，结算了2002年12月31日以前的工资。在双方办理终止劳动关系手续时，申诉人因神经疼痛、支气管哮喘等病卧床不起，于12月23日上午将病假条送至公司人事部申请病假，人事部经理看了

申诉人送交的病假条后，当即表示“因公司与其终止了劳动合同，申诉人送交请假条申请病假已无意义”。申诉人认为，自己与被诉人签订的合同到12月31日才到期，员工在合同有效期间患病应当享受医疗期待遇，而在医疗期，企业是不能与职工终止劳动合同的。于是，申诉人请求被诉人将合同延续至医疗期满。被诉人认为，劳动合同期内直至办理终止劳动合同手续时，申诉人从未请过病假，也没向被诉人交过任何诊断证明，公司与其终止劳动合同根本不涉及医疗期的问题。因此，对申诉人的请求，被诉人未予理睬。对被诉人的上述做法，申诉人感到非常不解，于2002年12月28日愤然向北京市劳动争议仲裁委员会提出申诉，要求被诉人将双方的劳动合同延续医疗期满。

北京市劳动仲裁委员会受理申请后，迅速组成合议庭，对案件事实进行了调查核实，查明上述情况属实。劳动争议仲裁会认为，申诉人在《终止劳动合同意向通知书》的回执上签字并结清了2002年12月31日前的工资，并不表明双方已从法律意义上真正终止了劳动合同。申诉人在12月23日交到人事部的假条是在劳动合同的有效期内递交的，按照有关的医疗期的规定，申诉人可以享受医疗期，公司只能在职工医疗期满后才可以与其终止劳动合同。由于双方意见分歧较大，仲裁庭多次调解未能达成一致意见。最后，经开庭审理，劳动争议仲裁委员会做出裁决，确认被诉人做出的与申诉人终止劳动合同的决定无效，双方的劳动关系延续至申诉人医疗期满。

任务：分析该劳动争议处理是否符合程序，该劳动争议仲裁委员会的裁决是否正确？

任务分析

在企业的实际管理中难免发生劳动争议，它需要企业在思想上高度重视，及时处理，以免危害企业利益或打击员工的积极性。完成该任务需要掌握劳动争议的处理类型、程序及要求，在符合程序的基础上，结合有关法律，分析该项裁决是否正确。

知识链接

一、劳动争议概述

1. 劳动争议的概念及产生的原因

劳动争议，也叫人事纠纷，是劳动关系当事人之间因劳动问题而产生的纠纷。它包括以下两项内容。

（1）劳动争议的当事人必须是劳动力的所有者与劳动力的使用者。

（2）劳动争议的内容必须涉及劳动管理过程中的相关问题，如劳动合同、劳动报酬、社会保险、劳动保护、职业培训、劳动关系解除等。劳动过程中，劳动者与劳动力的使用者之间就上述问题会在权利的享受与义务的履行方面产生矛盾，这些矛盾尖锐化、公开化之后就形成了劳动争议。

劳动争议的产生有社会外部原因和企业内部原因。劳动制度不适应劳动关系的变化，劳动合同法宣传不适应劳动关系的发展，劳动关系协调机制的建立不够及时、完善，都会导致劳动争议的发生。我国过去单一公有制计划经济体制下形成的劳动关系比较简单，不需要为此立法。改革开放后，特别是向市场经济转轨后，劳动关系日益复杂，矛盾也日益突出，原来的法制背景不适应现实情况的发展，许多问题缺乏规范，因此出现了许多争议。《劳动合同法》及配套措施的出台，缓解了某些问题。但是，由于对《劳动合同法》的宣传还不够，很多劳动者与企业还不清楚自己有哪些权利、义务，所以劳动争议依然存在。劳动关系双方产生矛盾后，如果有一定的机制对此进行调解并化解矛盾，就可以避免产生争议，但目前这种机制还未能普遍地建立起来，劳动关系缺乏协调，致使劳动过程中产生的矛盾因得不到及时解决而转化为劳动争议。此外，由于部分劳动者观念尚停留在计划经济时代的“国家职工”上，不能适应市场经济条件下劳动用工制度的变化，也容易发生劳动争议。有的企业领导者素质不高，领导方法不对，不认真遵守法规，也会使劳动关系双方产生纠纷。市场经济环境下，利益成为核心，企业与员工在利益方面认识不一致，同样可能发生劳动争议。

对于劳动人事纠纷，企业管理者必须高度重视。因为纠纷如果不能得到正确、及时的处理，就会危害企业利益。处理不好争议，员工的工作热情会立即消退，缺乏积极性，工作马马虎虎，出勤不出力。有些员工会因为劳动争议处理不当而与企业终止劳动关系，另谋高就，从而影响企业员工队伍的稳定，导致人才流失。

2. 劳动争议类型

随着我国社会主义市场经济体制的建立和完善，企业中劳动关系发生的变化和随之产生的问题越来越突出。在企业内部，员工与企业因劳动问题发生争议的现象逐渐增加。争议的内容广泛，争议的焦点难以集中和争议处理难度增大是其显著的特点，但归纳起来，劳动争议大致可分为以下几类。

（1）终止劳动关系的劳动争议，指企业开除、除名、辞退员工或员工辞职、自动离职而发生的劳动争议。

（2）执行劳动法规的劳动争议，指企业和员工之间因执行国家有关工资、保险、福利、培训和劳动保护规定而发生的争议。

（3）履行劳动合同的劳动争议，指企业和员工之间因执行、变更、解除劳动合同而发生的争议。

（4）其他劳动争议。

3．劳动争议的处理原则

（1）着重调解，及时处理。

① 调解是处理劳动争议的基本手段，并贯穿于劳动争议处理的全过程。企业调解委员会处理劳动争议的工作就是进行调解。仲裁委员会和人民法院处理劳动争议，应当先行调解，即使进入裁决或判决程序，在裁决或判决之前还要为当事人提供一次调解解决争议的机会。

② 调解应在当事人双方自愿的基础上进行。调解必须是双方当事人自愿的情况下进行的，不能有丝毫的勉强或强制，否则企业调解委员会调解协议的执行力、仲裁委员会或人民法院调解书的法律效力会受到影响。

③ 调解应依法进行。调解劳动争议应依法进行，既依实体法，又依程序法，而不是无原则地“和稀泥”。

④ 对劳动争议的处理要及时。及时处理劳动争议包括三层意思：一是企业调解委员会对案件调解不成，应在规定的时间内及时结案，不要使当事人丧失申请仲裁的权利；二是劳动争议仲裁委员会对案件先行调解不成，应及时裁决；三是人民法院在调解不成时，应及时判决。

（2）事实清楚，依法处理。

① 处理好调查取证与举证责任的关系，才能查清事实。调查取证是劳动争议处理机构的权力和责任，举证是当事人应尽的义务和责任，只有将两者有机结合，才能达到查清事实的目的，为处理劳动争议提供依据。

② 处理劳动争议既要依程序法，又要依实体法，而且要掌握好依法的顺序，即有法律时依法律，没有法律时依法规，没有法规时依规章。不同层次的法规相矛盾时，依据高层次的法规。

③ 处理劳动争议既要有原则性，又要有灵活性，坚持原则性与灵活性相结合。

（3）法律面前人人平等。

劳动争议当事人法律地位平等，双方具有平等的权利和义务，任何一方当事人都不

得有超越另一方当事人的特权。由于员工一方处于弱者的地位，劳动立法的目的之一是侧重保护劳动者，向弱者倾斜，以保障员工一方当事人与企业一方当事人平等地参与仲裁活动。

二、劳动争议的类型及处理程序

劳动争议双方先协商解决；不愿协商或协商不成的，可申请企业调解委员会调解；调解不成或不愿调解的，可申请劳动仲裁机构仲裁；不服从裁定的，可向法院提起诉讼。

1．劳动争议调解

企业可以设立劳动争议调解委员会，负责调解本企业的劳动争议。

（1）企业调解委员会可依法调解企业与员工之间发生的下列劳动争议。

① 因开除、除名、辞退员工和员工辞职、自动离职发生的争议。

② 因执行国家有关工资、社会保险、福利、培训、劳动保护的规定发生的争议。

③ 因履行劳动合同发生的争议。

④ 法律规定的其他劳动争议。

（2）企业调解委员会由下列人员组成。

① 员工代表（由代表大会推举产生）。

② 企业代表（由企业行政领导指定）。

③ 企业工会代表（由企业工会指定）。

（3）调解委员会的职责。

① 按照法律规定的原则和程序处理本单位的劳动争议，回访、检查当事人执行调解协议的执行情况，督促当事人履行调解协议。

② 开展劳动法律、法规、企业内部劳动管理规定的宣传教育工作，预防劳动争议的发生。

③ 建立必要的工作制度，进行调解登记、档案管理和分析统计工作。

（4）调解委员会调解劳动争议案件的程序。

① 申请和受理。由劳动争议当事人口头或书面提出申请。口头申请的，调解委员会应当当场记录申请人基本情况、申请调解的争议事项、理由和时间。

② 调查和调解。调解委员会接到申请书后，应该立即进行研究，审核该事由是否属于劳动争议，是否属于调解委员会调解范围，调解请求与事实根据是否明确。审核研究后，无论是否受理，都应该尽快通知提出调解申请的劳动争议当事人。

调解委员会受理调解申请书后，必须着手进行事实调查。调解必须在查清事实、分清是非、明确责任的基础上进行。只有查清争议事项的原委，才能分清是非，明确责任。调查的主要内容包括：劳动争议产生的原因、发展经过和争议问题的焦点；劳动争议所引起的后果；劳动争议双方当事人各有什么意见和要求；劳动争议所涉及的有关人员及有关的其他情况；企业职工对争议的看法等。

经过一定的调查准备后，调解委员会以会议的形式实施调解。由调解委员会主任主持，有关单位和个人可以参加调解会议协助调解。会议首先听取双方当事人对争议案件的陈述，然后，调解委员会根据查明的事实，在分清是非的基础上，依据有关法律、法规，公正地将调解意见予以公布，并听取双方当事人对所公布的案件调查情况和调解意见的看法，在此基础上进行协商。

③ 制作调解协议书或调解意见书。无论调解成功与否，都应该提供调解协议书或调解意见书。

双方当事人经协商一致，可以达成调解协议。自劳动争议调解委员会收到调解申请之日起 15 日内未达成调解协议的，当事人可以依法申请仲裁。无论达成协议还是未达成协议，都是调解终结。对于简单的劳动争议，也可以由调解委员会指定 1～2 名调解委员进行调解。

2．劳动争议仲裁

劳动争议仲裁，指劳动争议仲裁委员会对申请仲裁的劳动争议案件依法进行裁决的活动。仲裁是我国处理劳动争议的一种基本形式，在劳动争议处理工作中具有重要作用。

（1）劳动争议仲裁委员会的设立。劳动争议仲裁委员会是国家授权，依法独立处理劳动争议的专门机构。劳动争议仲裁委员会由劳动行政管理部门负责组建。

（2）劳动争议仲裁委员会的受案范围及管辖。劳动争议仲裁委员会受理劳动争议案件范围包括：因用人单位开除、除名、辞退职工或职工辞职、自动离职发生的争议；因执行国家有关工资、保险、福利、培训、劳动保护的规定发生的争议；因履行劳动合同发生的争议；法律、法规规定由仲裁委员会处理的其他劳动争议。

劳动争议仲裁委员会处理劳动争议案件，一般实行属地管辖原则。

（3）劳动争议仲裁程序。劳动争议仲裁程序主要分为以下 4 个阶段。

① 由劳动争议当事人向劳动争议仲裁委员会提出申请，要求依法裁决，保护自己的权益。提出申请必须符合以下条件。

第一，申诉必须在规定的时效以内进行。《劳动争议调解仲裁法》第二十七条规定：“劳动争议申请仲裁的时效期间为一年。仲裁时效期间从当事人知道或者应当知道其权

利被侵害之日起计算。”

第二，应当提交书面申请。《劳动争议调解仲裁法》第二十八条规定：“申请人申请仲裁应当提交书面仲裁申请，并按照被申请人人数提交副本。仲裁申请书应当载明下列事项：（一）劳动者的姓名、性别、年龄、职业、工作单位和住所，用人单位的名称、住所和法定代表人或者主要负责人的姓名、职务；（二）仲裁请求和所根据的事实、理由；（三）证据和证据来源、证人姓名和住所。”

第三，申诉人必须与该劳动争议有直接利害关系。

第四，申诉人必须有明确的被诉人以及具体的申诉请求和事实依据。

第五，申诉的案件必须在受理申诉的劳动仲裁委员会管辖范围之内。

② 劳动争议仲裁委员会收到仲裁申请之日起5日内，认为符合受理条件的，应当受理，并通知申请人；认为不符合受理条件的，应当书面通知申请人不予受理，并说明理由。

③ 仲裁委员会在受理劳动争议后，应按《劳动争议调解仲裁法》及有关条例规定，组成仲裁庭，仲裁庭由3名仲裁员组成。组成仲裁庭之后，仲裁庭成员应认真审查申诉、答辩材料，调查搜集证据，查明争议事实。调查取证是仲裁活动的重要阶段，是弄清事实真相、明确案件性质、正确处理争议案件的前提和基础。调查主要是为了查清争议的时间、地点、原因、经过、双方争议的焦点、证据和证据的来源。

④ 在调查取证的基础上，开庭审理。仲裁庭处理劳动争议，首先应当进行调解，促使当事人双方自愿达成协议。经调解达成协议的，仲裁庭制作仲裁调解书，送达双方。一经送达，调解书即具有法律效力。若不能达成调解协议，则进行仲裁庭辩论，即当事人按申诉人、被诉人的顺序，围绕争议进行辩论。仲裁员应根据情况，将辩论焦点集中在需要澄清的问题和应该核实的问题上。为了进一步查明当事人双方的申诉请求和争议事项，还必须进行仲裁庭调查，由证人出庭作证，仲裁机关出示证据等。仲裁庭最后应根据调查结果和有关法律及时进行裁决。

当事人对仲裁决定不服，且劳动争议不属于“（一）追索劳动报酬、工伤医疗费、经济补偿或者赔偿金，不超过当地月最低工资标准12个月金额的争议；（二）因执行国家的劳动标准在工作时间、休息休假、社会保险等方面发生的争议”的，自收到裁决书之日起15日内，可向人民法院起诉，期满不起诉的，裁决书发生法律效力。

仲裁庭处理劳动争议，应当自劳动争议仲裁委员会受理仲裁申请之日起45日内结束。案情复杂需要延期的，经劳动争议仲裁委员会主任批准，可以延期并书面通知当事人，但是延长期限不得超过15日。逾期未做出仲裁裁决的，当事人可以就该劳动争议事项向

人民法院提起诉讼。

3. 劳动争议的司法审判

劳动争议司法是我国司法制度的一个重要组成部分。国家司法机构依法定程序，根据《劳动合同法》、《劳动争议调解仲裁法》及相关法律、法规，对劳动争议案件进行审理，做出判决，从而以司法方式处理劳动争议。劳动争议司法包括劳动争议案件的审判和劳动争议案件的检察，分别由人民法院和人民检察院承担。

劳动争议仲裁没有解决的劳动争议，最后由人民法院做出判决。审判是劳动争议的最后解决方式。人民法院对劳动争议案件的审理，适用《民事诉讼法》规定的程序，分为起诉与受理、调查取证、调解、开庭审理等几个阶段。

（1）起诉与受理。原告向人民法院提出诉讼请求，要求人民法院行使审判权以保护自己的合法权益，起诉人必须与该劳动争议有直接的利害关系，必须有明确的被告、具体的申诉请求和事实根据。劳动争议案件未经仲裁的，人民法院不予受理。人民法院只受理已经由劳动争议仲裁委员会裁决、仲裁裁决非终局裁决且当事人不服裁决的争议。人民法院在收到原告的起诉后，要对起诉依法进行审查并决定是否受理。经审查符合条件的应当在 7 日内立案，并通知当事人，自立案之日起 5 日内将诉状副本发送被告。被告在收到之日起 15 日内提出答辩状。经审查不符合条件的，应当在 7 日内裁定不予受理。原告对裁定不服的，可以上诉。

（2）调查取证与调解。人民法院要对劳动争议仲裁机关掌握的情况、证据进行核实，对与争议有关的事实进行调查、取证，弄清事实后进入调解阶段。人民法院审理劳动争议案件，根据当事人自愿的原则，在事实清楚的基础上分清是非，进行调解。达成调解协议的，由人民法院制作调解书。调解书在经当事人双方签收后，即发生法律效力，当事人必须执行。

（3）开庭审理。调解不成的，或当事人在调解书送达之前反悔的，人民法院应及时判决。人民法院在开庭前 3 日内将开庭时间、地点通知当事人和其他诉讼参与人。开庭要进行法庭调查，由当事人陈述争议事实，法庭出示有关证据，双方当事人进行法庭辩论。在辩论结束后，法庭做出判决，并按规定向当事人发送判决书。

当事人不服一审判决的，有权在判决书送达之日起 15 日内，向上一级人民法院提起上诉。到期没有上诉的，判决书自动产生法律效力。人民法院对劳动争议的判决是终审判决。

三、劳动争议的预防

预防劳动争议的主要措施有以下几点。

（1）依法加强劳动合同管理，从源头规范劳动关系，主要表现在以下三方面。

① 企业要实行劳动合同的全面签订。

② 要注意劳动合同的合法性、有效性和完备性。

③ 加强劳动合同履行的管理，尤其是合同变更、解除以及续订时，应及时履行必要的程序。

（2）依法建立和完善企业规章制度，杜绝无章可循的现象。

（3）加强培训，避免有法不依。

（4）合理处置违纪职工，规避法律风险。

（5）借鉴他人经验，利用外部资源，预防劳动争议。

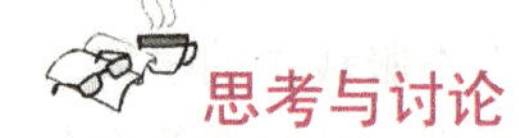

思考与讨论

1．处理劳动争议应遵循哪些原则？

2．处理劳动争议的调解、仲裁和司法审判有何相同与不同？

3．劳动合同的订立和履行应该遵循哪些原则？

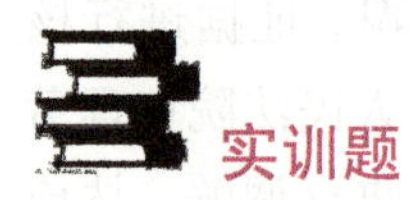

实训题

根据P250中引入的任务，结合相关法律，判断该劳动争议处理是否符合程序，劳动争议仲裁委员会的裁决是否正确。

案例分析

青工李某1997年8月与某企业签订了为期6年的劳动合同。1998年9月，公安机关因怀疑其与一起抢劫案有关系，涉嫌盗劫犯罪，将其逮捕。1999年2月，经过几个月的调查，人民法院最终因证据不足将其无罪释放。李某回到原企业，但对于李某被错误关押期间的各种待遇，该企业拒绝予以补发。李某因此而提出申诉。

分析：

企业的做法是否正确？如不正确，李某该如何申诉？

任务三　完成组织内人际沟通工作

知识目标

- 了解组织沟通的渠道；
- 了解沟通的障碍；
- 掌握有效沟通的方法。

技能目标

- 能够构建良好的沟通渠道；
- 会运用沟通技巧进行组织内人际沟通。

任务引入

作为圣迭戈纪念医院的护理部主任，珍妮·杨科维奇负责管理 9 名值班主管以及 115 名注册护士和护士助理。她讲述了这样一段亲身经历：7 月 9 日星期一刚上班，她就意识到自己犯了一个极大的错误。

珍妮大约早上 6:05 来到医院，她看到一大群护士（要下夜班的护士和即将上早班的护士），正三三两两聚在一起激烈地讨论着。当她们看到珍妮走进来时，立即停止了交谈。这种突然的沉默和冰冷的注视，使珍妮明白自己正是谈论的焦点，而且看来她们所说的不像是赞赏之词。

珍妮来到自己的办公室，半分钟后她的一名值班主管迪·马考斯走了进来。迪直言不讳地说道："珍妮，上周你发出的那些信对人们的打击太大了，它使每个人都心烦意乱。"

"发生了什么事？"珍妮问道，"在主管会议上大家都一致同意向每个人通报我们单位财务预算的困难，以及裁员的可能性。我所做的只不过是执行这项决议。"

"可你都说了些什么？"迪显然很失望，"我们需要为护士们的生计着想。我们以为你会直接找护士们谈话，告诉她们目前的困难，谨慎地透露这个坏消息，并允许她们提

出疑问。那样的话，可以在很大程度上减少打击。而你却寄给她们这种形式的信，并且寄到她们的家里。天哪！珍妮，周五她们收到信后，整个周末都处于极度焦虑之中。她们打电话告诉自己的朋友和同事，现在传言四起，我们处于一种近于骚乱的局势中，我从没见过员工的士气如此低落。”

任务 1：请先确定珍妮所选择的沟通方式。

任务 2：请分析珍妮选择的沟通方式的优缺点，选择你认为最优的沟通方式，并制订沟通计划及提纲。

任务分析

完成此项任务，需要分析珍妮这样选择的原因。在制订沟通计划及提纲时，要结合沟通技巧，既说明情况，又避免员工情绪、思想产生大的波动，以达到最佳的沟通效果。

知识链接

一、沟通概述

1. 沟通的含义

沟通就是人与人之间进行信息交流的活动。从管理角度出发，可以把沟通定义为：沟通是信息凭借一定符号载体，在个人或群体间从发送者到接受者进行传递，并获取理解的过程。

一般而言，一个完整的沟通过程应包括以下四个方面的要素。

（1）信息源，又称为信息沟通的发送者。

（2）信息内容，即沟通的内容。它包括事实、情感、价值观、意见观点。

（3）信息的接收者，即沟通过程中处于被动地接收信息的一方。

（4）沟通渠道。渠道是由发送者选择的，借以传递信息的载体。

2. 沟通的过程

信息沟通过程是指信息的发送者通过选定的渠道把信息传递给接收者的过程。沟通有以下几个步骤。

（1）明确要沟通的内容。

（2）编码，即把信息译成一种双方都理解的符号，如语言、文字、手势等。

（3）选择信息沟通渠道。

（4）译码，即研究和理解所收到的信息的内容和含义。

（5）反馈，接收者把所收到的或所理解的信息再反馈到发送者那里，供发送者核查。

（6）再传递，发送者根据反馈回来的信息再发出信息。

（7）反应，接收者按所接收到的信息采取行动，或做出自己的反应，如图 8-1 所示。

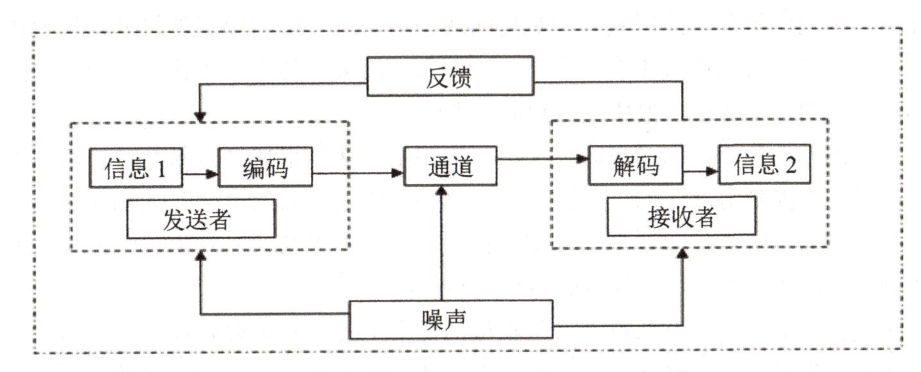

图 8-1　沟通步骤

3．沟通的渠道

（1）正式沟通。正式沟通是指在组织系统内，依据正规的组织程序，按权力等级链进行的沟通。

正式沟通的优点：沟通效果好，比较严肃，约束力强，易于保密，可以使信息沟通保持权威性。重要的消息和文件的传达、组织的决策等，一般都采用这种方式。

正式沟通的缺点：因为依靠组织系统层层传递，所以很刻板，沟通速度很慢，还存在着信息失真和扭曲的可能。

正式沟通的渠道主要包括以下几种。

① 下行沟通，即上级向下级进行的信息传递，可分为口头沟通方式和书面沟通方式。口头沟通方式包括指示、谈话、会议、广播、电话等；书面沟通包括各种备忘录、信函、公司手册、公司政策声明、工作程序以及年度报告等。

② 上行沟通，即下级机构或人员按照组织的隶属关系与上级机构或领导者进行的沟通。上行沟通方式包括正式报告、汇报会、建议箱、申诉、接待日、员工士气问卷、离职谈话、信访制等。

③ 平行沟通，即组织结构中处于同一层次上的成员或群体之间的沟通。它的主要目

的是谋求相互之间的理解和工作中的配合，因此，它通常带有协商性。

④ 斜向沟通，即非属同一组织层次上的个人或群体之间的沟通，时常发生在职能和直线部门，其主要目的是为了加快信息的传递。

（2）非正式沟通。非正式沟通是指正式组织渠道以外的信息沟通方式。

非正式沟通是以社会关系为基础，与组织正式关系无关的一类沟通方式，它超越组织的部门和层次，所以管理者难以控制。

非正式沟通的最常见的形式之一是传闻或小道消息。小道消息往往来自权力体系的周围，由于一些消息灵通人士有着多重社会关系，结果一传十、十传百，通过垂直的、水平的、斜向的各种途径，很快地传到群众当中。

非正式沟通的优点：沟通形式灵活，直接明了，速度很快，容易及时了解到正式沟通难以提供的“内幕消息”。非正式沟通能够发挥作用的基础是组织中良好的人际关系。

非正式沟通的缺点：沟通难于控制，传递的消息不确切，容易失真，而且它可能导致小集团、小圈子，影响组织的凝聚力和人心稳定。

非正式沟通的作用具有两重性。从积极的意义上看，它可以弥补正式沟通的不足，特别是在正式沟通渠道不畅通的情况下，非正式沟通将发挥其作用，有效地防止某些主管人员对信息的“过滤”现象。但正如前面所指出的，非正式沟通确实存在某些消极作用。管理者必须充分注意，有效地运用正式沟通和非正式沟通这两个渠道，以防止和消除某些传言的副作用，有效利用非正式沟通为组织目标服务。

二、沟通的障碍和影响因素

1. 沟通的障碍

沟通是信息的传递和理解。完美的沟通的结果应是经过传递之后被接收者感知到的信息和发送者发出的信息完全一致。然而，沟通中的障碍总是影响沟通的有效性。一般来讲，沟通联络中的障碍主要有主观障碍、客观障碍和沟通方式三个方面。

（1）主观障碍。

① 个人的性格、气质、态度、情绪、见解等的差别，使信息在沟通过程中受个人的主观心理因素的制约。

② 在信息沟通中，如果双方在经验水平和知识结构上差距过大，就会产生沟通的障碍。

③ 信息沟通往往是依据组织系统分层次逐级传递的。然而，在按层次传达同一条信

息时，往往会受到个人的记忆、思维能力的影响，从而降低信息沟通的有效性。

④ 对信息的态度不同，会使有些组织成员和管理者忽视对自己不重要的信息，不关心组织目标、管理决策等信息，而只重视和关心与他们物质利益有关的信息，使沟通发生障碍。

⑤ 管理人员和下级之间相互不信任。这主要是由于管理人员考虑不周、伤害了下属的自尊心或决策错误所造成的，而相互不信任又会影响沟通的顺利进行。

⑥ 下级人员的畏惧感也会造成障碍。这主要是由管理人员管理严格、咄咄逼人和下级人员本身的素质所决定的。

（2）客观障碍。

① 信息的发送者和接收者如果空间距离太远、接触机会少，就会造成沟通障碍。社会文化背景不同、种族不同而形成的社会距离也会影响信息沟通。

② 组织机构所造成的障碍。组织机构过于庞大，中间层次太多，信息从最高决策层到下级基层单位容易失真，而且还会浪费时间，影响其时效性。

（3）沟通联络方式的障碍。

① 语言系统所造成的障碍。语言是沟通的工具，人们通过语言文字及其他符号等信息沟通渠道来沟通。但是语言使用不当就会造成沟通障碍，主要表现就是误解。这是由于发送者在提供信息时表达不清楚，或者是由于接收者接收信息时理解不准确所造成的。表达方式不当，如措辞不当、丢字少句、空话连篇、文字松散、使用方言等，这些都会增加沟通双方的心理负担，影响沟通的进行。

② 沟通方式选择不当，原则、方法使用不灵活所造成的障碍。沟通的形态网络多种多样，且它们都有各自的优缺点。如果不根据实际情况灵活选择，则沟通不能畅通进行。

在管理工作实践中，存在着信息的沟通，也就必然存在沟通的障碍。管理人员的任务在于正视这些障碍，采取一切可能的方法消除这些障碍，为有效的信息沟通创造条件。

2. 影响有效沟通的因素

（1）个人因素。个人因素主要包括两大类：一是接收的有选择性，二是沟通技巧的差异。

① 所谓接收的有选择性，指人们拒绝或片面地接收与他们的期望不相一致的信息。研究表明，人们往往听或看他们感情上有所准备的东西，或他们想听到或看到的东西，甚至只接收符合自己意愿的，拒绝不符合的。

② 沟通技巧上的差异也影响沟通的有效性。例如，有的人不能口头上完美地表达，

但却能够用文字清晰而简洁地写出来；另一些人口头表达能力很强，但不善于听取意见；还有一些人阅读较慢，并且理解起来比较困难。

（2）人际因素。人际因素主要包括沟通双方的相互信任、信息来源的可靠程度和发送者与接收者之间的相似程度三个方面。

沟通是发送者与接收者之间“给”与“收”的过程。信息传递不是单方的而是双方的事情。因此，沟通双方的诚意和相互信任至关重要。上下级间的猜疑只会增加抵触情绪，减少坦率交谈的机会，也就不可能进行有效的沟通。

信息来源的可靠性由四个因素决定，即诚实、能力、热情、客观。有时，信息来源可能并不同时具有这四个因素，但只要信息接收者认为发送信息具有可靠性即可。可以说信息来源的可靠性实际上是由接收者主观决定的。

沟通的准确性与沟通双方间的相似性有着直接的关系。沟通双方特征（如性别、年龄、智力、种族、社会地位、兴趣、价值观、能力等）的相似性影响了沟通的难易程度和坦率性。沟通一方如果认为对方与自己相近，那么他将比较容易接受对方的意见，并且容易较快达成共识。相反，如果沟通一方视对方为异己，那么信息的传递将很难进行下去。例如，年龄差距在沟通中就是一个常见的问题。

（3）结构因素。结构因素主要包括地位差别、信息传递链、团体规模和空间约束四个方面。

一个人在组织中的地位很大程度上取决于他的职位。许多研究表明，地位的高低对沟通的方向和频率有很大的影响。

一般来说，信息通过的等级越多，它到达目的地的时间也越长，信息失真率也就越大。这种信息连续地从一个等级到另一个等级所发生的变化，称为信息链现象。

（4）技术因素。技术因素主要包括语言、非语言暗示，媒介的有效性和信息过量。

三、有效沟通的实现

1. 有效沟通的实现

（1）强调有效沟通的重要性。首先，要加强组织中的管理者对沟通重要性的认识；其次，管理者还要了解组织沟通过程的一些规律。

（2）提高人际沟通技能。

① 改进沟通态度。只有双方坦诚相待，才能消除彼此间的隔阂，从而求得对方的合作。另外，在信息沟通过程中还要以积极的、开放的心态对待沟通，要愿意并且有勇气

用恰当的方式展示自己的真实想法，在沟通过程中顾虑重重，会导致很多误解。

② 提高自己的语言表达能力。信息沟通主要是通过语言来完成的，无论是口头交谈还是采用书面交流形式，都要力求准确地表达自己的意思。同时，还要双方相互了解对方的接受能力，根据对方的具体情况来确定自己表达的方式和用语等；选择正确的词汇、语调；注意逻辑性和条理性，对重要的地方要加上强调性的说明；借助于体态语言来表达完整的思想和感情的沟通，加深双方的理解。

③ 培养“倾听”的艺术。倾听区别于一般的听，它是一种通过积极地听来完整地获取信息的方法，主要包含了注意听、听清、理解、记忆和反馈五层内容。

（3）建造合理的沟通网络。为实现有效的组织沟通，管理者应在注重人际沟通的基础上，进一步考虑组织的行业特点和环境因素，结合正式沟通渠道和非正式沟通渠道的优缺点，通过对组织结构的调整，设计一套包含正式和非正式沟通的沟通网络，同时缩短信息传递的链条，以便使组织的信息沟通更加迅速、及时和有效。

（4）采用恰当的沟通方式。针对不同的沟通需要，应该采用不同的沟通方式。选择沟通方式时，可以考虑以下四个因素。

① 沟通的速度。利用口头和非正式的沟通方法，就比书面的和正式的沟通速度快。

② 反馈性能。面对面交谈，可以获得立即的反应。

③ 可控性。选择少数可以信赖的人，利用口头传达某种信息则能有效地控制信息。

④ 接收效果。以正式书面通知，可能使接收者十分重视。

（5）改进组织沟通的各种技术。在组织的管理中采用一些积极有效的管理技术和方法会增强组织沟通的有效性。

① 采取信息沟通检查制。这种方法就是将信息沟通看成是实现组织目标的一种方式，而不是为了沟通而沟通，因而就可以把组织内外的信息沟通看成是与组织目的相关的一组沟通因素。包括属于政策、程序、规则和上下级关系的管理网络或同任务有关的网络；解决问题、会议和提出改革建议等方面的创新活动网络；表扬、奖赏、提升以及联系组织目标和个人所需事项在内的整合性网络；组织的出版物、布告栏等在内的新闻性和指导性网络。

② 设立建议箱和查询制度。通过设立建议箱来征求员工的意见，以此改善自下而上的沟通。查询制度是组织设立的另外一种答复员工所提出的关于组织方面问题的一种方法。

③ 员工调查和调查反馈。对组织中员工的态度和意见进行调查，是组织的一种有用的自下而上的沟通手段。调查反馈使员工感到他们的意见已被管理者听到和考虑，增强了组织与员工的有效沟通。

④ 对管理者的培训。在组织内部，对管理者的培训能使他们更多地了解沟通的重要性和掌握沟通技巧，有助于组织有效沟通的实现。例如，管理者通过学习课程所介绍的案例，进行角色扮演，掌握一定的沟通技能，并在实践中运用这些技能，使其不断得到强化。

思考与讨论

1. 沟通障碍及影响因素有哪些？
2. 组织或个人应该如何提高组织沟通的有效性？

实训题

根据P259中任务引入的案例，分析珍妮应该如何沟通，才能在达到沟通目的的同时，又达到最佳的沟通效果。

案例分析

"日本的爱迪生"盛田昭夫从自己的管理实践中体会到，通过一定的途径和方式让下级表达自己的不满、发表批评意见、抒发自己的心声对于组织非但不是不幸，反而有利于培养上下级一体的工作关系，使组织少冒风险。他在一次与中下级主管共进晚餐时发现一位小伙子心神不宁，于是鼓励他说出心里话，几杯酒下肚后，小伙子打开了话匣子："在我加入索尼公司以前，我认为这是家了不起的公司，也是我唯一想加入的公司。但是我的职位太低，我是为上司某某先生卖命，而不是为索尼公司。我的上司就是公司，他就代表着公司本身。这人是个草包，然而我所做或建议的每一件事情，都必须由他决定。我对在索尼公司的前途感到失望。"

盛田昭夫听了上述一番话后想到，公司里可能有许多员工都有类似的问题，而我们必须了解他们的困难。于是便开始发行一份公司内部周刊，并在上面刊载各单位、各部门现有的职位空缺。目的在于让下属自己选择自己的上司，这样一来，许多员工都可以悄悄试探公司内部其他可能的工作机会。试着让员工能够每两年一次调动到相关的或新的工作单位，及早地为那些冲劲大而跃跃欲试的员工提供机会，让他们借着内部的调动，找到适合自己的工作。

盛田昭夫指出，这样做有双重好处：一是员工通常可以找到更满意的工作；二是人事部门也可由属下纷纷调动，而侦测出管理上潜伏的问题。对此盛田昭夫深有感触地说："我们从倾听员工心声中学到了许多。毕竟，不是只有管理者才有智慧。"同时，他还在公司里鼓励大家公开提出意见，即使对自己的上司，也不要怕因公开提出意见而发生冲突。他认为，"不同的意见越多越好，因为最后的结论必然更为高明"，"公司犯错的风险才会减少"。

分析：

该案例中索尼公司是如何解决组织中存在的沟通问题的？你认为是否有其他途径可以更好地解决该问题？

参考文献

【1】李晓宏等．人力资源管理[M]．北京：中国科学技术出版社，2007.
【2】安鸿章．企业人力资源管理师（三级）[M]．北京：中国劳动社会保障出版社，2007.
【3】李玉萍等．绩效·剑[M]．北京：清华大学出版社，2008.
【4】于秀芝．人力资源管理[M]．北京：中国社会科学出版社，2006.
【5】郭成，John Brown．人力资源管理[M]．郑州：郑州大学出版社，2004.
【6】谌新民．人力资源管理概论[M]．第3版．北京：清华大学出版社，2005.
【7】通用电气（中国）公司的考核管理秘笈[J]．民营经济报，2006-07-13.
【8】牛雄鹰．薪酬福利管理[M]．北京：对外经济贸易大学出版社，2003.
【9】王吉鹏．薪酬管理[M]．北京：中国劳动社会保障出版社，2005.
【10】付亚和，许玉林．绩效考核与绩效管理[M]．北京：电子工业出版社，2005.
【11】叶向峰等．员工考核与薪酬管理[M]．北京：企业管理出版社，2007.
【12】龚晓路，黄锐．人力资源管理体系专业设计[M]．北京：电子工业出版社，2003.
【13】李贵强．员工薪酬福利管理[M]．北京：电子工业出版社，2006.
【14】余凯成等．人力资源管理[M]．大连：大连理工大学出版社，2006.
【15】潘晓云．人力资源管理[M]．上海：立信会计出版社，2005.
【16】胡红林，孙志海，马茜华．人力资源管理[M]．哈尔滨：黑龙江人民出版社，2006.